本书为国家社科基金项目"公民素质教育视角下粤港澳高校学生社团组织的比较研究"(14BKS119)结项成果

粤港澳高校学生社团组织比较研究
—— 基于公民道德教育的视角

A Comparative Study on Student Organization in Universities in Guangdong, Hong Kong, and Macao

王鹏 著

中国社会科学出版社

图书在版编目（CIP）数据

粤港澳高校学生社团组织比较研究：基于公民道德教育的视角/王鹏著．—北京：中国社会科学出版社，2024.5
ISBN 978-7-5227-3327-2

Ⅰ.①粤… Ⅱ.①王… Ⅲ.①大学生—社会团体—对比研究—广东、香港、澳门 Ⅳ.①G645.57

中国国家版本馆 CIP 数据核字（2024）第 057822 号

出 版 人	赵剑英
责任编辑	杨晓芳
责任校对	季 静
责任印制	王 超

出　　版	中国社会科学出版社
社　　址	北京鼓楼西大街甲 158 号
邮　　编	100720
网　　址	http://www.csspw.cn
发 行 部	010-84083685
门 市 部	010-84029450
经　　销	新华书店及其他书店
印刷装订	三河市华骏印务包装有限公司
版　　次	2024 年 5 月第 1 版
印　　次	2024 年 5 月第 1 次印刷
开　　本	710×1000　1/16
印　　张	20.5
插　　页	2
字　　数	256 千字
定　　价	99.00 元

凡购买中国社会科学出版社图书，如有质量问题请与本社营销中心联系调换
电话：010-84083683
版权所有　侵权必究

序

王宏维

王鹏所著《粤港澳高校学生社团组织比较研究》即将在中国社会科学出版社出版，我受邀为此著作序。

这本著作既是王鹏主持的国家社科基金项目的最终成果，同时也与其博士论文有一定关联。2009年，王鹏在华南师范大学政治与行政学院思想政治教育专业攻读法学博士学位，我是他的导师。入学之初，王鹏提出自己在工作中经常接触学生社团，希望能够结合工作实践开展研究。我与他进行了多次交流与讨论，提出可以从比较的视角进行研究，并将粤港高校学生社团的比较确定为其博士论文的研究方向。

无疑，这个选题对我和王鹏都具挑战性。当时面临的最大困难是，内地的研究者较难广泛接触和深入了解港澳地区高校的学生社团，对港澳地区公民道德教育的理论研究与实践认知也较为有限。为切实了解掌握港澳地区学生社团和公民道德教育的基本情况，在有关人士的大力协助下，王鹏不辞辛劳，在广东高校开展学生社团调研的同时，多次到港澳地区高校进行实地调研，了解多方面的情况，汇聚各种资料。其间，他不仅实地走访了港澳地区多所大学的学生社团，还访问了从事学生管理和社团管理的校方人员，收集整理了大量一手资料。多年来，从博士论文的撰写，到国家社科基金项目的完成，王鹏在粤港澳三地间往返奔波，投入了大量的时间和精力，掌握了比较研究所需的较为充足的实证材料，不仅对粤港澳地区的大学生及其社团有了认知上的提升，也为专著的完成奠定了基础。

《粤港澳高校学生社团组织比较研究》一著的创新之处在于，提出从高校学生社团组织的静态结构、动态结构、心态结构、生态结构四个角度切入，对社团规制、权力结构、主题活动、经费管理、参与动机、诉求行为、社团文化、社团互动八个方面进行了较为系统的比较，为高校学生社团组织的系统研究建构了一个独特的理论框架。与此同时，在"一国两制"的制度框架下，研究突出了高校学生社团组织的价值引领功能，强调其在建构和塑造科学的世界观、人生观、价值观方面发挥的重要作用。

他山之石，可以攻玉。

《粤港澳高校学生社团组织比较研究》一著，既在调研中发现和肯定了港澳地区高校学生社团活动内容丰富、形式多样的优势，也指出了其存在的短板及错误倾向。在此背景下，提出港澳地区高校学生社团组织必须在"一国两制"的制度及法律框架内规范运行，而不能脱离此轨道开展所谓"自治运动"。对于广东地区高校而言，应更加明确学生社团组织的育人定位，用大学生更易于接受和理解的方式积极倡导社会主义核心价值观，更好地落实立德树人根本任务。

总之，《粤港澳高校学生社团组织比较研究》一著政治方向正确，立意新锐，实证材料扎实，有特点特色，所进行的比较及其结论有较强的说服力，为粤港澳三地高校学生社团组织比较研究提供了一个新的视角，是一部具有较高学术价值和现实意义的著作。

希望王鹏能够以此著为起点，在比较思想政治教育研究在理论与实践中不断向前推进。

2022.12.9

广　州

前　　言

　　党的十八大报告强调把立德树人作为教育的根本任务，将"全面提高公民道德素质""推进公民道德建设工程"纳入"扎实推进社会主义文化强国建设"的目标；党的十九大报告进一步指出："深入实施公民道德建设工程，推进社会公德、职业道德、家庭美德、个人品德建设，激励人们向上向善、孝老爱亲，忠于祖国、忠于人民。"党的二十大报告将"实施公民道德建设工程"放在"推进文化自信自强，铸就社会主义文化新辉煌"部分，强调了"弘扬中华传统美德""推动明大德、守公德、严私德，提高人民道德水准和文明素养"。2016年12月7日，习近平总书记在全国高校思想政治工作会议的讲话中强调："要坚持把立德树人作为中心环节，把思想政治工作贯穿教育教学全过程，实现全程育人、全方位育人。"2019年10月，中共中央、国务院印发的《新时代公民道德建设实施纲要》明确提出："中国特色社会主义进入新时代，加强公民道德建设、提高全社会道德水平，是全面建成小康社会、全面建设社会主义现代化强国的战略任务，是适应社会主要矛盾变化、满足人民对美好生活向往的迫切需要，是促进社会全面进步、人的全面发展的必然要求。"同时强调"学校是公民道德建设的重要阵地"，必须"把立德树人贯穿学校教育全过程"。高校学生社团组织既是开展公民道德教育的有效载体，也是实现全程育人和全方位育人的重要平台。近年来，高校学生社团组织在校园内外表现出极强的影响力和渗透力，其活动几乎遍及大学校园的各个领域，部分高校学生社团组织还进行着跨校区、跨学校，甚至跨境、跨国的活动，这些活动已经成为校园文化的重要组成部分。与此同时，高校学生社团组织所传递的价值理念和道德观念，正在以潜移默化的方式影响着大学生的世界观、人生观和价值观。因此，从党的执政方略来看，加强新时代公民道德建设是推进中国特色社会主义事业的基础性、战略性工程。从高校思想政治工作的中心任务来看，加强公民道德建设也是一项长期而紧迫、艰巨而复杂的任务。

本书的基本预设是，高校学生社团组织与公民道德教育之间具有紧密联系，是依托校园文化开展隐性思想政治教育的有效平台，也是引导高校大学生树立正确的世界观、人生观、价值观的重要阵地。本书梳理了粤港澳地区公民道德教育形成的社会背景、发展历程、相关政策措施，并对粤港澳高校公民道德教育的主体内容与核心目标进行了分析。在此基础上，本书从高校学生社团组织的静态结构、动态结构、心态结构、生态结构四个层面进行阐述，对粤港澳高校学生社团组织的社团规制、权力结构、主题活动、经费管理、参与动机、诉求行为、社团文化、社团互动八个方面进行了较为系统的比较。本书落脚点是通过对粤港澳地区高校学生社团组织的比较研究，探究在"一国两制"制度框架内依托高校学生社团组织实现育人功能的一般规律及其实践路径。

从学术价值来看，本书初步建立了高校学生社团组织的理论分析框架，涵盖静态结构、动态结构、心态结构、生态结构四个方面，这有利于对高校学生社团组织进行更为系统性的研究；从应用价值来看，本书在"一国两制"制度框架内探讨了基于不同制度文化环境中公民道德教育的差异性及资源整合问题，为高校学生社团组织育人功能的有效发挥提供了一些对策和建议。

目 录 | Contents

绪 论 ··· 1
  一 研究背景与意义 ·· 1
  二 文献综述 ··· 3
  三 研究思路及主要内容 ··· 9
  四 研究方法 ··· 10
  五 创新之处 ··· 12
  六 理论基础与基本概念 ··· 12

第一章 公民道德教育：基于不同时空维度下的解读 ········· 22
  第一节 粤港澳地区推进公民道德教育的历史背景 ········· 22
    一 同根共源：中国历史版图中的审视 ··················· 23
    二 压制与觉醒：政治与社会环境审视 ··················· 26
  第二节 我国公民道德教育的演进及其两重维度 ············· 34
    一 近代以来至中华人民共和国成立前的公民道德教育 ····· 34
    二 中华人民共和国成立以来的公民道德教育 ········· 36
    三 我国推进公民道德教育两重维度 ······················· 39
  第三节 粤港澳地区推进公民道德教育的政策措施 ········· 44
    一 广东地区的政策措施 ··· 45
    二 香港地区的政策措施 ··· 50
    三 澳门地区的政策措施 ··· 53

第四节 思想政治教育与公民教育的异同 …………………… 57
　　一 两者的差异性 ……………………………………… 58
　　二 两者的共同点 ……………………………………… 60
　　三 探寻"最大公约数" ………………………………… 62
第五节 公民道德教育中的国家与社会关系建构 …………… 64
　　一 个体与国家间的关系建构 ………………………… 65
　　二 个体与社会间的关系建构 ………………………… 67
　　三 学生社团组织：公民道德教育的载体 …………… 70

第二章 学生社团组织静态结构比较 ……………………………… 73
第一节 组织规制比较 …………………………………………… 73
　　一 组织规制的共同点 ………………………………… 74
　　二 组织规制的差异性 ………………………………… 89
第二节 权力结构比较 …………………………………………… 98
　　一 权力结构的共同点 ………………………………… 100
　　二 权力结构的差异性 ………………………………… 107
第三节 静态结构与公民道德教育 …………………………… 116
　　一 静态结构与公民道德教育体系的整体规划 ……… 117
　　二 静态结构与公民道德教育内容的认知 …………… 121

第三章 学生社团组织动态结构比较 ……………………………… 131
第一节 社团活动比较 ………………………………………… 132
　　一 价值引导类活动比较 ……………………………… 132
　　二 权益维护类活动比较 ……………………………… 139
　　三 公益服务类活动比较 ……………………………… 141
　　四 专业兴趣类活动比较 ……………………………… 148

第二节　社团组织经费管理比较 …… 151
一　经费来源比较 …… 151
二　经费支出比较 …… 159
三　经费审批比较 …… 163
四　经费监督比较 …… 166

第三节　动态结构与公民道德教育 …… 170
一　社团活动与公民道德教育 …… 171
二　经费管理与公民道德教育 …… 179

第四章　学生社团组织心态结构比较 …… 190

第一节　参与动机比较 …… 190
一　全面发展型动机比较 …… 191
二　责任担负型动机比较 …… 193
三　张扬个性型动机比较 …… 197
四　权益维护型动机比较 …… 199
五　现实需求型动机比较 …… 201

第二节　社团组织诉求行为比较 …… 204
一　诉求内容比较 …… 205
二　诉求方式比较 …… 208

第三节　心态结构与公民道德教育 …… 211
一　参与动机与公民道德教育 …… 212
二　诉求行为与公民道德教育 …… 220

第五章　学生社团组织生态结构比较 …… 224

第一节　文化环境比较 …… 225
一　物质文化环境 …… 225
二　精神文化环境 …… 228

第二节　社团组织互动比较 ································· 231
　　　　一　与政府及社会的互动比较 ··························· 232
　　　　二　与校方的互动比较 ································· 235
　　　　三　社团组织间的互动比较 ····························· 238
　　第三节　生态结构与公民道德教育 ························· 241
　　　　一　社团组织文化与公民道德教育 ······················· 242
　　　　二　社团组织互动与公民道德教育 ······················· 244

第六章　学生社团组织比较研究的启示 ······················· 254
　　第一节　社团组织育人工作的目标定位 ····················· 255
　　　　一　广东高校育人工作的目标定位 ······················· 255
　　　　二　港澳地区高校育人工作的目标定位 ··················· 258
　　　　三　粤港澳高校育人工作的异同点 ······················· 262
　　第二节　社团组织研究的基本理念及其育人功能 ············· 266
　　　　一　社团组织研究的基本理念 ··························· 266
　　　　二　社团组织育人的关键点把控 ························· 269
　　　　三　社团组织育人工作的四个意识 ······················· 272
　　第三节　社团组织管理存在的问题及应对 ··················· 277
　　　　一　规范化管理仍存在短板 ····························· 277
　　　　二　规范管理机制的建构 ······························· 281
　　　　三　支持发展机制的建构 ······························· 287

参考文献 ··· 290

后　记 ··· 314

绪　　论

一　研究背景与意义

党的十九大报告强调，要落实立德树人根本任务，深入实施公民道德建设工程，推进社会公德、职业道德、家庭美德、个人品德建设。党的二十大报告再次强调了"实施公民道德建设工程""提高人民道德水准和文明素养"。2019年10月，中共中央、国务院印发的《新时代公民道德建设实施纲要》明确指出，中国特色社会主义进入新时代，加强公民道德建设、提高全社会道德水平，是全面建成小康社会、全面建设社会主义现代化强国的战略任务，是适应社会主要矛盾变化、满足人民对美好生活向往的迫切需要，是促进社会全面进步、人的全面发展的必然要求。从党在新时代的执政方略和高校思想政治工作的中心任务来看，开展公民道德教育是落实立德树人根本任务的重要举措之一。

2016年12月，习近平总书记在全国高校思想政治工作会议中强调，要坚持把立德树人作为中心环节，把思想政治工作贯穿教育教学全过程，实现全程育人、全方位育人。高校学生社团组织既是开展公民道德教育的有效载体，也是实现全程育人和全方位育人的重要平台。高校学生社团组织在其运行过程中所传递的价值理念和道德观念，能够以潜移默化的方式影响大学生的世界观、人生观和价值观。广东与港澳地区高校虽然处于不同的社会制度环境中，但其学生社团组织运行中所蕴含的文化传统、价值观念、道德理念等方面有着许多相同或相似之处。然而，由于历史原因，主权回归前港澳地区高校公民道德教育缺乏国家顶层设计，存在"各自为政"的局面，集中表现为国家认同意识教育较为薄弱，这一问题在香港地区表现得尤为突出。[①] 2017年7月1日，国家主席习近平在庆祝香港回归祖国20周年大会暨香港特别行政区第五届政府就职典礼上指出，"一国两制"在香港实践中出现了一些新情况，其中提及"对国家历史、民族文化的教育宣传有待加强，社会在一些重大政治法律问题上还缺乏共识"。主权回归后，在"一国两制"的制度框架内，中央政府更为注重制度层面的顶层设计，逐步将港澳地区的公民道德教育纳入国家教育体系的总体规划，相关措施初见成效。

从理论意义上来看，本书提出从静态结构、动态结构、心态结构、生态结构四个维度切入，将社团规制、权力结构、主题活动、经费管理、参与动机、诉求行为、社团文化、社团互动作为比较点，为深入探究高校学生社团组织提供了一个较为系统完整的比较分析框架。从研究的现实意义来看，粤港澳地区高校都承担着"立德树人"的职责，在推进公民道德教育进程中都面临着如何找到弘扬中华优秀传统文化与新时代历史方位的契合点问题。通过对粤港澳地区高校学生社团组织的比较研究，不仅有助于探究在不同社会制度环境下高校学生社团组织育人的实践路径，而且有助于整合粤港澳地区的教育资源、管理资源、社会资源，更有效地推进公民道德教育。

---

① 2014年以来，香港地区发生多次社会运动，青年正在成为社会运动的参与主体，其中不乏在校的大学生。特别是2019年6月以来发生的"修例风波"引发了激烈的社会动荡，反映了香港青少年国家认同教育的缺位。

二 文献综述

自 20 世纪 90 年代以来，学界对于高校学生社团组织进行了一些探索性的研究。检索"中国期刊全文数据库"①，1991—2021 年，以"高校（大学生）社团（组织）"为关键词（主题词）的核心期刊论文有 328 篇，博士论文 7 篇，硕士论文 301 篇。这些研究主要集中于改革开放以来中国内地高校学生社团组织的发展状况。这一时期，对于香港和澳门地区高校学生社团组织的研究成果较少，以"香港高校学生社团（组织）"或"澳门高校学生社团（组织）"为关键词（主题词）进行检索②，公开发表的相关期刊仅有 3 篇，没有相关的博士或硕士论文涉及此主题。对于国内高校学生社团组织研究的专著多集中于 20 世纪 80 年代中后期，这些研究主要围绕着 1919 年"五四运动"以来国内青年学生运动这一主题展开。从时间跨度来看，研究高校学生社团组织的期刊、论文多集中于 2003 年以后；从内容上来看，研究主题较多集中在高校学生社团组织的基础理论、育人功能和组织管理等方面；从研究方法上来看，研究者多采用规范性研究，少数使用个案研究、比较研究；从研究深度上来看，较多采用描述性、介绍性、概述性研究。总体来看，目前学术界对国内高校学生社团组织的研究已经形成一定的规模，但缺乏系统性、专门性的研究，缺少具有代表性的理论成果，基于不同制度或文化背景下的比较研究的论著更为缺乏。目前对高校学生社团组织的研究主要从四个视角切入。

第一，从历史的视角研究。此类文献资料侧重于研究高校学生社团组织的产生与发展历程，重点对高校学生社团组织的形成和发

---

① 检索截止日期为 2021 年 12 月 31 日。
② 检索截止日期为 2021 年 12 月 31 日。

展脉络进行梳理，对高校学生社团组织的概念、特点、类型、功能、结构等要素进行描述性研究。从目前收集的文献资料来看，从历史视角进行研究的文献资料所占比例并不多，笔者认为主要有两个方面的原因。一是相关档案资料的收集难度较大，特别是中华人民共和国成立前国内高校学生社团组织的档案资料收集更为困难；二是由于社会动荡与国家制度变迁，加之国内高校学生社团组织发展缺乏稳定性与连续性，这在一定程度上制约了相关档案资料的收集和整理。从目前收集的文献资料来看，从历史的视角研究高校学生社团组织的代表性成果有刘健清的《社团志》[1]，该书对包括高校学生社团在内的各类社会组织进行了翔实的分类研究，对国内高校学生社团组织的历史进行了较为系统的梳理。除此之外，还有李光荣的《季节燃起的花朵——西南联大文学社团研究》[2]，北京市档案馆编写的《解放战争时期北平学生运动》[3]，上海市青运史研究会和共青团上海市委青运史研究室编写的《上海学生运动史》[4]，中共上海市委党史资料征集委员会主编的《抗日战争时期上海学生运动史》[5]，罗炳权、王慧君主编的《解放战争时期的南京学生运动》[6]，郑洸主编的《中国青年运动六十年（1919—1979）》[7]，李喜所的《展示自我：民国时期北洋大学的学生社团》[8]，沈千帆主编的《社团人：来

---

[1] 刘健清：《社团志》，上海人民出版社1998年版。
[2] 李光荣：《季节燃起的花朵——西南联大文学社团研究》，中华书局2011年版。
[3] 北京市档案馆：《解放战争时期北平学生运动》，光明日报出版社1991年版。
[4] 上海市青运史研究会、共青团上海市委青运史研究室编：《上海学生运动史》，学林出版社1995年版。
[5] 中共上海市委党史资料征集委员会编：《抗日战争时期上海学生运动史》，上海翻译出版社1991年版。
[6] 罗炳权、王慧君编：《解放战争时期的南京学生运动》，南京大学出版社2002年版。
[7] 郑洸主编：《中国青年运动六十年（1919—1979）》，中国青年出版社1990年版。
[8] 李喜所：《展示自我：民国时期北洋大学的学生社团》，《历史教学》2010年第4期。

自北大的青春故事》[1]，国亚萍主编的《青春南方：中山大学学生社团简史》[2]，等等。这些文献资料系统梳理了国内高校学生运动及学生社团的发展与演变历程。

第二，从现实的视角研究。此类研究主要侧重于对20世纪90年代以来国内高校学生社团组织的特征、功能、类型、结构的分析，以及高校学生社团组织的建立、运行、存在问题、对策等方面。此类研究主要是借助教育学、心理学、政治学、管理学、社会学等相关学科的理论与方法，侧重于研究国内高校学生社团组织的发展现状，在此基础上分析其存在的问题，并提出相应对策。就目前收集的文献资料来看，从现实视角进行研究的理论成果中，学术期刊和论文的数量较多，其中代表性的理论成果有杨梅、周正柱的《基于组织发展的高校学生社团研究》[3]，杨帆、李朝阳、许庆豫的《高校学生社团的学生评价与影响因素》[4]，潘秀山、李朝晖、穆娜的《维稳视角下的高校学生社团活动社会化研究》[5]，王珩的《高校学生社团发展调查报告：以浙江省高校为例》[6]，以及西南交通大学牙韩高的博士论文《高校学生社团管理中领导方式与领导效能研究》[7]，复旦大学李震的硕士论文《我国高校学生社团建设问题研究》[8]，等等。

---

[1] 沈千帆主编：《社团人：来自北大的青春故事》，中国画报出版社2004年版。
[2] 国亚萍主编：《青春南方：中山大学学生社团简史》，中山大学出版社2004年版。
[3] 杨梅、周正柱：《基于组织发展的高校学生社团研究》，《当代青年研究》2018年第9期。
[4] 杨帆、李朝阳、许庆豫：《高校学生社团的学生评价与影响因素》，《教育研究》2015年第6期。
[5] 潘秀山、李朝晖、穆娜：《维稳视角下的高校学生社团活动社会化研究》，《思想教育研究》2013年第5期。
[6] 王珩：《高校学生社团发展调查报告：以浙江省高校为例》，《中国青年政治学院学报》2007年第3期。
[7] 牙韩高：《高校学生社团管理中领导方式与领导效能研究》，博士学位论文，西南交通大学，2008年。
[8] 李震：《我国高校学生社团建设问题研究》，硕士学位论文，复旦大学，2009年。

除此之外，还有部分著作较为系统地阐述了20世纪90年代以来国内高校学生社团组织的管理模式，其中代表性的理论成果包括王乐的《大学生社团：理论、管理、案例》[1]，尹冬梅、丁力的《中国当代高校学生组织研究》[2]，崔海英的《大学生非正式组织影响力研究》[3]，等等。

第三，从比较的视角研究。此类研究主要是介绍国外高校学生社团组织的发展与现状，并通过比较的方法探究我国高校学生社团组织发展的现实路径。比较研究的对象多集中于西方发达国家，特别是欧美国家的高校学生社团组织。由于此类研究需要全面掌握国内外高校学生社团组织的相关资料，并能够从恰当的角度切入进行对比分析，相对而言，研究的难度较大、成本较高。所以，此类研究成果的总体数量不多，系统性较为欠缺。目前具有代表性的研究成果有湖南师范大学欧阳大文的硕士论文《中美高校学生社团的比较研究》[4]，李飞的《高校学生社团参与情况调查：中日比较的视角》[5]，廖良辉的《中美高校学生社团管理比较：以美国哈佛大学为研究实例》[6]，张家勇的《美国大学的学生社团活动》[7]，于伟、韩丽颖的《中美高校学生社团文化建设若干问题比较研究》[8]。在专著方面，具有代表性的有

---

[1] 王乐编著：《大学生社团：理论、管理、案例》，北京理工大学出版社2007年版。
[2] 尹冬梅、丁力主编：《中国当代高校学生组织研究》，时事出版社2008年版。
[3] 崔海英：《大学生非正式组织影响力研究》，中国经济出版社2009年版。
[4] 欧阳大文：《中美高校学生社团的比较研究》，硕士学位论文，湖南师范大学，2007年。
[5] 李飞：《高校学生社团参与情况调查：中日比较的视角》，《中国青年研究》2017年第11期。
[6] 廖良辉：《中美高校学生社团管理比较：以美国哈佛大学为研究实例》，《青年研究》2005年第4期。
[7] 张家勇：《美国大学的学生社团活动》，《比较教育研究》2004年第4期。
[8] 于伟、韩丽颖：《中美高校学生社团文化建设若干问题比较研究》，《外国教育研究》2002年第10期。

吕庆广的《60年代美国学生运动》①，该书全面介绍了20世纪60年代美国高校风起云涌的学生运动，系统分析了由美国高校学生社团主导的学生运动形成的社会背景、基本过程及其影响等内容；史静寰、熊志勇的《美国大学生》②，该书对美国大学生的课余生活和参与学生社团活动情况进行了介绍；王宏维、郑永廷的《大学生思想政治教育与管理比较研究》③，该书在部分章节涉及中外大学生政治活动管理、文体活动管理的比较等方面的内容。

第四，从思想政治教育的视角研究。此类研究将高校学生社团组织作为大学生思想政治教育的重要载体，通过对高校学生社团活动的研究，探究如何从高校"第二课堂"这一视角挖掘大学生思想政治教育的有效资源，并逐步建构起与中国国情相适应的思想政治教育模式。从目前的文献资料来看，此类研究成果的数量最为丰富，主要集中于期刊与硕士论文，其中具有代表性的期刊包括陆凯、杨连生的《以文化人视域下高校学生社团文化育人机制研究》④，纪亚光的《论大学生"红色社团"在推进高校马克思主义大众化中的作用》⑤，石凤妍的《大学生社团：思想政治教育的有效载体》⑥，王宏维的《论大学生社团文化培育的三个基本向度》⑦，等等；具有代表性的硕士论文有吉林大学喻晓的《高校学生社团隐性功能研究》⑧，华东师

---

① 吕庆广：《60年代美国学生运动》，江苏人民出版社2005年版。
② 史静寰、熊志勇：《美国大学生》，山西教育出版社1993年版。
③ 王宏维、郑永廷编著：《大学生思想政治教育与管理比较研究》，高等教育出版社2010年版。
④ 陆凯、杨连生：《以文化人视域下高校学生社团文化育人机制研究》，《思想教育研究》2017年第9期。
⑤ 纪亚光：《论大学生"红色社团"在推进高校马克思主义大众化中的作用》，《思想理论教育导刊》2010年第1期。
⑥ 石凤妍：《大学生社团：思想政治教育的有效载体》，《求是》2005年第12期。
⑦ 王宏维：《论大学生社团文化培育的三个基本向度》，《思想教育》2013年第1期。
⑧ 喻晓：《高校学生社团隐性功能研究》，硕士学位论文，吉林大学，2009年。

范大学荆德亭的《思想政治教育视野下的大学生社团建设研究》①，华中师范大学林娟的《大学生社团的思想政治教育功能及其实现》②以及复旦大学林祯景的《以高校学生社团为载体进行公民意识培养的探析》③。

国外学术界对学生社团组织的研究成果较多，但主要涉及政治学、社会学、人类学等研究领域，研究对象主要集中于20世纪60年代美国的学生运动。在研究方法上多采用政治学的规范研究、社会学的实证分析、人类学的现场观察等。这方面的代表性著作有美国学者阿特巴赫的《美国的学生政治运动：历史角度的分析》④、利普赛特的《大学校园里的反抗：美国学生行动主义历史》⑤、罗伯特·科特伦的《当旧左翼由年轻人主导时：学生激进分子与美国的第一次大规模学生运动（1929—1941）》⑥，以及亚历山德拉·罗宾斯的《坟墓的秘密——美国权力的秘密通道》⑦。这些文献资料较多涉及在美国学生运动中发挥组织领导作用的学生社团。

在过去三十年间，关于港澳地区高校学生社团组织的系统性、专门化研究的理论成果较少，文献主要集中于对一般社会组织的研究。

---

① 荆德亭：《思想政治教育视野下的大学生社团建设研究》，硕士学位论文，华东师范大学，2009年。

② 林娟：《大学生社团的思想政治教育功能及其实现》，硕士学位论文，华中师范大学，2008年。

③ 林祯景：《以高校学生社团为载体进行公民意识培养的探析》，硕士学位论文，复旦大学，2008年。

④ Philip G. Altbach, *Student Politics in America: A Historical Analysis*, McGraw–Hill Publishing Company, New York, 1972.

⑤ Seymour Martin Lipset, *Rebellion in the University: a History of Student Activism in America*, Little Brown & Company, 1971.

⑥ Robert Cohen, *When the Old Left Was Young: Student Radicals and America's First Mass Student Movement (1929–1941)*, Oxford University Press, 1997.

⑦ [美] 亚历山德拉·罗宾斯：《坟墓的秘密——美国权力的秘密通道》，祁冰译，中信出版社2005年版。

代表性的文献资料包括潘光的《香港犹太社团与近代中国》[1]、徐新的《香港犹太社团历史研究》[2]、肖明娟的《20世纪50年代至80年代香港妇女社团发展研究》[3]、李培德的《香港的福建商会和福建商人网络》[4]，以及崔世安的《参与精神形成于社团活动——澳门青年社团活动作用析》[5]、潘冠瑾的《澳门社团体制变迁：自治、代表与参政》[6]、《1999年后澳门社团发展的状况、问题与趋势前瞻》[7]、娄胜华的《自治与他治：澳门的行政、司法与社团（1553—1999）》[8] 等。

总体来看，目前国内学界对高校学生社团组织的研究存在如下不足。一是研究视角切入过宽，未能将高校学生社团组织的研究向纵深推进；二是重视高校学生社团组织的制度、结构等宏观的、静态的研究，缺乏对高校学生社团组织现实运行、成员参与动机及行为等微观层面的动态分析；三是定性研究较多，定性与定量相结合的研究较少；四是缺乏较为系统全面的比较性研究成果。

三 研究思路及主要内容

本书以现代组织理论作为分析框架，从高校学生社团组织的静态结构、动态结构、心态结构、生态结构四个层面进行分析，重点选择

---

[1] 潘光：《香港犹太社团与近代中国》，《当代港澳》1998年第1期。
[2] 徐新：《香港犹太社团历史研究》，《江苏社会科学》2000年第4期。
[3] 肖明娟：《20世纪50年代至80年代香港妇女社团发展研究》，硕士学位论文，华东师范大学，2004年。
[4] 李培德：《香港的福建商会和福建商人网络》，《中国社会经济史研究》2009年第1期。
[5] 崔世安：《参与精神形成于社团活动——澳门青年社团活动作用析》，《当代青年研究》1994年第Z1期。
[6] 潘冠瑾：《澳门社团体制变迁：自治、代表与参政》，社会科学文献出版社2010年版。
[7] 潘冠瑾：《1999年后澳门社团发展的状况、问题与趋势前瞻》，《中共杭州市委党校学报》2013年第3期。
[8] 娄胜华、潘冠瑾、赵琳琳：《自治与他治：澳门的行政、司法与社团（1553—1999）》，社会科学文献出版社2013年版。

了社团规制、权力结构、主题活动、经费管理、参与动机、诉求行为、社团文化、社团互动八个比较点，对粤港澳高校学生社团组织进行了较为全面系统的比较。在此基础上，探讨了高校学生社团组织与公民道德教育的相关性，以及如何依托高校学生社团组织开展公民道德教育。本书主要包括七个部分。绪论部分包括选题背景意义、文献综述、主要内容、研究方法、创新之处、理论基础与基本概念；第一章阐述了近代以来粤港澳地区公民道德教育生成的历史背景及发展脉络，归纳了公民道德教育的主体内容与核心目标；第二章至第五章为研究的重点内容，分别从粤港澳高校学生社团组织的静态结构、动态结构、心态结构、生态结构四个方面进行比较，并阐述了高校学生社团组织与公民道德教育之间的关联性；第六章重点探讨了粤港澳高校学生社团组织比较研究的相关启示。研究的基本结论如下。第一，虽然在不同地域、不同制度和文化环境影响下，粤港澳三地高校在公民道德教育的内容和方法上存在着一定的差异性，但在"一国两制"的制度框架内，公民道德教育的核心目标具有一致性，即引导公民正确处理个人与国家、个人与社会的关系；第二，粤港澳高校学生社团组织在静态结构、动态结构、心态结构、生态结构四个方面既有共同特征，也表现出一定的差异性，应当在"一国两制"的制度框架内，结合粤港澳地区高校学生社团组织的现实情况，有针对性地推进公民道德教育。

四　研究方法

（一）文献研究法

笔者在研究过程中多次赴广州市图书馆、广东省档案馆、香港多所高校的图书馆、香港公共图书馆、澳门大学图书馆、澳门公共图书馆等地查阅相关研究资料，开展文献资料的收集与整理工作，并对这些文献资料进行了系统的阅读和分类整理。此阶段的主要工作包括两个方面。一是系统查阅和整理了近代以来与粤港澳三地相关的公民道德教育的文献资料,包括教科书、学术论文、报刊、档案文献等资料,对粤港澳三地公民道德教育的发展历史、主要内容和形式进行了初步的梳理;二是收集和整理了自20世纪90年代以来与粤港澳高校学生社团组织研究相关的文献资料,包括学术研究类文献(期刊论文及专著),社团组织管理的相关法律法规(国家与地方层面),粤港澳三地高校学生社团组织章程、活动方案等,系统地了解高校学生社团组织的发展历程和研究现状。

(二)问卷调查法

研究主要通过实地和网络两种方式进行相关数据采集,对粤港澳地区高校学生社团组织的基本状况进行系统调研。[①] 调查问卷共分8个板块,包括调查对象的基本信息、社团规制、权力结构、主题活动、经费管理、参与动机、社团文化、社团互动等内容。在广东地区选取6所院校,在香港地区选取6所院校,在澳门地区选取4所院校。三地共发放问卷5160份。在广东地区共发放问卷3000份,收回2891份,其中有效问卷2864份,问卷有效率为95.5%;在香港地区高校共发放问卷1650份,其中通过网络派发问卷1044份,实地派发问卷606份,共收回问卷1538份,其中有效问卷1513份,问卷有效率为91.7%;在澳门地区高校共发放问卷510份,其中通过网络派发问卷262份,实地派发问卷248份,共收回问卷486份,其中有效问卷473份,问卷有效率为92.7%。

(三)访谈法

课题组对粤港澳三地高校学生社团组织的负责人、社团组织成

[①] 调研时间主要集中于2011—2016年。在此期间笔者多次赴香港、澳门等地高校进行实地调查与访谈。与此同时,笔者也通过网络问卷和在线访谈的方式进行。

员、指导教师及主管行政人员进行了访谈，深入了解学生社团组织的历史、现状及发展趋势。

（四）案例分析法

在粤港澳地区高校学生社团组织比较研究中，通过直接参与高校学生社团组织活动及查阅高校学生社团组织活动方案、大事记、活动日志等方式，广泛收集和整理了粤港澳地区高校学生社团组织的案例，包括特色活动、典型事件、座谈会记录等内容。本书对这些个案的背景、原因、过程、结果、启示进行了分析，较为全面客观地记录了粤港澳地区高校学生社团组织的现实运行状况。

五 创新之处

研究成果的创新点主要体现在两个方面。一是在不同制度及文化环境中建构了高校学生社团组织研究的理论分析框架，从静态结构、动态结构、心态结构、生态结构的视角分析和探究粤港澳三地高校学生社团组织；二是运用比较研究的方法对粤港澳三地高校学生社团组织进行研究，探究在"一国两制"的制度框架内依托高校学生社团组织开展公民道德教育的一般规律与现实路径。

六 理论基础与基本概念

（一）研究的理论基础

1. 社会组织理论

社会组织理论涉及社会学、管理学、政治学等相关学科，不同研究领域对社会组织研究的侧重点也有所不同。从目前学界对于社会组织的理论研究来看，主要从以下两个角度切入。一是从静态的角度研究社会组织。如爱桑尼、波谱诺、郑杭生等学者在研究中关注社会组织的目标、制度、结构、功能、特征等要素，探究上述要素以怎样的方式影响社会组织的产生及发展。爱桑尼在1964年给出了一个关于社会组织的重要定义:"组织是为了达到特定的目标而建构、重建的社会单位(或人的群体)。"① 这个定义强调组织的特殊目的及建构的专门性,而非组织的自然属性;肯尼斯·博尔丁认为:"任何一个组织都是为实现某种目标而创造出来的。组织常常因为无法实现这一目标而难以存在下去。"② 二是从动态的角度研究社会组织,具体又可以细分为三个研究领域。第一个领域是对社会组织内部运行过程的研究,它侧重于关注社会组织的决策、执行与组织目标之间的关系问题。如布劳、斯科特指出组织具有两个突出特征:"一是组织是实现特定目标的集合体,它需要协调参与者的活动及其相互关系,以达到预期目标;二是组织是结构化程度较高的集合体,组织成员的协作关系促成了组织的决策与执行过程。"③ 第二个领域是对社会组织成员心理及组织文化氛围的研究,它关注社会组织成员的心理与行为模式,以及如何营造与社会组织目标相适应的组织文化。理查德·达夫特强调,组织的关键要素不是一个建筑、一套政策和程序,组织是由人及其相互关系组成的,而且是互动人群的集合体。④ 按照这种观点,社会组织并不是人群的简单集合,社会组织一旦形成就产生特定的文化标志,这种特定的文化属性对其成员的思想与行为产生一定程度的影响作用。第三个领域是对社会组织与外部环境之间互动关系的研究。其代表人物帕森斯指出,社会组织与外部环境之间并不是完全封闭的

---

① [美]理查德·霍尔:《组织:结构、过程及结果》,张友星、刘五一、沈勇译,上海财经大学出版社2003年版,第34页。
② [英]皮尤:《组织管理学名家思想荟萃》,中国社会科学出版社1986年版,第209页。
③ [美]理查德·霍尔:《组织:结构、过程及结果》,张友星、刘五一、沈勇译,上海财经大学出版社2003年版,第86页。
④ [美]理查德·斯格特:《组织理论:理性、自然和开放系统》,黄洋等译,华夏出版社2002年版,第23页。

体系，而是一个开放的系统，两者相互影响、相互制约。因此，任何社会组织必须解决四个问题。一是如何适应外部环境；二是如何决定目标并使用所有资源完成目标；三是如何协调组织中各机构部门的关系，使组织成为一个行动一致的整体；四是如何维持组织成立时的目标而不放弃。①

本书借鉴了现代组织理论的分析框架，从高校学生社团组织的静态结构、动态结构、心态结构、生态结构四个层面进行分析。在这四个层面上选择了高校学生社团组织的社团规制、权力结构、主题活动、经费管理、参与动机、诉求行为、社团文化、社团互动八个比较点，系统比较了粤港澳三地高校学生社团组织的相同点及差异性。见表 0 – 1。

表 0 – 1　　　　　　高校学生社团组织比较研究框架

高校学生社团组织研究框架	粤港澳高校学生社团组织研究的主要比较点
静态结构	社团规制、权力结构
动态结构	主题活动、经费管理
心态结构	参与动机、诉求行为
生态结构	社团文化、社团互动

2. 学生发展理论

学生发展理论（Student Development Theory）是研究大学生如何具备复杂成熟的认知意识，从而掌握客观地了解自我、他人及世界的能力。20 世纪初，学生发展理论受到了现代心理学、社会学等学科发

---

① ［美］理查德·霍尔：《组织：结构、过程及结果》，张友星、刘五一、沈勇译，上海财经大学出版社 2003 年版，第 102 页。

展的影响，将研究和应用的重点放在美国高校学生事务管理领域中来，并致力于服务学生个体的成长和发展这一目标。20世纪30年代以来，美国高校学生事务管理者开始把理论研究成果应用到实践工作之中。这些研究成果包括桑福德（Sanford）于1962年提出的"挑战与支持"（Challenge and Support）模式，希斯（Heath）于1964年提出的"成长理论"，奇克林（Chickering）于1969提出的"身份认同"理论。与此同时，柯尔伯格（Kohlberg）、佩瑞（Perry）、马科德（Magolda）等人，也对大学生的智力发展和价值判断能力的形成进行研究，重点关注学生如何进行思考，以及他们如何形成更为复杂的思维方式。

本书选择以学生发展理论中个体与环境互动理论作为支撑，探讨了高校学生社团组织作为重要的环境因素与学生个体发展之间的互动关系。该理论强调，学生个体的成长发展与大学内外部环境密切相关。因此，应当重视对校园内外环境的塑造，共同促进学生的成长与发展。桑福德（Sanford）1962年提出的"挑战与支持"模式、亚斯丁（Astin）分别于20世纪70年代和80年代提出的"输入—环境—输出"模型（Input – Environment – Output model）和学生参与理论（Theory of Student Involvement）、布隆芬布莱纳（Bronfenbrenner）于1979年提出的"学生发展生态学"模型（Student Development Ecology）等，都属于个体与环境互动理论的代表。

桑福德将"发展"界定为"对日益复杂化情景的组织能力"，并区分了发展、变化、成长三个概念之间的差别。其在1962年出版的《美国的大学》（*The American College*）一书提出了"挑战与支持"模式。该理论认为，学生发展需要具备三个基本要件——动力、挑战、支持；指出学生得到最大限度的成长与发展的重要条件是塑造良好的教育环境，该环境既要给学生带来"压力"，也要在其成长的过程中给予学生必要的"帮助";作为高校学生事务管理者,要尽可能将"压力"与"帮助"保持在相对平衡的状态。按照桑福德的观点,过多的挑战会使学生承受过重的压力,学生会被"压垮";过多的支持会让学生怠惰,难以形成内在发展的动力。他指出:"个人能够承受的挑战强度,是其能够获得的支持数量的函数。每个人能够承受的最大挑战是不同的,它取决于这一挑战的性质、环境能够提供的支持,以及个人的特点。"① 因此,对于高校而言,只有为学生创造"挑战"与"支持"并存的环境,才能有效地促进学生的全面发展与成长。

亚斯丁的"输入—环境—输出"模型,将高等教育在促进学生全面发展过程中所取得的效果称之为"输出",而学生个体在大学中的全部经历被称之为"输入",大学校园与学生发生关联的各种因素被称为"环境"。该理论认为,学生的成长与发展涉及大学环境与学生个体的经历。这一模型使得研究者能够将大学环境因素从学生个体特征中分离出来,研究不同因素对学生成长与发展的影响。譬如,研究者可以通过该模型,研究个体特征相似的学生在大学中的不同经历如何影响他们的成长与发展,或者不同个体特征的学生是否能够通过相似的经历获得个体的成长与发展。基于亚斯丁的"输入—环境—输出"模型所形成的研究成果,美国高校学生事务管理者可以进一步了解在大学校园中,哪些因素影响着高等教育的效果,哪些因素影响大学生的思维能力和实践能力的形成。在此项研究的基础上,1984 年,亚斯丁提出了"学生参与理论"。学生参与理论认为,大学生在校园中参与有意义活动的时间越多,付出的努力和精力越多,其收获就越大。无疑,这一理论强调了大学生

---

① 方巍:《分化与整合:学生事务管理组织发展比较研究》,中国商业出版社 2003 年版,第 80 页。

在校园中个体经历的重要性,从而影响着美国高校学生事务管理实践的诸多方面。它要求学生事务管理者要为所有的学生创造参与和学习的机会。譬如,鼓励大学生参与各类学生社团、参与专业教师的科学研究、参与社区服务和职业培训等,这些活动都可以促进大学生个体的成长和发展。

布隆芬布莱纳等学者提出的"学生发展生态学"模型是学生发展理论中较新的理论。布隆芬布莱纳认为,成长中的个体和其所处的环境之间具有良性的互动关系,但心理学的研究几乎完全集中在个人方面,而忽略了环境及其影响力。[①] 该理论的主要贡献是运用生态学的观点理解外部环境对学生发展和成长的影响。该理论指出,学生的成长和发展过程发生在学生所处的一系列情境和关系之中,这些情境和关系的相互作用形成了推动学生发展的外在力量。这一理论为美国高校学生事务管理者提供了一个审视学生发展的环境视角和一系列分析学生发展过程的工具。

与布隆芬布莱纳同时期的学者威尔逊(E. Wilson)在其1966年的论著《大学中的朋辈群体》(*College Peer Groups*)中提出,大学中的朋辈群体间的相互影响也是校园环境的有机组成部分。1969年,威尔逊与学者纽科姆共同撰写了《大学对学生的影响》(*The Impact of College on Student*),进一步阐述了朋辈群体环境对于学生发展的影响机制,包括帮助学生个体在心理上的逐渐自立、支持或阻碍其学习绩效的完成、形成良性的人际关系等方面的内容。

1973年,美国西部州际高等教育委员会概括了校园生态理论的基本观点,其具体内容包括以下几点。第一,学生进入大学前的家

---

① Philip G. Altbach, Robert Berdahl, Patricaia J. Gumport:《21世纪美国高等教育——社会、政治、经济的挑战》,王九逵、王丽云、林丽体译,北京师范大学出版社2005年版,第296—297页。

庭、社区、朋辈群体已经影响甚至决定了学生的个性态度和价值取向；第二，大学环境能否对学生施加进一步的影响取决于校园本身环境所塑造的影响力及朋辈群体的交互作用；第三，不同学生群体对环境影响的敏感程度具有差异性，同样的环境未必在每一个学生身上产生相同的作用；第四，不同环境影响力强弱的差异性决定了学生被环境塑造的效果，通常来说，环境持续时间的长短、频度及学生自身的价值选择决定了环境影响力的大小；第五，学生与其环境之间的友好关系更有助于学生融入其所处的环境，并被潜移默化地影响。1976年，美国教育史学家克雷明（Lawrence A. Cremin）出版的《公众教育》（*The Publice Education*）一书同样从教育生态学的视角提出营造促进学生成长与发展的良性环境，包括理性、宽容、合作、激励等要素。

(二) 基本概念界定

1. 高校学生社团组织

高校学生社团组织一般是指由在校大学生按照一定的章程所组成的具有特定组织目标的群体。由于粤港澳三地的社会制度环境存在一定差异，因此，对学生社团组织这一概念的内涵和外延的界定略有差别。对于广东地区高校[①]而言，"学生社团"与"学生组织"在概念的内涵和外延上是有明确区分的。按照2005年共青团中央和教育部联合颁布的《关于加强和改进大学生社团工作的意见》规定，高校学生社团是指"由高校学生依据兴趣爱好自愿组成，按照章程自主开展活动的学生组织"。由团广东省委学校部和广东省学生联合会制定，并于2006年9月1日开始实施的《广东省高校学生社团管理条例（试行）》的第二条则有如下规定："本条例所称的学生社团，是指由

[①] 这里也包括内地其他省份的高校。

高校登记管理机构批准成立的,由本校具有正式学籍的全日制学生自愿组成,为发展成员共同兴趣爱好,实现共同志愿,按照其章程开展活动的群众性学生组织。"该条例将广东地区高校学生社团分为四类,分别是理论学习型社团、学术科技型社团、兴趣爱好型社团和社会公益型社团。从上述两个文件可以看出,广东地区高校学生社团主要是指那些由在校大学生自愿组成的、基于共同兴趣爱好的群众性组织。2016年,共青团中央、教育部、全国学联印发了《高校学生社团管理暂行办法》,对高校学生社团的内涵与外延进行了重新界定,即"由高校学生依据兴趣爱好自愿组成,为实现成员共同意愿,按照其章程自主开展活动的群众性学生组织"。根据新出台的《高校学生社团管理暂行办法》的规定,高校学生社团的分类发生了变化,分别为思想政治类、学术科技类、创新创业类、文化体育类、志愿公益类、自律互助类及其他类等。对于内地高校而言,学生组织涵盖面较广。从最广义的概念层面来看,泛指以在校学生为主体建立的各类自治或半自治群体。从狭义的概念层面来看,学生组织是指除学生社团之外的高校共青团、学生会、青年志愿者协会、学生党团支部、班级、校园传媒[①]等。从这个意义上来看,广东地区高校的各级共青团、学生会、青年志愿者协会、校园传媒等归类于"学生组织",但不属于"学生社团"。

对于香港和澳门地区高校而言,"学生社团"和"学生组织"在概念的内涵与外延上并没有明确区分,它们泛指高校学生以自愿方式建立和组成的各类社会团体或非营利组织。在香港和澳门地区高校中,此类组织的称谓也五花八门,包括校、院两级学生会(Student Government),各种兴趣类、体育类、学术类、公益类学生社团或组织(Organization, Association, Society, Club),以及校园传媒。见表0-2。

---

① 包括校内的学生电台、电视台、报纸、杂志及网络传媒等。

表0-2　粤港澳地区高校学生社团、学生组织概念界定

地区分类	学生社团	学生组织	法律定位
广东高校	由高校学生依据兴趣爱好自愿组成，为实现成员共同意愿，按照其章程自主开展活动的群众性学生组织。高校学生社团分为思想政治类、学术科技类、创新创业类、文化体育类、志愿公益类、自律互助类及其他类等	除学生社团以外的所有学生自治或半自治群体。如共青团、学生会、青年志愿者协会、班级、校园传媒等	学生社团或学生组织均为非独立法人，由高校党委领导，校（院）两级共青团组织在工作中具体指导
香港、澳门高校	统称为"学生社团"，泛指港澳地区高校学生自愿组成的各类社会团体。主要包括学生会（校、院两级）及其下属的各种兴趣类、体育类、学术类、公益类学生社团、校园传媒、学会、协会等		部分高校学生会已向政府注册为独立法人，属于社会团体

本书所论及的学生社团组织，不仅包括思想政治类、学术科技类、创新创业类、文化体育类、志愿公益类、自律互助类学生社团，而且包括学生会、校园传媒，以及高校的各级共青团、青年志愿者协会[1]等学生组织。为了避免在研究过程中出现概念的不一致性，在研究中统一使用"高校学生社团组织"指代上述由学生组成的各类群体。

2. 公民道德教育

从一般意义上看，公民道德教育可以用三个范畴来概括，即知识范畴、态度范畴、能力范畴。本书所探讨的公民道德教育，一方面与新时代背景下中国特色社会主义的政治制度、经济制度、社会文化发展模式相匹配；另一方面，也反映着在"一国两制"的制度环境中，中央政府结合香港和澳门特别行政区的现实状况所强化的特定要求。

---

[1] 共青团、青年志愿者协会等组织主要见于内地高校，港澳特别行政区高校不设立此类组织。

本书在"一国两制"的制度框架内，探讨了粤港澳高校公民道德教育的主体内容与核心目标。将粤港澳三地高校公民道德教育的主体内容归纳为国家（政治）认同①、民主法治、伦理道德、科学精神四个方面，提出公民道德教育的核心目标是引导公民正确处理个人与国家、个人与社会的关系。

---

① 本书认为，在"一国两制"的制度框架内，香港、澳门与内地实行不同的社会制度，因此，在公民道德教育中应考虑教育对象的差异性。以此为前提条件，确定公民道德教育的不同侧重点。对于香港、澳门地区高校而言，应侧重于国家认同层面的教育，对于内地高校而言，应侧重于政治认同层面的教育。

第一章 公民道德教育：基于不同时空维度下的解读

自秦朝建立统一的中央集权制国家至清晚期的鸦片战争爆发，中国经历了2000余年的封建专制统治。近代以来，中国人民在反抗封建专制统治和帝国主义殖民侵略的过程中，始终没有放弃思考和探寻推进公民道德教育的现实路径。在东西方文明相互撞击的过程中，伴随着民主共和理念在中国传统社会的积极倡导和广泛传播，公民意识开始突破封建专制制度的长期束缚而逐渐觉醒，经历了漫长而艰难的发展过程。1949年中华人民共和国成立后，特别是改革开放以来，公民道德教育逐步进入有序发展阶段。1997年和1999年，香港和澳门主权回归后，"一国两制"从理论建构走向制度实践。在遵循《中华人民共和国宪法》和港澳地区基本法的前提下，香港和澳门原有的经济制度、政治制度、文化制度保持不变，建构了在港澳地区推进公民道德教育的制度框架。粤港澳地区公民道德教育是在中国特色社会主义的时代背景和"一国两制"的制度框架内形成、发展和完善的，本质上不同于西方国家的公民教育。

第一节 粤港澳地区推进公民道德教育的历史背景

纵观中华文明上下五千年演进的历史版图，广东、香港、澳门三地同根共源，历经数千年沧桑变迁，始终在中华民族大家庭的呵护之中，成为中华文明的重要组成部分。自秦朝建立统一的中央集权制国家至清朝末期鸦片战争爆发，中国经历了两千余年的封建专制统治。长期以来，广东、香港、澳门及其附属岛屿都隶属于中央政府的管辖范围，它们在地域上邻近中国南部沿海，有着较为相似的地理环境，在民族、文化、语言、习俗等各个方面也有着诸多相同或相近之处。近代以来，粤港澳三地经历了不同的政治制度和社会治理模式。广东地区虽历经清王朝改革派推动的"洋务运动""戊戌变法"等社会变革，但其基本的政治制度和社会治理模式依然是封建专制集权模式，缺乏公民道德教育形成的土壤；香港和澳门分别被英国和葡萄牙殖民者统治，经历了以"去国家化"为特质的殖民主义教育，因此，真正意义上的公民道德教育并未形成，反而带有"先天不足"的缺陷。

一 同根共源：中国历史版图中的审视

自古以来，广东、香港、澳门及其附属岛屿都隶属于中央政府的管辖范围，地域上邻近中国南部沿海，有着较为相似的地理环境，在民族、文化、语言、习俗等各个方面也有着诸多的相同或相近之处，成为中华文明的重要组成部分。

"粤"现为广东的简称，其作为隶属于中央政权的地方行政机构始于公元前214年秦始皇统一"岭南地区"[①]。秦始皇在公元前221至公元前210年的十余年间进行了一系列的军事征讨，岭南在这一时期被纳入秦中央帝国的行政版图，设置了南海郡、桂林郡和象郡，其中南海郡位于现在的广东省。长期以来，由于"五岭"[②]的阻隔，影响

---

① "岭南"是指"五岭"以南的广东、广西地区。
② "五岭"指横亘于广东、广西与江西、湖南之间的大庾岭、骑田岭、萌渚岭、都庞岭、越城岭五条山脉。

了广东与中原地区的交往。秦统一后，在政治、经济、社会、文化等各个方面推行了一系列的改革举措，进一步密切了中原和岭南地区的交流。宋元至明清时期，随着中原地区人口的大迁移，较为先进的生产生活方式传入岭南地区。清朝乾隆年间，广东地区的经济得到快速发展，成为当时国内制造业的中心之一，广州逐步确定了"独立通商口"的地位。这一时期，广东地区人口增长较快，至清道光十九年，总人口已达2000多万人，成为当时中国人口最多的省份。[①] 与此同时，广东的陶瓷业、造船业、矿冶业、纺织业逐渐发展起来，促进了地方经济的繁荣。除此之外，由于广东特殊的地理位置，以海路为主的商业贸易较为发达，与东亚及非洲部分国家交流频繁。在这些因素的共同影响下，广东逐渐形成了岭南地区特有的开放、包容、务实的文化特征。

香港的历史可以追溯至秦统一六国建立中央集权的封建帝国时期。公元前214年，秦朝征服百越，设立南海郡，香港及其所属地区正式纳入其行政版图，隶属番禺县管辖。唐代以来，随着广州对外贸易的发展，香港不仅在对外商贸往来上逐渐凸显其地域优势，而且也日渐成为国家海防的战略要塞，主要防御南中国海一带的海盗、来自日本的倭寇，以及葡萄牙、西班牙、荷兰等欧洲国家的侵略者。明万历年间的《广东沿海图》中已标有香港以及赤柱、黄泥涌、尖沙咀等地名。清代以来，香港属原宝安县[②]管辖，直到1840年鸦片战争爆发之前，香港一直隶属于湖广地界，始终在中央政权行政版图的管辖之下。然而，鸦片战争之后，历经《南京条约》《北京条约》，直至《展拓香港界址条例》签订，包括香港岛、九龙、新界等地先后以割

[①] 广东省教育厅教材编审室：《广东省乡土教材：广东历史》，广东教育出版社1992年版，第22—23页。

[②] 根据丁又的《香港初期史话（1841—1907）》（生活·读书·新知 三联书店1958年版）记载，香港原属广东省东莞县（今东莞市），清代改属新安县（又改称宝安），归九龙司管辖。

让或租界的形式转移至英国殖民者手中，清政府逐步丧失了对香港的治理权。

澳门与香港邻近，两地相距38海里（约70公里），与广州相距145公里，原属广东香山县。早在新石器时代，就已经有中华民族的祖先在这里繁衍生息。在澳门出土的各种彩陶、玉器以及石斧等石器，已经被考古工作者证明是四五千年前的历史遗迹。秦统一中原后，在行政区划上将澳门划归南海郡番禺县管辖。公元420年（晋元熙二年），澳门隶属于新会郡封乐县。公元590年（隋开皇十年），澳门隶属于原宝安县。南宋以后，澳门由广东省香山县管辖。1535年，澳门开埠后，明朝政府制定了有关对外贸易的征税制度，使其成为对外通商的港口。1553年，葡萄牙殖民者借口商船遭遇风浪，请求上岸曝晒货物，借此强行租占澳门岛。1557年，葡萄牙殖民者正式占据澳门，大规模建造楼房，修筑炮台和城墙。1845年，葡萄牙女王宣布澳门为殖民地自由港，不受中国政府管辖，并派亚马勒（Amaral）为澳门总督。1887年，清政府与葡萄牙殖民者先后签订了《中葡会议草约》和《中葡友好通商条约》，被迫承认葡萄牙殖民者对澳门的占领。

尽管由于历史原因，澳门和香港先后被西方列强占据，并长期接受带有殖民主义性质的"国民教育"，但纵观中国历史的发展脉络可以发现，粤港澳三地同根共源，它们不仅有着相近的地缘关系，而且在生产生活方式、文化价值观念、语言传统习俗等方面，都表现出许多共同的特性，成为中华民族大家庭的重要组成部分。20世纪七八十年代，中华人民共和国中央人民政府明确了将"一国两制"作为解决台湾、香港和澳门历史遗留问题的基本方针，并先后于1997年7月和1999年12月恢复行使香港和澳门主权，"一国两制"得以成功实践。香港和澳门回归二十多年来，"一国两制"在实践中取得了令人瞩目的成效。2022年7月1日，国家主席习近平在庆祝香港回归祖国

25周年大会暨香港特别行政区第六届政府就职典礼上的讲话上指出："香港回归祖国,开启了香港历史新纪元。25年来,在祖国全力支持下,在香港特别行政区政府和社会各界共同努力下,'一国两制'实践在香港取得举世公认的成功。"但与此同时也应看到,香港和澳门特别行政区在政治制度、经济制度、社会治理模式、文化价值观念等方面具有其独特性,需要不断面对其在制度运行中,特别是在青少年教育领域遇到的一些新矛盾、新情况、新问题,只有有效破解这些问题,"一国两制"方能行稳致远。

二 压制与觉醒：政治与社会环境审视

政治与社会环境是推进公民道德教育的制度保障与现实基础。政治环境主要包括政治体制、法律制度、政治参与等,社会环境主要包括社会团体、大众传媒、文化传统、风俗习惯等。1840年,以英法联军为首的西方殖者发动的鸦片战争使中国从闭关锁国的封建社会逐渐演变为半殖民地半封建社会。此后,公民意识开始在中国封建帝制和帝国主义殖民统治的夹缝中逐渐觉醒,为公民道德教育的萌生创造了客观条件。然而,鸦片战争之后,在西方殖民主义与本国封建势力的双重压榨下,广东地区的政治与社会环境日益恶化,虽历经了清王朝改革派推动的"洋务运动""戊戌变法"等改革运动,但其根本的政治制度和社会治理方式依然是封建专制集权模式,公民道德教育缺乏快速成长的土壤。香港和澳门在西方殖民者的统治下,遭受了殖民主义与种族主义的压迫,以"去国家化"为特征的所谓"国民教育"同样扼杀了公民道德教育的形成与发展。

（一）广东地区的政治与社会环境

在两次鸦片战争期间及之后,在西方殖民主义与本国封建势力的双重压榨下,广东地区人民的生活呈现恶化趋势。广东是鸦片战争的兵力、军费的主要供应地,仅1841年前后一年多,广东支出的军费相当于全省一年"地丁银"的三倍,战后广东负担了赔款的近70%,广东地区人民赋税十分沉重。① 加之外国资本利用通商口岸在广东地区大量倾销廉价商品,导致大批农民和手工业者失业,社会矛盾异常尖锐。1843年,广东各地成立了"天地会"等秘密组织,洪秀全等人也在同期创立了"拜上帝教"。面对广东地区的民间结社组织,清政府采取了暴力压制政策,导致天地会、太平天国等反清运动相继失败。这也从一个侧面反映了公民社会在封建专制统治下缺乏生长的空间,而"以暴制暴"的方式最终也将公民意识扼杀在摇篮之中。

19世纪七八十年代,面对来自社会各阶层要求进行政治改革的主张,清朝统治者为了稳固统治,开始尝试推进较为"开明"的政治与社会治理模式,公民意识开始逐渐觉醒。这一时期,广东虽依然处于封建专制集权的统治模式之下,但随着外来宗教活动、商业贸易活动的增加,知识分子开始接触西方文化,对西方文化所倡导的民主、自由、权利等概念产生了强烈的诉求。他们通过翻译西方著作、独立办报等形式,将这些理念传播到社会各个阶层。在广东地区出现了诸如康有为②、梁启超③、郑观应④等早期维新思想领袖。维新思想的广泛传播对于在封建专制社会

---

① 广东省教育厅教材编审室:《广东省乡土教材:广东历史》,广东教育出版社1992年版,第57页。

② 康有为(1858—1927),广东南海人,早期维新思想的代表。1878年以后,先后到香港、上海等地游历,阅读和介绍西方社会政治制度和自然科学的书籍。1888年,康有为利用进京考试的机会,第一次上书光绪皇帝,提出"变成法,通下情,慎左右"的建议。1891年,他在广州创设"万木草堂",收徒讲学,致力于培养维新变法人才,研究维新变法的理论;撰写《新学伪经考》《孔子改制考》等著作,奠定了维新变法的理论基础。

③ 梁启超(1873—1929),广东新会人,早期维新思想的代表;1898年,与康有为等知识分子发起"公车上书";曾担任《时务报》的主要撰稿人。

④ 郑观应(1842—1922),广东中山人,早期主张实业救国的理念。1880年,其撰写了《易言》一书,提出以富为中心的改革措施,力主实行政治制度的变革。1894年,郑观应在《易言》的基础上,撰写了体现他完整维新思想的《盛世危言》,该书贯穿着"富强救国"的主题,对政治、经济、军事、外交、文化诸方面的改革提出了切实可行的方案。

中开启民智、引导公民权利意识的形成等方面都起到了较为积极的推动作用。19世纪末叶，由清朝光绪皇帝主导的"百日维新"①在政治、经济、文化、社会等方面提出了一系列的改革设想。如"维新派"提出准许地方官与士民上书，将上海的《时务报》设为官办，并创设京师报馆，推进新闻自由；在教育改革方面，维新派提出了较多的改革举措，包括举办京师大学堂，倡导所有书院、祠庙、义学、社学一律改为兼习中西学的学堂，各省会设高等学堂，郡城设中等学堂，州县设小学，并鼓励私人开办学堂，设译书局，废八股考试。虽然这些社会改革中的大部分措施都由于变法失败而未能推行，但此次维新变革运动对于驱除国民心态中长期存在的"臣民"意识起到了一定的推动作用，为其后"辛亥革命"的酝酿和爆发创造了重要的社会条件。然而，由于中国封建统治阶层中的保守势力过于强大，由清朝光绪皇帝推动的试图使中国走向"民主"的"百日维新"最终以失败告终，中国封建社会的专制统治依然左右着国内的政治生态和社会环境。显然，上述改革运动对于公民意识的形成并未产生实质性的作用，以政府为主导的公民道德教育的具体措施更无从谈起。

(二) 香港的政治与社会环境

鸦片战争后，西方列强先后入侵，逐渐打开中国的国门。清政府被迫签订《南京条约》《北京条约》，《展拓香港界址条例》，这些不平等条约使得香港岛、九龙、新界等地先后以割让或租界的形式转移至英国殖民者手中。之后，港英政府对香港采取了高压手段进行殖民统治。1843年4月，英国女王颁布《英王制诰》和《皇室训令》两个文件，并以此为蓝本在香港构建了带有殖民主义色彩的政治制度，

---

① "百日维新"是清光绪二十四年（1898年6月11日至9月21日）发生的政治改革运动，变法由光绪皇帝领导，涉及政治、经济、教育、军事、文化等多个层面，改革目标是确立君主立宪制度，变法持续103天，以维新派被捕杀、光绪帝被软禁而告终。

形成了香港地区独特的政治架构。① 香港总督作为英王在香港的象征，由英王任命，并只对英王负责，集行政、立法大权于一身，并兼任行政、立法两局的主席和驻港英军司令，享有绝对权力。因此，这一时期港英政府的合法性基础并不是香港民意，而是英国的殖民条例。早期的香港居民（以华人为主）受制于港英政府的种族隔离政策，没有言论、出版、集会、结社等自由，更谈不上正规的公民道德教育。英国在占领香港初期推行歧视华人的宵禁政策，使华人一到晚上就失去了行动自由，互相交往和文娱活动的权利也几乎被剥夺。19世纪70年代，一位英国记者把晚上八点钟以后的香港描写成一个万籁俱寂的"鬼城"，每年都有几百人因违反宵禁条例而被处罚，1895—1896年更多达3000人。② 因此，从19世纪40年代至19世纪末20世纪初，香港地区的政治环境带有较为明显的殖民统治的特征。

19世纪70年代以后，随着香港华人经济地位的提升及不断争取政治权利的斗争，港英政府开始不断调整其治理模式。1877年4月22日，第八任港督轩尼诗一反此前对华人的赤裸裸的种族歧视政策，主张给华人以较合理的待遇。他认为应当尊重华人的风俗习惯，保护华人的合法权利。③ 香港早期华人没有参政的权利，一些掌握较多社会财富的华商不断争取参与政治的权利。港督轩尼诗打破了不准华人参政的传统，毅然任命伍廷芳为立法局议员。1877年9月，署理港督金马伦主持立法局会议通过《1887年公共卫生条例》，将卫生委员会中"非官守委员"的人数由原来的4名增为6名，规定其中2人必须为华人。这是华人参与市政事务的开始。④ 1897年6月，在香港实行

---

① 陈昕、郭志坤编：《香港全纪录》第一卷，上海人民出版社1997年版，第30—31页。
② 陈昕、郭志坤编：《香港全纪录》第一卷，上海人民出版社1997年版，第115页。
③ 陈昕、郭志坤编：《香港全纪录》第一卷，上海人民出版社1997年版，第91页。
④ 陈昕、郭志坤编：《香港全纪录》第一卷，上海人民出版社1997年版，第102页。

了半个多世纪的宵禁制度随着华人经济实力的提升终于被废除。[①] 而在其后的十多年间,香港市民的权利意识、民主意识也逐渐形成。譬如,1916年,由于英国政府在第一次世界大战中出现国内财政困难,时任港督梅含理提出一个征收战时利得税和薪俸税方案,遭到全港上下一致反对。香港市民认为香港并没有支持英国对外作战的义务,中华总商会联合各界反对这种税制。在各界合力反对之下,港府不敢强行实施,只得以发行"战争公债"的办法来筹措资金。[②] 从近代以来香港地区的政治生态来看,虽然随着华商在经济领域势力的增强以及港英政府在政策层面的改革,香港市民的公民意识逐渐增强,但以政府为主导的公民道德教育却迟迟未能纳入国民教育体系。

在社会环境层面,近代以来香港的社团和大众传媒发展较快,加上港英政府在教育领域所进行的一系列改革,客观上为公民意识的形成创造了有利的社会环境。1861年5月,香港洋商成立香港总商会,就香港的财政、币制、邮政、卫生、体育、禁赌等问题向香港政府陈述意见,深受港府重视;1866年8月,经香港政府批准,成立了一个民间治安团体——更练[③],这反映了分散的地区性华人组织出现了联合的趋势;[④] 1951年,香港社会服务联合会正式成为法定团体(简称"社联"),这是香港负责策划及协调各社会服务团体的机构。众多社会团体和组织凝聚了来自香港社会不同阶层的利益诉求,有力地推动着香港民间社会的形成,形成了公民个体与政府进行平等对话的平台。与此同时,香港地区逐渐建立起新闻自由机制,使得社会团体和组织能够借助新闻舆论这一载体表达利益诉求,参与香港社会的管

---

① 陈昕、郭志坤编:《香港全纪录》第一卷,上海人民出版社1997年版,第115页。
② 陈昕、郭志坤编:《香港全纪录》第一卷,上海人民出版社1997年版,第155页。
③ 更练以各店主在此前自行雇佣、自行管理的看更队伍为基础,活动经费由各街铺户捐助。
④ 陈昕、郭志坤编:《香港全纪录》第一卷,上海人民出版社1997年版,第77页。

理。香港地区的大众传媒起步时间早，发展速度快。英国人孖剌（Yorick Jones Murrow）于1857年创办《孖剌西报》①，这是香港第一家英文日报。1858年11月15日创刊的《中外新报》则是香港第一份中文日报，也是中国人最先创办的近代报纸。②发达的大众传媒对于公民意识的形成具有重要的现实意义。

在社会及教育改革方面，虽然港英政府的具体政策带有明显的"去中国化"的倾向，但不能否认的是，其中的一些政策措施客观上有助于公民道德教育的推进。如1921年8月8日，香港基督徒在中华总商会会所召开反对蓄婢会第一次组织大会，提出蓄婢有伤风化，主张禁止蓄婢行为。③经过长期努力，香港终于在1938年6月24日颁布《育女注册条例》，反对蓄婢的目的终于达到。④在教育改革方面，香港政府大力推进西式教育，这对于学生接受西方社会的民主、平等、自由等观念起到了重要的作用。1842年11月1日，马礼逊英华学校（Morrison Anglo-Chinese School）由澳门迁至香港岛，从而成为香港第一所西式学校。该校开设的课程有汉语、英语、算术、几何、化学、生理、地理、历史等科目。1896年，香港皇仁书院年终考试的作文以"对外贸易的好处"为题，历史题目要求学生思考"处死查理一世是否正确，并说明自己的理由"，此外，还包括"詹姆士二世为何丧失王位"等问题。⑤香港西式学校的教学内容、教学方法和学习环境对在那里学习的学生民主思想的形成具有一定的影响。孙中山在1918年曾回忆说："予在广州学医甫一年，闻香港有英文医学校开设，予以

---

① 该报主要是对港府运作中的腐败现象进行尖锐的揭露和批评。
② 陈昕、郭志坤编：《香港全纪录》第一卷，上海人民出版社1997年版，第64—67页。
③ 1922年3月16日，反对蓄婢会正式成立。他们在港九、新界等地举行演说，并上书香港政府和英国国会，请求制定法例禁止蓄婢。同时上书中央政府，请求明令全国释婢和禁婢。
④ 陈昕、郭志坤编：《香港全纪录》第一卷，上海人民出版社1997年版，第166页。
⑤ 陈昕、郭志坤编：《香港全纪录》第一卷，上海人民出版社1997年版，第38页。

其学课较优,而且自由,可以鼓吹革命,故投香港学校肄业。"①

(三) 澳门的政治与社会环境

1887年,《中葡会议草约》《中葡友好通商条约》先后签订,葡萄牙殖民者迫使清政府承认其占领澳门的事实,并继续维持其在澳门地区的殖民统治。这一时期,受国内政治与社会环境的影响,澳门成为与内地维新运动遥相呼应的重要基地。1890年9月,孙中山在香港医学院完成学业后,借在澳门镜湖医院担任义务医师的时机,大力宣传民主革命思想。1893年,孙中山等人在澳门创办《镜湖丛书》,以此作为平台不断宣传民主革命思想,反抗清朝政府的专制集权统治。1897年,康有为等人在澳门创办《知新报》,由其弟康广仁、学生徐勤主编,宣传维新思想,为清政府的社会改良运动进行舆论准备。《知新报》激烈反对西方列强对中国的侵略和蚕食,严厉抨击清政府对外屈膝投降、对内进行思想压制的政策,并对西方资产阶级革命思想进行了详细地介绍和广泛地宣传,成为开启民智、宣传维新思想的重要平台。"戊戌变法"失败后,清政府查禁了国内宣传维新思想的报刊,逮捕和屠杀革命党人,而《知新报》则在澳门继续宣传维新思想,澳门也凭借其地理位置上的优势成为革命党人暂时的避难之所。这一时期,澳门有着相对宽松的政治和社会环境,这为清末以来的维新派宣传政治变革主张创造了有利的条件,客观上唤起了澳门社会公民意识的觉醒,为开展公民道德教育做了大量的舆论准备工作。

澳门的民间社团组织较为发达,有着较为悠久的历史。19世纪以来,澳门华人纷纷组织起来,在各行业建立起社团组织。特别是随着澳门地区华人社会在经济领域的逐渐崛起,以华人为主体的社会组织逐渐兴起,这些社会组织成为澳门市民表达利益诉求、进行社会参与的重要

---

① 陈昕、郭志坤编:《香港全纪录》第一卷,上海人民出版社1997年版,第114页。

平台。例如，具有悠久历史的澳门三街会馆就是澳门地区华商联络感情、沟通商情、表达诉求的民间社团。1913年，澳门商会正式成立，后改名为澳门中华总商会。澳门民间社团组织的广泛建立，一方面反映了随着澳门华人经济地位的崛起，其在澳门地区的政策制定和社会发展方面需要进一步发挥影响力，而各行业的民间社团组织就成为其表达利益诉求、参与政策制定的重要平台；另一方面，澳门华人在葡萄牙政府的殖民统治中逐渐意识到，民间社团组织是中国传统文化延续与发展的重要平台，也是联结澳门华人的重要纽带。因此，近代以来，澳门民间社团组织的兴起，为公民意识的形成奠定了重要的社会基础。然而，在国民教育体系中，由于葡萄牙政府长期以来有意识地在学校教育中推行"去国家化"的殖民主义政策，刻意淡化澳门地区华人的国家意识，通过各种政策不断加强其在教育文化领域的渗透，这在澳门各级学校的历史、语言教育等方面表现得尤为明显。如1861年，根据塞卡尔男爵的建议，澳门创办了一所男校，主要教授葡萄牙语和英语。自19世纪中叶以来，葡萄牙政府在澳门持续推进带有殖民性质的学校教育，官方主导的公民道德教育缺乏生存与发展的土壤。

综上所述，从近代以来粤港澳三地的政治与社会环境来看，广东虽然经历了维新改革运动的洗礼，但在社会组织的培育、大众传媒的发展、国民教育机制的形成等方面，依然受到封建专制主义的压制和束缚，公民道德教育体系尚未真正建立起来；同一时期的香港和澳门，则由于民间社会组织的广泛建立和大众传媒的兴起，使得社会不同阶层的利益群体能够通过较为正式的渠道表达利益诉求，公民意识逐渐形成和发展起来。在香港和澳门的学校教育中，对西方自然科学和人文社会科学的引入，客观上促进了本地区公民意识的觉醒，为公民道德教育的推进创造了有利条件。但与此同时，西方殖民者在香港和澳门的学校教育中，不断淡化"国家意识"，有意回避"国家认同"问题。长期在教育系统中渗透"去国家化"的理念，使得香港和澳门地区的公民道德教育存在着"先天不足"的问题。

第二节 我国公民道德教育的演进及其两重维度

近代以来，在中西方文明相互撞击的过程中，封建专制主义思想逐渐土崩瓦解，民主共和理念开始得到广泛传播。随着中国社会公民意识的觉醒，公民道德教育也开始提上议事日程。1949年中华人民共和国成立之初，公民道德教育进入实践探索阶段；改革开放以来，我国的公民道德教育在理论与实践层面取得了长足发展，在内容上强化了两个方面的教育。一是强化公民身份意识的形成，二是强化公民道德行为的养成。其核心目标是引导公民正确处理个人与国家、个人与社会的关系。

一 近代以来至中华人民共和国成立前的公民道德教育[①]

1840年的鸦片战争标志着中国近代史的开启，西方殖民侵略打破了中国封建帝国统治者长期以来所形成的"唯我独尊"的幻梦，从"洋务派"学习西方"器物文明"的失败，到"维新派"移植西方议会民主的夭折，中国社会各阶级力求救亡图存的努力最终都以失败告终。然而，不能否认的是，在中西方文明相互撞击的过程中，中国社会长期被压抑的个体意识开始逐渐觉醒，至1911年"辛亥革命"推翻帝制建立宪政民主制度前后，这种个体意识逐渐演进为公民意识。从近代以来公民道德教育思想的发展历程看，其核心内容是公民基本道德规范的养成问题。如"维新派"从"新民德"的角度提出"采合中西道德，以为德育之方针"的主张，就试

---

① 此部分主体内容来源于笔者发表在《思想理论教育》（2010年第5期）中的《公民教育：现代语境中的本土化建构》一文，具体内容有相应修改和调整。

图在教育实践中"淬厉其本有""采补其本无"。① 其中"采补本无"即汲取西方公民道德教育的基本内容，以祛除中国传统文化中个体所表现出的奴性、愚昧、自私、迷信等劣根性，培养"爱国、利群之公德心与自治力"②，侧重于引导公民形成平等、独立、权利、义务、责任等意识。民国时期的著名教育家蔡元培先生也倡导以"养成共和国健全人格"为根本目标，提出"五育并举，以公民道德为中坚"③的教育方针。

随着西方公民教育思想在国内的传播，早期以"公民道德规范养成"为核心内容的理念逐渐演变为以"公民资格"为主题的公民教育思想。民国时期的教育家、《教育杂志》的主编朱元善先生就指出："既为共和立宪之国，则教育之方针自当以新国家之本质为主眼，而置重于共和立宪国民之养成。"④ 1919年"五四运动"前后，民主主义教育思想和实用主义教育理论传入中国，人们开始倡导将个人、社会、国家三者的相互关系和民主精神的培养作为公民道德教育目标构建的基础，这就使公民道德教育范围扩展到社会公共生活领域，而不仅仅局限于公民个体的道德养成。⑤

中国近代社会在公民道德教育问题上虽然取得了些许进展，但总体而言，这种探索是步履维艰的。正如刘泽华教授所指出的那样："由臣民意识向公民意识转变，是中国近代政治观念发展中的一个基本问题。由臣民意识转变为公民意识，是一个极为复杂的过程，同时也是一个极为困难和痛苦的过程。……圣人崇拜和臣民意识的结合，

---

① 丁文江、赵丰田编著：《梁启超年谱长编》，上海人民出版社1983年版，第272页。
② 丁文江、赵丰田编著：《梁启超年谱长编》，上海人民出版社1983年版，第276页。
③ 高平叔主编：《蔡元培教育论著选》，人民教育出版社1991年版，第15页。
④ 转引自高平叔主编《蔡元培教育论著选》，人民教育出版社1991年版，第21页。原载于朱元善《今后之教育方针》，《教育杂志》1916年第8期。
⑤ 郑航：《中国近代德育课程史》，人民教育出版社2004年版，第166—170页。

极大地阻碍和破坏了公民意识与公民文化的健康发育。"① 究其原因主要有以下三个方面。一是中国传统文化的强大惯性使个体依然被束缚在政治权力与传统礼教的控制之下，公民意识的觉醒缺乏更为自由的生长空间；二是中国社会长期处于战乱与动荡之中，执政者必然选择高度集权的模式来稳固社会，个体的言论表达、政治自由、政治参与、利益诉求等公民的基本权利在一定程度上被长期边缘化；三是中国近代社会在外来殖民者、本国封建势力、官僚资本的多重压榨下，在国家层面缺乏一个强有力的资源整合者，公民道德教育缺乏国家资源的有力支撑，往往只能够借助民间力量加以推进。因此，近代以来中国社会的公民道德教育在理论研究上呈现出边缘化的特征，在公民道德教育的实践探索上也遇到重重阻力。

二　中华人民共和国成立以来的公民道德教育

1954年，中华人民共和国第一部宪法颁布，第一次在正式的法律文本中提出了"中华人民共和国公民"这一表述。然而，在随后的近二十余年间，"公民"一词一直"沉睡"在中华人民共和国的这部开国大法之中，历经"大跃进""反右""文革"等社会动荡，以政治性语汇出现的"人民"始终覆盖在"公民"之上。直到20世纪80年代，党和国家的主要领导人意识到，在推进社会主义经济建设的过程中，应该同样重视社会主义精神文明建设，将培养社会主义的合格公民作为国民教育的基本目标。

中央教育科学研究所的朱小蔓教授将中华人民共和国成立后的公民道德教育划分为政治本位、经济本位、人本主义三个历史阶段。在政治本位时期，阶级斗争背景下的"公民"被"人民"所取代，国家强调"教育要为无产阶级斗争服务"，公民道德教育在相当长的历史时期内

---

① 刘泽华：《论从臣民意识向公民意识的转变》，《天津社会科学》1991年第4期。

被"政治灌输"所取代,公民道德教育被视为资产阶级性质的教育,成为政治禁忌。虽然1954年的《中华人民共和国宪法》在文本上明确了公民的法律地位,提出了公民的基本权利问题①,但在政治实践中,"公民"依然停留在文本层面,特别是在公民基本权利的保障方面,在其后的几部宪法中都未能得到有效落实。因此,在这一时期,公民道德教育还未能从"文本"层面进入国民教育的"实践"层面。

经济本位时期以1978年国家改革开放政策的出台为标志,伴随着社会主义市场经济的建立和逐步完善,公民道德教育回归到一个较为宽松的政治环境之中。中国在20世纪70年代末至90年代后期所经历的社会主义市场经济体制改革,不仅深刻地改变了中国社会的经济结构,而且强烈地冲击着中国社会的传统道德观念。个体价值在长期沉寂后逐渐浮出水面,个体利益不再被完全埋没于集体利益之下。与此同时,民主、法治、权利、契约等观念也在社会主义市场经济的推进中自然生长出来,催生了公民意识的萌芽。然而,在社会主义市场经济建立和发展过程中,一方面中国传统社会的价值观念正在逐渐消解;另一方面西方社会的多元价值理念迅速渗入,导致在社会文化领域出现了"资产阶级自由化思潮"②。也正是在这一背景下,中共中

---

① 1954年《中华人民共和国宪法》第四十九条第十二款,在国务院行使的职权中提到"保护国家利益,维护社会秩序,保障公民权利",第八十七条明确规定:"中华人民共和国公民有言论、出版、集会、结社、游行、示威的自由。国家供给必需的物质上的便利,以保证公民享受这些自由。"

② 1980年12月,邓小平在《贯彻调整方针,保证安定团结》的讲话中指出,"要批判和反对崇拜资本主义、主张资产阶级自由化的倾向",正式提出了资产阶级自由化的概念。1981年,在《关于思想战线上的问题的谈话》中,邓小平批评了"思想战线软弱无力"的现象,指出有的人"就是要脱离社会主义的轨道,脱离党的领导,搞资产阶级自由化"。1986年9月,党的十二届六中全会通过《关于社会主义精神文明建设指导方针的决议》,指出"搞资产阶级自由化,即否定社会主义制度、主张资本主义制度","是根本违背人民利益和历史潮流,为广大人民所坚决反对的"。1987年1月6日,《人民日报》发表社论《旗帜鲜明地反对资产阶级自由化》,社论指出,搞资产阶级自由化,即否定社会主义制度,是根本违背人民利益和历史潮流,为广大人民群众所坚决反对的。旗帜鲜明地反对资产阶级自由化,同坚持改革开放不但不矛盾,而且是改革开放得以顺利进行所不可缺少的条件。

央提出"培养有理想、有道德、有文化、有纪律的社会主义公民"①这一主张,即从社会主义公民基本道德规范的养成出发,在中国特色社会主义的实践探索中推进公民道德教育。

公民道德教育经历的第三个阶段为人本主义时期。经过三十多年的改革开放和社会主义市场经济体制改革,中国特色社会主义进入物质文明、精神文明、政治文明协调发展的历史阶段。如果说在经济本位阶段个体价值的凸显是社会主义市场经济建立过程中的自发状态的话,那么在这一时期,公民道德教育则是以更为自觉的形式提升"人"在社会发展过程中的价值,国家层面的法律制度成为保障公民权利的重要依据。党的十六大报告提出"健全民主制度、丰富民主形式,扩大公民有序的政治参与,保证人民依法实行民主参与、民主选举、民主决策、民主管理、民主监督,享有广泛的权利和自由,尊重和保障人权",为公民道德教育提供了有力的政策支持与制度保障;党的十六届三中全会提出"坚持以人为本,树立全面、协调、可持续的发展观,促进经济社会和人的全面发展",进一步明确了将"人本理念"纳入经济社会发展的重要考量要素;2007年,党的十七大报告再次提出"加强公民意识教育,树立社会主义民主法治、自由平等、公平正义理念",这是改革开放以来在党的重要文献中对公民道德教育所做的较为全面的概括。2010年《国家中长期教育改革和发展规划纲要(2010—2020)》同样强调了"加强公民意识教育,树立

---

① 1980年5月26日,邓小平给《中国少年报》和《辅导员》杂志题词:"希望全国的小朋友,立志做有理想、有道德、有知识、有体力的人,立志为人民作贡献,为祖国作贡献,为人类作贡献。"1982年5月4日,《人民日报》发表题为《当代青年的历史使命》的社论指出:"培养青年成为有理想、有道德、有文化、有纪律、有强健体魄的新一代。这不仅是学校和共青团的责任,而且要靠所有家庭和整个社会的共同努力。"1982年7月4日,邓小平《在军委座谈会上的讲话》指出:"搞社会主义精神文明,主要是使我们的各族人民都成为有理想、有道德、有文化、守纪律的社会主义新人。"1986年颁布的《中华人民共和国义务教育法》规定:"培养有理想、有道德、有文化、有纪律的社会主义建设人才。"

社会主义民主法治、自由平等、公平正义理念，培养社会主义合格公民"的主张。

2012年，党的十八大报告提出"加快推进社会主义民主政治制度化、规范化、程序化，从各层次各领域扩大公民有序政治参与"，明确"全面提高公民道德素质"是"社会主义道德建设的基本任务"，强调"加强社会公德、职业道德、家庭美德、个人品德教育"，"推进公民道德建设工程，弘扬真善美、贬斥假恶丑，引导人们自觉履行法定义务、社会责任、家庭责任"等方面的内容。2017年，党的十九大报告同样指出，要全面贯彻党的教育方针，落实"立德树人"根本任务。深入实施公民道德建设工程，推进社会公德、职业道德、家庭美德、个人品德建设，激励人们向上向善、孝老爱亲，忠于祖国、忠于人民。2022年，党的二十大报告将"实施公民道德建设工程"放在"推进文化自信自强，铸就社会主义文化新辉煌"部分，强调了"弘扬中华传统美德""推动明大德、守公德、严私德，提高人民道德水准和文明素养"。这一时期，关于公民道德教育的提法出现了一个较为明显的变化，即不再仅仅从公民道德服从的角度单向度地去理解公民，而是将公民看成与政治民主、法治建构、人格平等、公平正义、人文关怀等诸多要素紧密联系的复合概念，把公民道德教育推进到一个更为深层的国家与社会关系中去建构。

三 我国推进公民道德教育两重维度

（一）强化公民身份意识的形成

18世纪以来，卢梭的社会契约论对西方社会的公民教育理论与实践产生了较为深远的影响。该理论提出国家如何实现"公意"的问题，主张公民与国家之间应该以协商的方式建立契约关系。[①] 由于资

---

① ［法］卢梭：《社会契约论》，何兆武译，商务印书馆2003年版，第35页。

产阶级需要摆脱封建势力的束缚以发展资本主义生产关系，因此，在公民与国家的关系上侧重于强调与公民身份相关的权利与自由。也正是在这一时期，公民道德教育开始关注个体的利益诉求、政治自由等方面的问题。可以说，公民身份意识的形成不仅是公民认知个体权利的前提，也是推进公民道德教育的现实基础。

与西方社会不同，中国传统社会在政治文化上缺少"公共意识"和"契约精神"，在国家与社会的关系层面未能形成真正意义上的公民社会，"公民身份"的长期缺位导致个体始终被"消融"在各种人伦关系之中。因此，中国传统社会更侧重于从人伦关系的角度着眼，形成了个体与家庭、个体与社会、个体与国家之间的道德约束关系。正如梁漱溟先生所指出的那样，中国传统道德教育的基本特征是不从社会本位或个人本位出发，而是从人伦关系着眼。他认为："中国之伦理只看见此一人与彼一人之相互关系……不把重点固定在任何一方，而从乎其关系，彼此相交换；伦理本位者，关系本位也。"[①] 中央教育研究所的朱小蔓教授也认为，中国传统社会的道德教育存在着与现代公民教育相兼容的障碍[②]，主要表现在两个方面。一是关系垂直化。在封建宗法制度下，平等的权利与义务关系转变为单向的绝对服从关系，自由、平等、民主、权利等概念缺乏生长的土壤。她认为问题的主要根源不在于"关系本位"的思想，而在于导致关系异化的社会制度。二是关系庸俗化。中国传统社会的"差序格局"[③] 演变为亲疏远近分明的"关系圈"，造就了"无他之私民，无我之臣民"[④]，形

---

① 梁漱溟：《中国文化要义》，（香港）集成图书公司1963年版，第94页。
② 朱小蔓、李荣安：《关于公民道德教育的对话》，《中国德育》2006年第5期。
③ 社会学家费孝通（1910—2005）在研究中国乡村结构时提出"差序格局"这一概念。他在《差序格局》一文中指出，以"己"为中心，像石子一般投入水中，和别人所联系成的社会关系，不像团体中的分子一般大家立在一个平面上的，而是像水的波纹一般，一圈圈推出去，愈推愈远，也愈推愈薄。
④ 梁漱溟：《中国文化要义》，（香港）集成图书公司1963年版，第20页。

成"重关系情分、轻法理法规"的社会传统。

诚然，中国传统社会人伦关系的垂直化与庸俗化特质将随着现代社会发展模式的推进而逐渐弱化，但中国传统社会所包含的人伦关系文化却会长久地存在下去。因此，基于中国传统文化语境中的公民道德教育，应从中国传统社会的人伦关系着眼，强化与公民身份相匹配的权利与义务的关系、权利与责任的关系。原香港教育学院[①]的李荣安教授认为，公民关系是公民道德教育的起点，如果要谈公民身份，首先要从"关系"入手。人应当从家庭这种最亲近的关系出发，逐步扩展到邻里、社区、城市、国家等其他社会关系。他指出："公民道德教育就是公民身份的教育，公民身份的教育就是公民关系的教育。"[②] 如果缺乏对公民身份的认知，所谓的权利、义务、责任都会由于失去指向性而成为空洞的概念。香港大学的何友晖[③]教授也指出，当代中国的公民道德教育既不是要培养传统等级关系中的"臣民"，也不是培养只有自我、不知他人的"莱布尼兹单子"[④]，而是培养置身于平等关系之中的既具有个体独立的自主意识，又对他人存在具有高度觉察能力与关怀能力的现代公民。[⑤] 因此，中国公民道德教育的第一个目标指向就是强化公民身份意识的形成，厘清公民置身于何种社会关系之中，明确这些关系赋予公民何种权利与义务，进而掌握行

---

① 现已更名为香港教育大学。
② 朱小蔓、李荣安：《关于公民道德教育的对话》，《中国德育》2006 年第 5 期。
③ 何友晖，香港大学教授，毕业于美国伊利诺斯科学院心理学系，获心理学哲学博士学位，在香港大学创办了临床心理学专业课程。
④ 戈特弗里德·威廉·莱布尼茨（Gottfried Wilhelm Leibniz, 1646—1716），德国哲学家、数学家。1714 年写成《单子论》。他认为，单子（Monad）的性质就是思想（Thought），世界就是由无限多的单子构成。每一单子必然是自足的，不依他而存在，而又包含了自己的全部可能性，一个单子不可能和另一单子有交互作用（Interaction）。若一个单子作用于另一个单子，则后一个单子就没能自足地包含自己的全部内容，而要依附于他物。所以，莱布尼茨说："单子之间没有窗户。"
⑤ 朱小蔓、李荣安：《关于公民道德教育的对话》，《中国德育》2006 年第 5 期。

使公民权利、履行公民义务的基本能力。

（二）强化公民道德行为的养成

道德行为的养成是公民道德教育的重要目标，它包括两个方面的内容。一是引导公民认知道德规范，二是引导公民自觉遵守道德规范。回顾改革开放四十年来中央颁布的相关制度规范可以发现，强化公民道德行为的养成始终是我国社会主义精神文明建设的重要目标之一。如1986年的《中共中央关于社会主义精神文明建设指导方针的决议》指出："社会主义精神文明建设的根本任务，是适应社会主义现代化建设的需要，培育有理想、有道德、有文化、有纪律的社会主义公民。"1994年中央出台的《爱国主义教育实施纲要》指出："开展爱国主义教育的目的，是要振奋民族凝聚力，树立民族自尊心和自豪感，巩固和发展最广泛的爱国统一战线，把人民群众的爱国热情引导和凝聚到建设有中国特色的社会主义伟大事业上来，引导和凝聚到为祖国统一、繁荣和富强作贡献上来，做有理想、有道德、有文化、有纪律的社会主义公民，为实现四化、振兴中华的共同理想团结奋斗。"这两个中央文件的出台，主要是针对改革开放以来，一些地方政府过于注重经济发展指标，而忽视了对社会道德规范的引导，导致社会生活的各个领域出现了道德行为失范的现象。因此，中央试图将社会主义精神文明建设提到更为重要的位置上来。1986年和1994年的两个文件，都将培养"四有"①公民作为精神文明建设的目标，此阶段公民道德教育的基本要求就是要"服从和服务于社会主义现代化建设"这一中心任务。

20世纪90年代中期以后，中国改革开放步伐加快，社会主义市场经济向纵深推进。与此同时，中国传统社会的伦理价值与道德

---

① 见前页注释：有理想、有道德、有文化、有纪律。

规范开始受到各种因素的冲击。针对这一问题，中央首先面向青少年群体提出加强社会主义公民道德规范意识的培养。1995年，原国家教委颁布了《中学德育大纲》，旨在对全国在校中学生的行为进行统一规范指导。《中学德育大纲》指出："中学德育工作的基本任务是把全体学生培养成热爱祖国的具有社会公德、文明行为习惯的遵纪守法的公民。"1996年，中央颁布了《中共中央关于加强社会主义精神文明建设若干问题的决议》，再次重申了"培育有理想、有道德、有文化、有纪律的社会主义公民。……实现以思想道德修养、科学教育水平、民主法制观念为主要内容的公民素质的显著提高"。1997年，党的十五大报告再次强调："建设有中国特色社会主义的文化，就是以马克思主义为指导，以培育有理想、有道德、有文化、有纪律的公民为目标。"2001年，江泽民在庆祝中国共产党成立80周年的"七一讲话"中指出："发展社会主义文化的根本任务，是培养一代又一代有理想、有道德、有文化、有纪律的公民。"同年10月，中央颁布《公民道德建设实施纲要》，提出"在全社会大力倡导爱国守法、明礼诚信、团结友善、勤俭自强、敬业奉献的基本道德规范，努力提高公民道德素质，促进人的全面发展，培养一代又一代有理想、有道德、有文化、有纪律的社会主义公民"。《公民道德建设实施纲要》对公民道德教育的基本内容做了最为全面的概括，进一步明确了在中国特色社会主义制度模式中公民道德教育的基本方向。20世纪90年代中期以来的中央文献虽然在公民道德教育内容的归纳上没有明显的"突破"，但显而易见的是，在20世纪90年代中后期"依法治国"的时代背景下，不断强化公民道德行为的养成，对于完善国家治理模式和社会主义民主法治建设具有十分重要的现实意义。2019年10月，中共中央、国务院印发了《新时代公民道德建设实施纲要》，重申了坚持和发展中国特色社会主义,需要物质文明和精神文明全面发展、人民物质生活和精神生活水平全面提升;指出中国特色社会主义进入新时代,加强公民道德建设、提高全社会道德水平,是全面建成小康社会、全面建设社会主义现代化强国的战略任务,是适应社会主要矛盾变化、满足人民对美好生活向往的迫切需要,是促进社会全面进步、人的全面发展的必然要求。

综上所述,从改革开放以来社会主义精神文明建设的实践来看,强化公民道德行为的养成适应了中国特色社会主义的发展模式,也是我国现阶段公民道德教育的目标指向。

第三节　粤港澳地区推进公民道德教育的政策措施

20世纪80年代以来,广东、香港和澳门三地结合本地区社会发展的实际,陆续制定了一系列与公民道德教育相关的政策。20世纪80年代中期至90年代中期的十年间,国家将公民道德教育的重点放在中小学的基础教育领域。作为直接隶属于中央政府的地方行政单位,广东地区一方面严格执行中央层面的相关政策法规,另一方面也充分结合广东的实际情况,制定了地方性政策规范,依托学校的课堂教学与校园活动着力推进公民道德教育。回归前后,在中央政府的指导下,香港和澳门特区政府也着手制定了一系列推进本地区公民道德教育的政策规范,在教育内容上进一步强化了国家与民族认同意识的引导,取得了一定成效。2017年7月1日,国家主席习近平在庆祝香港回归祖国20周年大会暨香港特别行政区第五届政府就职典礼上的讲话中指出:"20年来,香港依托祖国、面向世界、益以新创,不断塑造自己的现代化风貌,'一国两制'在香港的实践取得了举世公认的成功。"2019年9月11日,国家主席习近平在会见新当选的澳门特别行政区第五任行政长官贺一诚时指出，澳门特别行政区政府团结社会各界人士，全面准确理解和贯彻"一国两制"方针，坚定维护宪法和基本法权威，传承爱国爱澳的核心价值观，促进澳门经济快速增长、民生持续改善、社会稳定和谐，向世界展示了具有澳门特色的"一国两制"成功实践。

一 广东地区的政策措施

作为直接隶属于中央的地方行政单位，广东地区严格执行中央层面的各项政策，确保在中央统筹规划、统一布局的前提下，充分结合本地区实际制定推进公民道德教育的相关政策和具体措施。

20世纪80年代以来，中央陆续出台了一系列与公民道德教育相关的政策，其重心主要放在对社会主义公民道德规范的内容建构方面，为这一时期地方教育部门开展公民道德教育指明了方向。1985年，中共中央颁布了《关于改革学校思想品德和政治理论课教学的通知》，决定在初中开设公民课，尝试实施公民道德教育。1993年，原国家教委颁布了《小学德育纲要》《中学德育纲要》以及《中小学德育工作规程》三个文件，明确了中小学开展公民道德教育的主要内容。小学的德育内容是社会公德和社会常识教育，包括生活常识、基本的政治常识以及法律常识，着重培养和训练小学生良好的道德品质和文明行为习惯；中学德育的培养目标是把学生培养成为热爱社会主义祖国、具有社会公德、文明行为习惯的遵纪守法的公民，在此基础上引导学生逐步树立科学的世界观、人生观和价值观。1995年，原国家教委颁布了《中学德育大纲》，该文件明确规定："中学德育工作的基本任务是把全体学生培养成为热爱社会主义祖国的具有社会公德、文明行为习惯的遵纪守法的公民。"

这一时期，国家推进公民道德教育的主要场所是内地的中小学，公民道德教育的对象也主要包括在校的中小学生，公民道德教育的主要内容涵盖了爱国主义教育、集体主义教育、马克思主义常识和社会主义理论教育、理想教育、道德教育、劳动教育、民主法制教育、个性心理品质教育等。

2001年9月，中共中央印发了《公民道德建设实施纲要》，将"培养有理想、有道德、有文化、有纪律的社会主义公民"作为思想政治教育的基本目标。许启贤教授认为，公民道德具有"普遍性与多层性的统一、广泛性与平等性的统一、个体道德与社会道德的统一、道德权利与义务的统一"的特点。他归纳了《公民道德建设实施纲要》的八点突破。一是第一次以中国共产党的名义颁布了关于公民道德建设的一个全面、系统、完整的纲领性文献；二是第一次提出了"公民道德建设"这个新概念；三是第一次提出了二十字的"公民基本道德规范"，即"爱国守法、明礼诚信、团结友善、勤俭自强、敬业奉献"；四是将"为人民服务"的宗旨从对共产党员和领导干部的要求扩大到对所有公民的要求；五是更加明确地提出了要"逐步形成与社会主义市场经济发展相适应的社会主义道德体系"；六是第一次提出了家庭、学校、单位、社会"四结合"的道德教育模式；七是第一次提出了"深入开展群众性的公民道德实践活动"；八是第一次更加明确提出把公民道德教育与社会管理结合起来的主张。[①] 2003年，在《公民道德建设实施纲要》印发两周年之际，中央确定将每年的9月20日定为"公民道德宣传日"，以增强公民道德教育在全社会的影响力。2005年，《新公民读本》校本教材正式出版，新公民道德教育教师培训项目正式启动。2006年3月，胡锦涛同志提出的"社会主义

---

① 许启贤：《〈公民道德建设实施纲要〉中的八个新亮点》，《道德与文明》2002年第4期。

荣辱观"① 为公民道德教育确立了更为明确的是非标准与价值尺度。2006年10月,党的十六届六中全会第一次明确提出了"建设社会主义核心价值体系"的重大命题和战略任务,明确了社会主义核心价值体系的内容,指出社会主义核心价值观是社会主义核心价值体系的内核。2007年10月,党的十七大指出,社会主义核心价值体系是社会主义意识形态的本质体现。2011年10月,党的十七届六中全会指出,社会主义核心价值体系是推动文化大发展大繁荣的根本任务。2012年11月,党的十八大报告进一步强调了社会主义核心价值观中的"三个倡导",将富强、民主、文明、和谐归类于国家层面的价值目标,将自由、平等、公正、法治归于社会层面的价值取向,将爱国、敬业、诚信、友善界定为公民个人层面的价值准则。2013年12月,中共中央办公厅印发的《关于培育和践行社会主义核心价值观的意见》明确指出,以"三个倡导"为基本内容的社会主义核心价值观,与中国特色社会主义发展要求相契合,与中华优秀传统文化和人类文明优秀成果相承接,是我们党凝聚全党全社会价值共识作出的重要论断。

应该说,20世纪80年代以来,国家在推进公民道德教育的过程中首先将着力点放在初等和中等教育阶段,主要依托了课堂教育这一载体,并在此基础上逐渐将公民道德教育从学校层面推向社会层面,取得了一定的成效。但不可否认的是,20世纪90年代之后的十余年间,高等教育将学科建设与专业教育作为提升自身竞争力的重要目

---

① 2006年3月4日,胡锦涛同志在参加全国政协十届四次会议民盟、民进界委员联组讨论时提出,要引导广大干部群众特别是青少年树立以"八荣八耻"为主要内容的"社会主义荣辱观"。其具体表述为"以热爱祖国为荣、以危害祖国为耻;以服务人民为荣、以背离人民为耻;以崇尚科学为荣、以愚昧无知为耻;以辛勤劳动为荣、以好逸恶劳为耻;以团结互助为荣、以损人利己为耻;以诚实守信为荣、以见利忘义为耻;以遵纪守法为荣、以违法乱纪为耻;以艰苦奋斗为荣、以骄奢淫逸为耻"八个方面。

标，针对在校大学生的公民道德教育被逐渐"边缘化"，以至于长期以来公民道德教育在基础教育阶段所取得的效果被大学的专业教育所"稀释"，甚至出现了大学生道德素质的"逆向反弹"现象。这种现象主要表现在四个方面。一是相关政策并未真正转化为高校实施公民道德教育的有效行为；二是高等学校在制度设计、组织机构、校园文化等层面缺乏公民道德教育得以推进的土壤；三是高校中泛政治化、理想化的"灌输式德育"取代了公民道德教育实践；四是缺乏较为系统的、具有针对性的公民道德教育的相关课程。党的十八大以后，中央进一步加强了高校思想政治教育的力度，明确了大中小学思想政治教育工作"一体化"的方针。2017年，党的十九大报告指出，要全面贯彻党的教育方针，落实"立德树人"根本任务，深入实施公民道德建设工程，推进社会公德、职业道德、家庭美德、个人品德建设，激励人们向上向善、孝老爱亲，忠于祖国、忠于人民。2019年10月，中共中央、国务院印发的《新时代公民道德建设实施纲要》指出，加强公民道德建设是一项长期而紧迫、艰巨而复杂的任务，要适应新时代新要求，坚持目标导向和问题导向相统一，推动全民道德素质和社会文明程度达到一个新高度。从党的执政方略和高校思想政治工作的中心任务来看，推进以道德建设为核心的公民道德教育是落实"立德树人"根本任务的重要举措。

广东地区推进公民道德教育的主要方式就是结合本地实际积极落实中央的各项政策。2001年《公民道德建设实施纲要》出台后，广东省委立即印发了《关于贯彻〈公民道德建设实施纲要〉的意见》；2004年，广东省文明办发布了《关于在全省开展"爱国、守法、诚信、知礼"现代公民教育活动的意见》，[1]强调了现代公民道德建设的重要性。与此同时，广东各地陆续开展了一系列的主题宣传活动落

---

[1] 原文载于《南方日报》2004年12月8日A01版。

实中央精神。如在中央确定"公民道德宣传日"后，2003年9月20日，广州市文明办、市委宣传部、团市委联合在广州举办了"公民道德宣传日"活动；2007年，时任广东省委书记的张德江提出，要大力弘扬新时期广东人精神，在广大党员干部中开展"理想、责任、能力、形象"① 教育，在广大群众中深入开展以"爱国、守法、诚信、知礼"为主题的公民道德教育，在大学生中开展"立志、修身、博学、报国"教育，在未成年人中开展"传承文明、培育新人"教育，在教师中开展"崇教厚德、为人师表"教育，并要求建立覆盖广东地区的公民道德建设网络。这一时期广东省开展了"爱国、守法、诚信、知礼"十大杰出人物评选和全国道德模范推荐活动，组织丛飞先进事迹报告团，推出钟南山、赵广军、陈建林、许晓珠、陈希少等一批先进典型。2012年5月9日，广东省委第十一次党代会报告中首次公布了新时期广东精神，即"厚于德、诚于信、敏于行"。这一时期，广东在公民道德教育方面所出台的相关文件、组织的各类宣传活动大体都是围绕着"公民道德建设"这一中心内容进行的。党的十八大以来，广东省委省政府把培育和践行社会主义核心价值观融入国民教育的全过程。一是建立培育和践行社会主义核心价值观的长效机制。相关部门出台了《广东省培育和践行社会主义核心价值观实施意见》《广东省级爱国主义教育基地评审管理办法》等，以提升公民道德素质为目标，开展文明餐桌、文明交通、文明旅游、网络文明等活动，形成有利于弘扬社会主义核心价值观的氛围；二是借助大众传媒的平台，广泛宣传社会主义核心价值观，开展"广东好人""最美街坊"等评选活动，着力打造"南粤先锋""感动广东人物"，塑造道德楷模，宣传先进事迹；三是充分发挥精神文化产品育人的功能，编辑出版社会主义核心价值观学

---

① 也被称为"三有一好"，即"有理想、有责任、有能力、形象好"。

习读本，组织开展社会主义核心价值观"读、讲、诵、写、演"群众性宣传教育活动，深入开展"中国梦·南粤行""走进广东爱国主义教育基地""中国梦·劳动美""中国梦·邻里亲"等主题系列教育实践活动。

二 香港地区的政策措施

香港地区的公民道德教育主要依托学校教育这一平台，其发展经历了三个阶段。一是20世纪80年代中期之前的"去国家化"阶段。这一时期，港英政府对学校教育实行严格控制，禁止学校的教师、学生参与各类政治活动，国家、民族等概念被有意识地淡化。二是20世纪80年代中后期至香港回归前，这是香港公民道德教育的起步阶段。这一时期，香港教育署陆续颁布了有关学校德育及公民教育的指引，阐述了香港地区学校公民道德教育的基本目标、核心理念、主要内容、教育方式及评估办法等方面的内容。三是1997年香港回归以后，在中央政府的主导下香港特区政府开始全面推进基于中国国情背景下的公民道德教育。

20世纪五六十年代，西方社会出现了一场道德危机，这对于香港社会也产生了相应的影响，香港学生的品德素质开始下滑。许多学生欠缺礼貌、不守秩序、粗言秽语流行，学生中滥用毒品、轻视生命等问题日益严重，引起香港社会及教育界的关注。[①] 在这一背景下，香港课程发展委员会建议："学校以宏观的角度理解德育及公民教育，将各种与培育学生价值观有关的课题，例如性教育、环境教育、传媒教育、宗教教育、伦理及健康生活等，都涵盖在德育及公民道德教育之内。"[②]

---

① 何景安主编：《香港二十年来教育关键词和热点话题（1989—2008）：香港教育小百科》，（香港）高龄教育工作联谊会2009年版，第98页。
② 何景安主编：《香港二十年来教育关键词和热点话题（1989—2008）：香港教育小百科》，（香港）高龄教育工作联谊会2009年版，第98页。

第一章 公民道德教育：基于不同时空维度下的解读

20世纪80年代之后，香港教育署先后颁布了三份教育指引①，一方面来应对香港青少年问题的日益恶化现象，另一方面也是为了配合香港地区即将推行的代议制。其中1981年香港教育署颁布的《学校德育指引》第一次对学校道德教育提出明确的规范和要求。1984年，在港英政府《政制发展白皮书》中首次出现"公民教育"一词。1985年，香港教育署颁布了《学校公民教育指引》，强调学校采用引导而不是灌输的方法进行公民道德教育，提出"通过渗透方式、课外活动及隐蔽课程来推进公民道德教育，不主张学校设立专门课程"。②1986年，香港成立了公民教育委员会③，1989年，香港设立公民教育资料中心，其目的是确立国民身份的认同及建立归属感，承担国民责任，以维护香港社会发展的长远利益。1996年，香港政府颁布了新的《香港学校公民教育指引》，指出公民教育的重点是，理解个人的权利与义务，明确个人与社会的各种关系。因此，要求课程设置"个人""个人与社群""个人与社会（香港）""个人与国家（中国）""个人与世界"方面的内容。④其目的是期望进一步推进香港地区公民道德教育的发展，尤其是民主教育与国民教育齐步发展，引导香港公民成为热爱国家、具备国际视野、追求自由民主和具有一定政治参与能力的国民，这份指引奠定了香港学校公民道德教育理论及各项政策的基

---

① 三份"指引"分别是《学校德育指引》《学校公民教育指引》《中学学生辅导工作：给校长和教师参考的指引》。
② 方骏、熊贤君主编：《香港教育史》，湖南人民出版社2010年版，第542页。
③ 公民教育委员会成立的目的是联络有关政府部门及社会团体推广校外公民教育活动，并鼓励市民积极参与社会事务。其职权范围如下。第一，研究及讨论公民教育的目的、范畴及推行方法，并提出相应建议。主要内容包括制定推广公民教育的策略及计划，促进政府、志愿机构、青少年组织、地区及社会团体间在推广公民教育方面的合作。第二，联络并协助政府各部门和社区组织提高市民对公民教育的认识和实践。第三，鼓励社会各阶层人士积极推广公民及国民意识，并提供指引和协助。
④ 香港教育署课程发展委员会编：《学校公民教育指引》，香港教育署1996年版，第103页。

本框架。

1997年香港回归后,在中央政府的主导下香港地区公民道德教育进一步强化了国家(民族)认同感的培养,并在理论与实践层面进行了初步探索。2000年,香港教育统筹委员会在其教育改革咨询文件中把推动道德及公民教育的发展确定为关键项目,并作为九年基础教育改革的重点。2004年,在香港教育工作者联合会的倡议下,香港国民教育中心正式成立,其主要工作内容包括:"(1)使学生了解国情、提升国民素质;(2)国情教育及国民身份认同;(3)培养学生优良品德;(4)开发学生的潜能。"[1] 香港课程发展委员会就教育目标和学校课程宗旨制定了七项规定,其中第一、二条就明确提出了学校教育应培养学生了解个体与家庭、社会及国家的关系。一是明白自己在家庭、社会和国家中所担当的角色和应履行的责任,并关注本身的福祉;二是认识自己的国民身份,致力贡献国家和社会。[2] 同时,提出了五项德育要求,以及公民道德教育应首先培育学生的价值观和态度,即国民身份的认同、积极、坚毅、尊重他人、对社会和国家的责任承担。2012年3月,由香港教育局资助、香港浸会大学当代中国研究所编制的《中国模式国情专题教学手册》印刷出版,于2020年6月由香港国民教育服务中心陆续向全港中小学派发,并计划于2012年9月在香港中小学设立国民教育科。《中国模式国情专题教学手册》的多半内容涉及中国政治体制,与香港地区传统的公民道德教育所侧重强调的民主教育、道德教育、环保教育、性教育等方面不同,国民教育科主要强调了香港公民对于国家的认同感和归属感方面。

综上所述,20世纪80年代以来,在香港教育界及相关协会的共

---

① 何景安主编:《香港二十年来教育关键词和热点话题(1989—2008):香港教育小百科》,(香港)高龄教育工作联谊会2009年版,第113—114页。

② 何景安主编:《香港二十年来教育关键词和热点话题(1989—2008):香港教育小百科》,(香港)高龄教育工作联谊会2009年版,第63页。

同努力下，香港地区公民道德教育得以较为快速地推进，逐步融入香港学校教育体系，并与香港社会的政制改革进程同步推进。

三 澳门地区的政策措施

主权回归前，澳门政府有意识地强化了公民道德教育，制定了道德及公民教育课程框架，倡导由各类教育机构自行决定公民道德教育的课程，但至少应开设一科。[①] 1999年12月20日，中央人民政府恢复行使澳门主权，这对澳门地区的政治、经济和社会发展产生了深远地影响。在政治制度层面，澳门特别行政区成为中央人民政府管辖下的地方行政区域，实行"一国两制"的政治制度，即在确保"一国"的前提下，遵循"澳人治澳""高度自治"的原则；在经济与社会发展方面，随着澳门地区"赌权"开放，以商业、旅游业为支撑的经济运行模式逐渐稳固。在这一背景下，澳门特区政府也开始着手强化教育体系的变革。澳门主权回归后，学校教育保持了回归前"自主办学"原则，以私立学校为主的构成，使得澳门教育在办学理念、经营模式、教学内容等方面呈现多元化的特点。在公民道德教育方面遵循了"社会主导，政府引导"的原则，并将国家认同和国民身份认同教育作为公民道德教育的重要内容。澳门特区政府有意识地强调了公民道德教育在各级各类学校教育中的重要性，在其回归初期的政府施政报告中，"爱国教育"或"国民教育"都作为重要议题。主要体现在四个方面。

一是强化了以文化认同为基础的国家意识教育。澳门主权回归后，针对回归前国家认同教育缺失的问题，特区政府在回归初期的施政报告中不断强化以文化认同为基础的国家意识教育，将"去殖民

[①] 根据第38/94/M法令（Governo de Macau, 1994）的相关内容，规定了澳门幼儿及小学课程框架，在"道德教育、公民教育、宗教教育"三个科目中任选其中之一。

化"作为回归初期学校公民道德教育的重要内容，提出"爱国主义和公民意识"应在各级各类学校教育中得到切实推行。① 同时强调了"致力弘扬中华文化，培养市民爱国爱澳的情怀"，在公民道德教育中着力推进"有关国家民族观念的教育，有关权利和义务、自由和责任的教育"②。由此可见，在主权回归初期，在澳门特区政府的倡导下，公民道德教育的重点始终放在强化公民的国家认同意识，逐步消除殖民时期"去国家化"教育的负面影响。

二是提升了伦理道德教育在公民道德教育中的比重。伦理道德教育是公民道德教育的重要内容之一。主权回归后，随着澳门"赌权"开放，赌场"小区化"的情况日益普遍，过于商业化的氛围所形成的功利思潮对青少年的伦理道德观念产生了一些负面影响。特区政府意识到必须"大力促进品德教育和公民教育，让学生自主地建立起应有的是非观念、操守原则和伦理精神"③。2006年，政府施政报告再一次提及公民道德教育议题，强调"道德教育已经成为一个异常突出的课题"④，公民道德教育议题已经逐渐纳入学校教育和家庭教育。2006年，澳门原公务运输司司长欧文龙贪污案曝光后震动全城，政府意识到"社会矛盾的解决，必须建立在深厚的法治基础上"⑤，因此，必须"强化社会的法治精神和公民意识"⑥。在学校教育方面，政府施政报告提出"加速中小学品德与公民教育的规范化"，"培养青少年正确的道德观念；同时，让他们深入了解社会，提高道德判断力"。⑦

---

① 《澳门特区政府施政报告》（2000年），澳门特别行政区政府官网，2022年11月10日，https://www.gov.mo/zh-hant/wp-content/uploads/sites/4/2017/11/cn2000_policy.pdf。
② 《澳门特区政府施政报告》（2001年），澳门特别行政区政府官网，2022年11月10日，https://www.gov.mo/zh-hant/wp-content/uploads/sites/4/2017/11/cn2001_policy.pdf。
③ 《澳门特区政府施政报告》，澳门特别行政区政府官网，2001年。
④ 《澳门特区政府施政报告》，澳门特别行政区政府官网，2006年。
⑤ 《澳门特区政府施政报告》，澳门特别行政区政府官网，2007年。
⑥ 《澳门特区政府施政报告》，澳门特别行政区政府官网，2007年。
⑦ 《澳门特区政府施政报告》，澳门特别行政区政府官网，2007年。

三是培育以法治为核心的社会参与意识。一直以来,澳门地区的民间社团组织数量庞大,其中相当数量的民间社团组织较为活跃,这既是澳门社会生态的基本特征,也是特区政府进行社会治理所必须考量的重要因素。因此,培育以法治为核心的社会参与意识,既是澳门社会有效治理的必然选项,也是澳门公民道德教育的重要内容之一。2008年,澳门特区政府的施政报告指出:"弘扬国家与特区、权利与责任、民主与法治等一系列公民应有意识,实在具有必要性和迫切性。"① 同时指出,特区政府将创造条件,在广大市民,尤其是广大青少年中,积极推进以法治为核心的社会参与意识。

四是强化以人文传统为基础的公民道德教育。随着2002年澳门成功申报世界文化遗产,2004年CEPA②的签订,澳门与世界交流和互动越来越频繁,逐渐成为东亚地区经济文化交流的纽带。在这一背景下,澳门特区政府意识到,在中西文化激烈碰撞的过程中,多元文化必然会给传统社会的价值观带来一定的挑战。因此,强化以人文传统为基础的公民道德教育就成为应对这些挑战的有效手段。澳门特区政府在回归以来的施政报告中,同样强调了人文传统的重要性,指出"善良、多元、接纳、共融,是我们优秀的人文传统,社会魅力的精华所在"③。2005年,特区政府提出大力培养青少年的爱国爱澳情操,加强"一国两制"和基本法,以及中国历史文化的教育,增进他们的

---

① 《澳门特区政府施政报告》(2008年),澳门特别行政区政府官网,https://www.gov.mo/zh-hans/wp-content/uploads/sites/5/2017/11/cn2008_policy.pdf,2022年11月10日。

② CEPA是内地与港澳经贸交流与合作的重要里程碑,是内地与香港、澳门单独关税区之间签署的自由贸易协议。2003年,内地与香港、澳门特区政府分别签署了内地与香港、澳门《关于建立更紧密经贸关系的安排》(CEPA),2004年、2005年、2006年又分别签署了《补充协议》《补充协议二》和《补充协议三》。

③ 《澳门特区政府施政报告》(2004年),澳门特别行政区政府官网,https://www.gov.mo/zh-hans/wp-content/uploads/sites/5/2017/11/policy04_cn.pdf,2022年11月10日。

国家民族身份认同。[1] 强调了在推进公民道德教育的过程中，一是要注重公民意识与文化素养的关系，二是要注重爱国爱澳、国家民族身份、公民素养与民主的关系。

除澳门特区政府的大力倡导外，主权回归前后，澳门社会及其民间组织也通过各种方式对公民道德教育的理论和实践进行系统研究和探索。主权回归前，澳门地区的公民道德教育的研究和出版主要分为两个阶段。第一阶段为初步探索时期（1989—1994年），以黄汉强（1992）主编的《澳门公民教育》为代表，对于公民教育理念、公民教育的形式、内容、方法等方面进行了初步探索，旨在探讨如何在实践中推进澳门地区公民道德教育。第二阶段为规划实施阶段（1995—1999年）。这一时期，澳门教育暨青年局制定了品德及公民教育的课程大纲，成为澳门公立学校公民道德教育的指引。同时，出版了公民道德教育的相关论著，如《澳门学校道德与公民教育》和《公民和政治教育》。主权回归后，澳门地区的公民道德教育相关研究逐渐丰富，主要集中在以下三个方面。一是对澳门公民道德教育的历史回归方面，主要涉及相关教育政策及课程设计方面。如《澳门公民教育简史》《澳门的道德和公民教育：回顾与前瞻》《澳门小学品德教育课程政策的脉络研究》《澳门社会发展与品德教育工作的推动》《澳门中学品德及公民教育的话语与实践》。二是对澳门公民道德教育现状的研究，主要涉及主权回归后澳门地区公民道德教育的实践问题。如《澳门初中道德及公民教育实施现况探究》《转变中的社会与公民教育：澳门的个案》《仍在建造中的澳门公民教育》《紫陌红尘正迷津——澳门教师探寻的"道德及公民教育"津渡》。三是澳门学校公

---

[1] 《澳门特区政府施政报告》（2005年），澳门特别行政区政府官网，https：//www.gov.mo/zh‐hans/wp‐content/uploads/sites/5/2017/11/policy05_cn.pdf，2022年11月10日。

民教育的相关课程、教材及教学法的研究。如《澳门初级中学教科书道德及公民教育内涵之分析》《道德及公民教育的思辨模式》。

总体来看，澳门主权回归初期的公民道德教育以"去殖民化"为特征，在各级各类学校教育中强调了国家认同意识和国民身份认同；随着澳门"赌权"的开放，澳门博彩业迅猛发展引发了一系列的社会问题，导致社会伦理道德危机出现，使得社会伦理道德教育成为公民道德教育的重要内容之一；与此同时，在政府的资助和鼓励下，各级各类学校通过课程改革，一方面将国家身份认同教育和社会伦理道德教育融入教育教学环节，另一方面结合课程所开展的各类社会实践活动也成为公民道德教育的有效方式。如依托澳门民间社团组织所开展的"爱国之旅"，通过参观国内的革命基地、国情教育的活动推进公民道德教育。

第四节　思想政治教育与公民教育的异同

研究公民道德教育问题，必然涉及思想政治教育与公民教育这两个概念。20世纪80年代以来，国内学者对此进行过理论分析与探究。[①]笔者认为，厘清思想政治教育与公民教育之间的关系，是推进公民道德教育的首要前提。在推进公民道德教育过程中，既不能偏离思想政治教育所依托的主流意识形态、全盘照搬西方国家的公民教育模式，也不能完全否定现代国家推进公民教育的历史经验。一方面要

---

① 较早探讨此问题的有高峰发表在《东北师范大学学报》（哲学社会科学版）2002年第4期的《公民·公民教育·思想政治教育》、雷骥发表在《郑州大学学报》（哲学社会科学版）2004年第3期的《我国公民教育的基本内涵、特点和作用：兼论公民教育与思想政治教育》等文，近期探讨此问题的有陈炳发表在《浙江学刊》2012年第2期的《政治社会化视阈中的公民教育与思想政治教育》及李游、秦燕发表在《学海》2011年第5期的《公民教育与思想政治教育比较视野》等文。2002—2021年，在中国学术期刊网检索到的探讨此问题的核心期刊共有133篇。

在本质上区分思想政治教育与公民教育之间的差异性；另一方面也要从教育的客观规律出发，认知和把握两者之间的共性及其内在联系，将思想政治教育与公民教育放置于新时代中国特色社会主义现代化强国建设的历史背景中，推进粤港澳地区高校的公民道德教育。

一 两者的差异性

思想政治教育与公民教育在本质上具有差异性，这主要表现在两个方面。第一个表现是两个概念产生的时代背景和社会环境不同。思想政治教育是伴随着思想政治教育实践活动的进行与思想政治教育学科化的推进应运而生的。思想政治教育实践活动所存在的各种问题促使人们去探究原因、发现规律、形成理论，进而用该理论指导思想政治教育的实践活动。思想政治教育最初是以意识形态的灌输为目标[①]，在其后的20多年间，中国共产党在军事斗争过程中始终坚持了这一主张。在历次"整风运动"中，通过集中的理论学习、批评与自我批评等形式将党的指导思想、理论主张、路线方针传达给党的各级领导干部，并以层层递进的方式传达到基层。在这一时期，思想政治教育发挥了政治号召与军事动员的作用，确保了中国共产党领导集体的统一意志和人民军队的统一行动，为革命战争的胜利提供了思想保障。但这一时期的思想政治教育还仅停留在经验层面，缺乏系统的学科建构，尚未形成真正意义上的"学科"。中华人民共和国成立初期的思想政治教育主要由国家组织推动，表现为在全社会范围内开展深入的理论学习活动，它不仅将马克思主义的基本立场、观点、方法植入中国革命和建设实践，使之成为马克思主义与中国实践相结合的产物，

[①] 它最早可以追溯至中国共产党在民主革命时期对人民军队的教育与管理，毛泽东在"三湾改编"后提出了"将支部建在连上"，强调了党的指导思想对军队教育与管理的重要地位。

而且为思想政治教育作为一门学科奠定了坚实的理论基础与实践准备。改革开放初期,中国社会主义市场经济体制改革冲破了人们的思想禁锢,在意识形态领域出现了"多元化"与"全盘西化"的主张,在思想领域出现了"一切向钱看""拜金主义""利己主义"的思潮。在这一背景下,精神文明建设就被提到了更为重要的位置上来。20世纪80年代中期以后,思想政治教育作为一门学科进入相关的理论研究领域。

公民教育则是伴随着欧洲的资产阶级革命以及资本主义国家的建立逐渐产生和发展起来的,它体现了资产阶级在其革命后对国家和社会建构的基本价值理念。公元11世纪末,近代城市开始在欧洲兴起,至15世纪末16世纪初,作为贸易、交通、行政管理和制造业的中心城市在欧洲已经发展了将近5个世纪。[1] 欧洲近代城市的兴起造就了大批拥有社会财富的商人与手工业者,并推动了市民阶层的成长,孕育了早期的市民社会。17世纪,西方各国陆续爆发了资产阶级革命,资产阶级登上了历史舞台,其在反封建过程中所倡导的"自由、民主、平等、博爱"等理念依然是稳固其政治合法性的理论基础。因此,早期的西方资本主义国家自然将这些内容纳入公民教育。其后的美国、德国、英国等西方资本主义国家将公民教育正式纳入国民教育体系,确立了公民教育在西方资本主义国家国民教育体系中的重要地位。这一时期,公民教育思想出现了不同的理论流派,包括以自由主义、共和主义、社群主义、多元主义为特征的公民教育思想,这对于公民教育的理论与实践都产生了较为深远的影响。

思想政治教育与公民教育差异性的第二个表现是其在本质上呈现

---

[1] 蓝维、高峰、吕秋芳等:《公民教育:理论、历史与实践探索》,人民教育出版社2007年版,第80页。

出各自不同的意识形态观。从思想政治教育的本质看，它呈现出无产阶级的意识形态观。从中国共产党开展革命初期，思想政治教育工作就旗帜鲜明地宣传着马克思主义的基本立场、观点、方法，将民主革命的目标设定为反封建、反官僚资本、反帝国主义，实现新民主主义革命向社会主义革命过渡，并最终实现共产主义；中华人民共和国成立后至改革开放以来，中国共产党在探索建设中国特色社会主义道路的过程中，依然将马克思主义作为基本的指导思想，并结合中国的现实国情进一步丰富和发展了马克思主义的基本原理、观点和方法，用以指导中国特色社会主义道路继续向前推进。公民教育在近代西方社会中萌芽，而真正意义上的公民教育则是在17世纪西方资产阶级登上历史舞台之后。资产阶级在承担反封建任务的过程中，倡导用资本主义社会的"公民"取代封建国家的"臣民"，用资产阶级的"民主、自由、平等、博爱"等理念取代封建君主所宣扬的"君权神授"观念。20世纪以来，西方资本主义国家先后将公民教育纳入国民教育体系，从初等教育直至高等教育始终贯穿着资本主义国家政权所倡导的意识形态，如资本主义的国家至上观、资产阶级的民主优越观等内容，并将其渗透于社会生活的各个领域。虽然在西方社会的语境中公民教育以"中性"的面目出现，但其本质却体现着资本主义国家的主流意识形态。

二 两者的共同点

思想政治教育与公民教育的共同点在于两者都具有兼容、开放的特质。它们在教育理念、教育内容、教育形式等方面并不是一成不变的，而是伴随着其所处时代背景与社会环境的变化而变化，并不断地吸纳传统文化或异域文化中的积极因素，更好地发挥其所承担的价值引导功能。

以思想政治教育为例，改革开放四十多年来，中国社会在政治制度、经济体制、思想文化领域都发生了深刻变化，思想政治教育的理论与实践也面临着诸多的挑战。① 近年来，一些学者提出思想政治教育既要吸纳中国传统社会的道德教育理念，也要借鉴现代西方社会较为成功的德育方法；② 也有学者提出思想政治教育已经开始从"传统模式"逐渐转向"现代模式"③。党的十七大报告明确提出"加强公民意识教育，树立社会主义民主法治、自由平等、公平正义理念"；党的十八大报告也提出了"从各层次各领域扩大公民有序政治参与""全面提高公民道德素质""推进公民道德建设工程"等方面的内容；党的十九大报告同样指出，要全面贯彻党的教育方针，落实"立德树人"根本任务，提出深入实施公民道德建设工程，推进社会公德、职业道德、家庭美德、个人品德建设，激励人们向上向善、孝老爱亲，忠于祖国、忠于人民；党的二十大报告也强调了"弘扬中华传统美德""推动明大德、守公德、严私德，提高人民道德水准和文明素养"。这些论述都为思想政治教育的理论研究与实践创新提供了更有力的制度保障。

同样，近代西方社会公民教育从其产生之初就经历着数次变迁，以自由主义、共和主义、社群主义、多元主义为特征的公民教育思想在基本理念、核心观点、主要内容、教育方法等方面，都随着社会环境的变迁进行着自我调整。譬如，世界环境问题、宗教争端问题、潜在战争威胁问题等，使不同国家地区之间必须协同应对。与此同时，西方发达资本主义国家对于公民教育如何避免"绝对化的个人主义"，如何面对"多元文化的冲突"等问题都进行了反思，希望吸纳不同国

---

① 邱柏生：《试论思想政治教育工作的历史转型》，《理论探讨》2009年第3期。
② 张耀灿等：《思想政治教育学前沿》，人民出版社2006年版，第263—272页。
③ 邱柏生：《试论思想政治教育工作的历史转型》，《理论探讨》2009年第3期。

家和地区的经验以解决自身存在的问题。① 这些因素都要求世界各国政府在公民教育的理论与实践层面不断进行着相应的调整。

三 探寻"最大公约数"

思想政治教育与公民教育产生于不同的制度文化环境之中，其在教育理念、核心目标、主体内容、教育方法等方面既具有一定的差异性，也呈现出一些共同特征。因此，思想政治教育与公民教育并非"水火不容"的关系，它们可以相互借鉴、求同存异。在不同语境中寻求公民道德教育的"最大公约数"，对于在"一国两制"背景下推进粤港澳三地的公民道德教育具有重要的理论价值与现实意义。

首先，中国特色社会主义的意识形态决定了思想政治教育本身具有鲜明的阶级属性和政治属性，这是我国推进公民道德教育的基本前提。党的十七大报告指出："社会主义核心价值体系是社会主义意识形态的本质体现，切实把社会主义核心价值体系带入到国民教育和精神文明建设的全过程，转化为人民的自觉追求，积极探索用社会主义核心价值体系引领社会思潮的有效途径，主动做好意识形态工作，既尊重差异、包容多样，又有力抵制各种错误和腐朽思想的影响。"党的十八大报告也指出："社会主义核心价值体系是兴国之魂，决定着中国特色社会主义发展方向。要深入开展社会主义核心价值体系学习教育，用社会主义核心价值体系引领社会思潮、凝聚社会共识。"同时提出要"牢牢掌握意识形态工作领导权和主导权，坚持正确导向，提高引导能力，壮大主流思想舆论。"党的十九大报告指出："要牢牢掌握意识形态工作领导权。意识形态决定文化前进方向和发展道路"，"建设具有强大凝聚力和引领力的社会主义意识形态，使全体人民在

---

① 牛国卫：《成就责任公民：社群主义向度的公民教育》，《思想理论教育》2008年第3期。

理想信念、价值理念、道德观念上紧紧团结在一起"。党的二十大报告同样强调了"推进文化自信自强，铸就社会主义文化新辉煌"。由此可见，推进公民道德教育不能偏离马克思主义的指导思想，这既是思想政治教育本质属性的体现，也是公民道德教育与新时代中国特色社会主义现实国情结合的必然要求。"以什么样的思想理论为指导，是社会主义核心价值体系的首要问题。马克思主义是我们立党立国的根本指导思想，决定着社会主义核心价值体系的性质和方向，是社会主义核心价值体系的灵魂。"①在推进公民道德教育过程中，选择什么样的立场、观点和方法，就可能将社会的价值导向引至什么样的目标上去。因此，作为一种社会意识形态教育，公民道德教育必须以马克思主义为指导，运用马克思主义的基本立场、观点和方法去分析和解决现实问题。

其次，思想政治教育与公民教育在不同的民族文化土壤中萌生，必然体现着各自民族的文化特质。从某种程度上说，这种差异性既是人类社会精神文化产品丰富多彩的具体体现，也是人类社会在异质文化土壤中寻求相互弥补、相互吸纳的平台。西方社会话语体系中的公民教育历史悠久，具有丰富的教育内容和灵活多样的教育形式，为思想政治教育学科自身的发展与创新提供了大量的理论研究成果和现实教育素材。20世纪90年代中期以来，随着我国社会主义市场经济体制最终确立，国家政治、经济、文化领域发生了史无前例的变迁，而与现代社会相伴而生的民主、法治、公平、正义理念也逐渐渗透思想政治教育的理论研究。近年来，一些学者指出，在我国社会主义市场经济体制转型这一背景下，思想政治教育在制度环境、内容特征、方式方法上发生了较大的变化，思想政治教育必须从传统模式转向现代

---

① 中共中央宣传部：《社会主义核心价值体系学习读本》，学习出版社2009年版，第19页。

模式。① 因此，在推进公民道德教育过程中要以更为开放、包容的姿态去分析和接纳公民教育的理念、目标、内容和方法，使思想政治教育更好地借鉴和吸纳世界各民族优秀的文化成果。

第五节　公民道德教育中的国家与社会关系建构

"公民"这一概念在不同的学科领域，其研究的侧重点都有所不同。如法学理论侧重于公民自然权利的获取与保障，强调公民享有私有财产、个人尊严、知情权、言论自由等多种得到宪法保护的权利；政治学理论侧重于公民资格或公民身份的分析，强调公民享有政治参与权、决策知情权、公共权力监督权等方面的内容；教育学侧重于公民人格的培养与塑造，强调公民具有独立人格、自主理性、公共责任与公共精神。因此，不同学科对于公民道德教育都有着各自不同的概念解析。从一般意义上看，个体在特定社会领域中的定位层次依次是个人、家庭、学校、社区、国家（地区）、国际，因此，公民道德教育的主体内容可以用三个范畴来概括，即知识范畴、态度范畴、能力范畴。本书所探讨的公民道德教育，一方面与新时代中国特色社会主义的政治体制、经济制度、文化发展模式相适应；另一方面也反映出在"一国两制"的制度框架内，中央政府对香港和澳门地区推进公民教育的特殊要求。笔者认为，在对公民道德教育这一概念进行界定时应紧密围绕着个体与国家的关系、个体与社会的关系这两个维度进行分析和论述。与此同时，高校学生社团组织作为校园文化的有机组成部分，在其运行过程中发挥着价值观引导的功能，对于建构个体与国家、个体与社会的关系具有重要作用。

---

① 邱柏生：《试论思想政治教育工作的历史转型》，《理论探讨》2009 年第 3 期。

一 个体与国家间的关系建构

个体与国家间的关系是经典政治学理论所关注的重要问题之一，也是公民道德教育最早涉及的领域。以亚里士多德为代表的古典共和主义公民观在研究古希腊城邦的过程中发现，公民与城邦共同体密切相关，个体必须以公民身份融入城邦，才能在其中参与公共决策。公民身份意味着共担责任与共享利益，公民意味着个体以合法的身份参与国家与社会的治理。因此，公民道德教育强调对公共精神与共同价值观的追求。① 在古希腊城邦中，公共利益高于个体利益，担任公共职务、参与公共事务有助于培养公共精神。古希腊城邦中个体与城邦的关系在现代国家中就被演绎为公民与国家的关系。公元 17—18 世纪，公民道德教育的核心内容由注重个体道德转向强调以法律保障国家制度的有效运行，由关注公民责任义务转向对公民权利自由的保护。这一时期，公民道德教育侧重于强化公民对于国家的服从关系。从这个层面来看，公民道德教育的内容主要包括个人尊严、国家认同、理性宽容、遵守法律等方面。

现代民主社会中国家的规模远远超出了早期的城邦，其所面临的公共事务也更为繁杂，但个体与国家之间的联系并未因此而断裂。相反，现代民主社会更加注重公民对于国家公共事务的参与。因此，各国公民道德教育在其内容上都不可避免地涉及本国的政治制度及其运行方式，具体表现为国家投入大量的资源引导公民积极参与公共事务的决策，训练其掌握参与国家治理的能力。美国教育学家贺拉斯·曼认为，要让学生将来获得作为一个自由公民的资格并成为合格的共和国公民，必须使学生掌握作为一个公民所需要的最基本的政治知识和社会知识。通过政治教育使学生了解国家及所在州的历史、国家的性

---

① 亚里士多德将这种美德称为"公共的善"（Common Good）。

质、国家宪法以及公民的基本权利和义务。[①] 美国政治学家杰斐逊则认为，教育的主要目的是为民主社会服务，其渠道是使履行公民义务所必需的知识和理解力为所有人掌握。[②] "改进每个公民的道德和学识，使每个人都懂得他对邻居和国家应尽的责任；了解自己享有的权利，维护秩序和正义……学会按自己的意愿选举自己信任的人进代表机构；学会聪明又正直地观察自己身处其中的所有社会关系。"[③] 简言之，教育要使每个公民都懂得自己的权利、利益和职责。因此，"每一个国家的人民是他们自己权利的唯一保卫者，也是能够被利用去毁掉这些权利的唯一工具"[④]。美国学者科恩认为，公民道德教育是民主制度得以存在和发展的重要保障。他说，"民主的智力条件是公民的理性有可能应用于处理一般的问题"，"公民道德教育就是以通力合作共同解决社会问题为目标的智力发展"[⑤]。因此，国家应该承担公民道德教育的职责，利用公共资源给平民和社会领导者以同样的教育机会。

从中国社会发展的历程来看，经济的现代化与政治的民主化都离不开公民人格的塑造，而能否在制度层面、经济层面、文化经层面协调公民与国家的关系对于中国社会的发展具有重要的现实意义。中国学者李慎之先生曾经指出："为什么中国的现代化一百年来成就不大，以致被称为'九死一生'的现代化？第一个原因就是在于中国始终没

---

① Pratte R., *The Civic Imperative*, N.Y.: Teachers College Press, Columbia University, 1988, p. 12.

② Ellwood P. Cubberley, *Public Education in the United States*: *A Study and Interpretation of American Education History*, Houghton Mifflin, Boston, Massachusettts, 1934, p. 26.

③ Lee G., *Crusade Against Ignorance*: *Thomas Jefferson on Education* (5th ed.), New York: Teachers College Press, 1967, p. 117.

④ [美] 梅利尔·彼得森：《杰斐逊集》，刘祚昌译，生活·读书·新知三联书店1993年版，第1404页。

⑤ [美] 科恩：《论民主》，聂崇信、朱秀贤译，商务印书馆1994年版，第45—48页。

有能培养出够格的现代公民。"① 英格尔斯在《走向现代化》一书中指出,许多致力于现代化的发展中国家正是在经历了长久的现代化阵痛和难产后才逐渐意识到,"一个国家只有当她的人民是现代人,它的国民从心理和行为转变为现代公民的人格,它的现代政治、经济和文化管理机构的工作人员都获得某种与现代化发展相适应的现代性,这样的国家才可真正称为现代化国家"②。

因此,从个体与国家关系维度看公民道德教育的基本定位,重点需要强调两个方面的内容。一是培养个体对国家的认同感,二是培养个体参与国家治理的基本技能。从公民道德教育的视角来看,国家认同感主要是指公民对国家的历史传统、社会文化、国家政权、法律制度等方面持有较为积极的态度评价;公民参与国家治理的基本技能主要是指公民能够初步认知国家机构设置的基本原则,了解国家机构运行规律,运用基本的政治常识做出理性判断,并实际参与影响公共政策的活动。如果从更深层次上去分析,各国在公民道德教育中之所以纳入了"个体与国家"这一专题,实质上是要求个体在参与国家公共事务的过程中对国家的历史发展、文化传统、法律制度、核心价值与主流意识形态形成高度的认同感,从而实现稳固其政权的目标。

二 个体与社会间的关系建构

任何社会中的个体都不是孤立存在的,人只有从属于某种社会关系才能得以生存和发展。马克思指出:"人们从一开始,从他们存在的时候起,就是彼此需要的,只是由于这一点,他们才能发展自己的需要和能力。"③ 这种人对人的需要折射出人的社会属性,是人性中最

---

① 李慎之:《修改宪法与公民教育》,《改革》1999 年第 3 期。
② 转引自吴锡存《略论大学生公民意识教育的途径和方法》,《宁波大学学报》2005 年第 6 期。
③ 《马克思恩格斯全集》第 42 卷,人民出版社 1995 年版,第 360 页。

本质的内容。同时，在马克思看来，人的需要不单单是一个"纯粹的我"的问题，人们为了求得需要的满足，必须通过各种方式，如两性关系、交换和分工等，把他们联系起来。马克思指出："一个人的发展取决于和他直接或间接进行交往的其他一切人的发展；彼此发生关系的个人的世世代代是相互联系的，后代的肉体的存在是由他们的前代决定的，后代继承着前代积累起来的生产力和交往形式，这就决定了他们这一代的相互关系。总之，我们可以看到，发展不断地进行着，单个人的历史决不能脱离他以前的或同时代的个人的历史，而是由这种历史决定的。"① 因此，人的本性也必然要通过人们的相互关系反映出来。

从现代民主国家的视角来看，个体与社会关系的协调将会孕育和形成较为发达的市民社会。联合国开发计划署对市民社会进行了如下的描述："市民社会是在建立民主社会的过程中同国家、市场一起构成相互关联的三个领域之一。市民社会里的各个组织或团体代表着各种不同的、有时甚至是相互矛盾的社会利益，这些组织或团体是根据各自的社会基础、所服务的对象、所要解决的问题以及开展活动的方式而建立和塑造的。诸如与教会相联系的团体、工会、合作组织、服务组织、社区组织、青年组织以及学术机构等都属于市民社会中的组织。"② 美国哈佛大学公共政策学教授罗伯特·帕特南（Robert D. Putnam）认为市民社会具有四个基本特征。③ 一是公民参与政治生活；二是政治平等；三是公民之间的团结、相互信任和相互容忍；四是合作的社会结构的存在，如各种协会组织等。而与市民社会的存在

---

① 《马克思恩格斯全集》第3卷，人民出版社1995年版，第515页。
② 赵黎青：《帕特南、公民社会与非政府组织》，《国外社会科学》1999年第1期。
③ 中国战略与管理研究会编著：《中国社会结构转型的中近期趋势与隐患》，《战略与管理》1998年第5期。

相适应的现代公民意识则包括以下三个方面。① 一是主体意识、平等意识、参与意识，二是政治参与应该是理性的行为，三是政治参与应该是合法的行为。正如查尔斯·泰勒所指出的那样："只要各式各样的社团的整体能够举足轻重地决定或转变国家政策的进程，我们就能够谈论市民社会。"② 市民社会的发育和成长是社会文明进步的表现，它对当代民主政治国家具有重要的社会现实意义，对处于社会转型期的中国而言更是如此。

从中国改革开放以来公民道德教育的现实情况来看，20世纪80年代以来，中央在推进公民道德建设的过程中，许多内容都涉及如何正确处理个体与社会的关系这一问题。如中共中央十六届四中全会的《中共中央关于加强党的执政能力建设的决定》首次完整地提出了"构建社会主义和谐社会"概念，在构建社会主义和谐社会的目标与任务中专门提及"全民族的思想道德素质、科学文化素质和健康素质明显提高，良好道德风尚、和谐人际关系进一步形成"。从公民道德教育的要求来看，和谐社会的构建必须依赖三个要素。一是要遵守社会公共道德，维护良好的社会秩序；二是要明确个体的权利与义务，能够主动承担社会责任，寻求个人价值与社会价值的契合点，三是应当形成社群意识，能够积极主动地维护本社群的基本权利。

综上所述，在推进公民道德教育的过程中重在处理好两个维度的关系。一是个体与国家的关系。在个体与国家的关系认知层面，应重点培养个体对国家的认同感，这不仅有助于提升个体的民族自尊心和自豪感，而且对于国家长远发展具有重要的现实意义；二是个体与社

---

① 赵黎青：《帕特南、公民社会与非政府组织》，《国外社会科学》1999年第1期。
② 汪晖、陈燕谷主编：《文化与公共性》，生活·读书·新知三联书店2005年版，第175页。

会的关系。从政治学的视角来看,"社群"的形成来源于共同利益的凝结,它是个体表达利益诉求的载体,是现代国家民主政治运行机制的重要标志。在个体与社会的关系认知层面,应重点培养公民的社群意识,使其明确感知个体与所属社群之间所存在的权利与义务关系,并能够在遵守国家法律制度的前提下以实际行动有效维护社群利益。这不仅是公民道德教育的重要内容,而且是培养公民遵守社会公共道德、维持社会秩序的有效手段。

三　学生社团组织：公民道德教育的载体

习近平总书记高度重视环境在青少年社会主义核心价值观教育中所发挥的重要作用。他强调,一种价值观要真正发挥作用,必须融入社会生活,让人们在实践中感知它、领悟它。[①] 如上文所述,公民道德教育的目标就是建构个体与国家、社会之间的互动关系,而家庭、社区、学校、大众传媒等都承担着这种关系建构的职责。高等教育是国民教育的重要环节之一,不仅承担着培养专业化人才的职责,而且对于在校大学生树立正确的世界观、人生观、价值观具有极其重要的作用。高校学生社团组织既是开展公民道德教育的有效载体,也是实现全程育人和全方位育人的重要平台。2016年12月7日,习近平总书记在全国高校思想政治教育工作会议的讲话中指出,高校要坚持把立德树人作为中心环节,把思想政治工作贯穿教育教学全过程,实现全程育人、全方位育人。他强调,要非常重视礼仪制度等方面的建设,强调将社会主义核心价值观融入一些礼仪制度和庆典活动,要"利用各种时机和场合,形成有利于培育和弘扬社会主义核心价值观的生活情景和社会氛围,使核心价值观的影响像空气一样无所不在、

---

① 《习近平在中共中央政治局第十三次集体学习时强调　把培育和弘扬社会主义核心价值观作为凝魂聚气强基固本的基础工程》,《人民日报》2014年2月26日第1版。

无时不有"①。2019年10月,中共中央、国务院印发的《新时代公民道德建设实施纲要》明确提出:"中国特色社会主义进入新时代,加强公民道德建设、提高全社会道德水平,是全面建成小康社会、全面建设社会主义现代化强国的战略任务,是适应社会主要矛盾变化、满足人民对美好生活向往的迫切需要,是促进社会全面进步、人的全面发展的必然要求。"同时强调"学校是公民道德建设的重要阵地",必须"把立德树人贯穿学校教育全过程"。因此,只有将大学生的价值观教育融入真实生活,才能够克服价值观教育中的知行脱节问题。2020年1月,中共教育部党组和共青团中央联合印发《高校学生社团建设管理办法》,该办法第一章第二条指出,高校学生社团是落实立德树人根本任务、推进素质教育的重要载体,是高校学生根据成长成才需要,结合自身兴趣特长,在高校党委的领导和团委的指导下开展活动的群众性学生团体。第一章第三条强调高校学生社团的基本任务是,以习近平新时代中国特色社会主义思想为指导,团结凝聚广大青年学生,坚持思想性、知识性、艺术性、多样性相统一的原则,积极开展方向正确、健康向上、格调高雅、形式多样的社团活动,丰富课余生活,繁荣校园文化,促进青年学生德智体美劳全面发展。

近年来,高校学生社团组织在校园内外表现出极强的影响力和渗透力,其活动几乎遍及大学校园的各个领域,部分高校学生社团组织还进行着跨校区、跨学校,甚至跨境、跨国的活动,这些活动已经成为校园文化的重要组成部分。与此同时,高校学生社团组织所传递的价值理念和道德观念,正在以潜移默化的方式影响着大学生的世界观、人生观和价值观。本书从高校学生社团组织的静态结构、动态结构、心态结构、生态结构四个层面进行阐述,对高校学生社团组织的

---

① 《习近平在中共中央政治局第十三次集体学习时强调 把培育和弘扬社会主义核心价值观作为凝魂聚气强基固本的基础工程》,《人民日报》2014年2月26日第1版。

社团规制、权力结构、主题活动、经费管理、参与动机、诉求行为、社团文化、社团互动八个方面进行了较为系统的比较。通过比较分析，系统梳理了粤港澳三地高校学生社团组织的共同点与差异性，并在此基础上对学生社团组织与公民道德教育的相关性问题进行了探讨，旨在探究如何更好地依托学生社团组织有效地推进高校思想政治教育工作。

第二章 学生社团组织静态结构比较

静态结构是维系组织有效运行的所有法律及相关制度规范与组织权力结构的总称。对于高校学生社团组织而言，静态结构主要是指影响和决定其产生、发展或运行的法律及相关制度规范，以及基于这些法律制度规范所形成的权力结构，它决定着高校学生社团组织的基本性质、运行规则、基本职能等。法律及相关制度规范是高校学生社团组织产生、运行、变更、撤销的重要依据和根本准则。权力结构是高校学生社团组织调动资源、达成目标、制定政策所依赖的物质力与精神力的分布及运行状况，在本质上反映了高校学生社团组织的权力来源与权力分配方式。高校学生社团组织的静态结构既是其各自所处的社会宏观制度环境与政治权力运行机制的微观呈现形式，也直接或间接影响着粤港澳高校推进公民道德教育的核心目标、主体内容、组织方式、实践路径等。

第一节 组织规制比较

组织规制是高校学生社团组织产生、运行、变更、撤销等所遵循的法律及相关制度规范的总和，是高校学生社团组织产生、运行、变更、撤销的重要依据和根本准则。一方面，在"一国两制"的制度框架下，粤港澳高校学生社团组织所依据的法律及相关制度规范具有一些内在的共同特质；另一方面，在不同的政治制度与社会治理模式下，这些法律及相关制度规范在实际运行过程中也呈现出较大的差异性。从社团组织规制的保障性来看，高校学生社团组织都受到法律及相关制度规范的保护。从国家层面的宪法和一般法律，到地方政府层面的各类法规、制度、规范等，都给予了包括高校学生社团组织在内的各类社会组织合法运行的权利；从社团组织规制的约束性来看，不同地区的法律及相关制度规范对所属高校学生社团组织在管辖权限和约束力强弱方面存在较大差异；从社团组织规制的价值导向来看，粤港澳三地的法律及相关制度规范具有一定差异性。对广东地区高校学生社团组织[1]而言，从中央到地方的法律及相关制度规范都具有明确的价值导向，突出了高校学生社团组织的价值引领功能。相对而言，港澳地区的法律及相关制度规范则更侧重于"程序性管治"，较少强调其所属高校学生社团组织的价值引导功能。

一 组织规制的共同点

（一）组织规制都为高校学生社团组织提供法律保障

社团组织规制为高校学生社团组织的合法运行提供了重要的法律保障。从国家层面的宪法、法律，到地方层面的各类法规、制度、规范等，都给予了包括高校学生社团组织在内的各类社会组织合法运行的权利。在"一国两制"的制度框架下，广东与港澳地区的法律及相关制度规范虽然存在较大差异性，但都为其管辖区域内的公民及其社团组织的合法运行提供了法律保障。

结社权是公民享有的基本权利，《中华人民共和国宪法》赋予了公民自由结社的权利。中华人民共和国成立后，从1954年的第一部

---

[1] 这里也包括内地各高校的学生社团组织，后面的论述相同，不再进行说明。

宪法开始，在历次宪法修订的过程中，都保留了对于公民自由结社权利给予保障的条款。1954年宪法第三章第八十七条规定："中华人民共和国公民有言论、出版、集会、结社、游行、示威的自由。国家供给必需的物质上的便利，以保证公民享受这些自由。"1982年宪法第二章第三十五条规定："中华人民共和国公民有言论、出版、集会、结社、游行、示威的自由。"2004年修订的《中华人民共和国宪法》第二章第三十五条规定："中华人民共和国公民有言论、出版、集会、结社、游行、示威的自由。"2018年3月，十三届全国人民代表大会第一次会议通过《中华人民共和国宪法修正案》，修订后的宪法第二章第三十五条规定："中华人民共和国公民有言论、出版、集会、结社、游行、示威的自由。"[①]公民结社权得到宪法和法律的保护是各类社会团体和组织合法运行的基本前提。

依据宪法和法律，国家及政府相关职能部门制定了专门针对内地高校学生社团组织管理的法律制度规范，以保障高校学生的结社权利及学生社团组织的合法运行。1998年颁布的《中华人民共和国高等教育法》第六章第五十七条规定，高等学校的学生可以在校内组织学生社团。学生社团在法律、法规规定的范围内活动，服从学校的领导和管理。《中华人民共和国高等教育法》以国家法律文本的形式确认了高校学生的自由结社权利。2005年，教育部颁布了《普通高等学校学生管理规定》，其中第二章第五条第二款规定，学生在校期间依法享有"在校内组织、参加学生团体及文娱体育等活动"的权利；第四章第四十一条规定，学校应当建立和完善学生参与民主管理的组织形式，支持和保障学生依法参与学校民主管理；第四章第四十四条规

---

① 1954年中华人民共和国《宪法》规定"言论、出版、集会、结社、游行、示威"是中华人民共和国公民的基本权利。在其后50年间，在对《宪法》内容的历次修改中，都未删除或更改此项内容。本书所引用的是2018年修订的《宪法》。

定，学生可以在校内组织、参加学生团体。第四章第四十五条规定，学校提倡并支持学生及学生团体开展有益于身心健康的学术、科技、艺术、文娱、体育等活动。《普通高等学校学生管理规定》明确了内地高校学生的结社权利，并授予校方对学生社团组织的建立、审批、监督等进行管理的权限。2016年，共青团中央、教育部、全国学联印发了《高校学生社团管理暂行办法》，规定高校学生社团是"由高校学生依据兴趣爱好自愿组成，为实现成员共同意愿，按照其章程自主开展活动的群众性学生组织"。根据新出台的办法，高校学生社团分为思想政治类、学术科技类、创新创业类、文化体育类、志愿公益类、自律互助类及其他类等。2020年1月，教育部党组和共青团中央联合印发《高校学生社团建设管理办法》。该办法的第一章第一条指出，其目的是深入学习贯彻习近平新时代中国特色社会主义思想特别是习近平总书记关于高校思想政治工作和青年工作的重要论述，切实加强高校学生社团建设管理，充分发挥学生社团育人功能，支持高校学生社团健康有序发展。第二条明确了高校学生社团是落实立德树人根本任务、推进素质教育的重要载体，是高校学生根据成长成才需要，结合自身兴趣特长，在高校党委的领导和团委的指导下开展活动的群众性学生团体。将高校学生社团分为思想政治类、学术科技类、创新创业类、文化体育类、志愿公益类、自律互助类及其他类等。第三条则强调了高校学生社团的基本任务是，以习近平新时代中国特色社会主义思想为指导，团结凝聚广大青年学生，坚持思想性、知识性、艺术性、多样性相统一的原则，积极开展方向正确、健康向上、格调高雅、形式多样的社团活动，丰富课余生活，繁荣校园文化，促进青年学生德智体美劳全面发展。

香港和澳门是隶属于中央政府的特别行政区，在坚持"一国"的前提下，港澳地区依据宪法、基本法及相关法例，一方面保障港澳地区居民享有自由结社权利；另一方面，依法对本地区的社会团体和组织进行管理。1997年香港主权回归后，宪法及香港特别行政区基本法成为特区政府进行社会治理的重要法律依据，它们同样保障了香港地区居民依法享有自由结社权利。如基本法第三章第二十七条规定："香港居民享有言论、新闻、出版的自由，结社、集会、游行、示威的自由，组织和参加工会、罢工的权利和自由。"基本法第三十九条规定，《公民权利和政治权利国际公约》《经济、社会与文化权利的国际公约》和《国际劳工公约》[①] 中适用于香港的有关规定继续有效，通过香港特别行政区的法律予以实施。1999年12月，澳门主权回归后，澳门特别行政区基本法同样规定了澳门居民的自由结社权利。基本法第三章第二十七条规定："澳门居民享有言论、新闻、出版的自由，结社、集会、游行、示威的自由，组织和参加工会、罢工的权利和自由。"基本法第四十条同样规定了《公民权利和政治权利国际公约》《经济、社会与文化权利的国际公约》和《国际劳工公约》三个国际公约适用于澳门。

从社团组织规制的权利保障性来看，一方面，从国家层面的中华人民共和国宪法和特别行政区基本法，到地方层面的制度、法规、政策等，都赋予公民自由结社的权利；另一方面，依据宪法和特别行政区基本法的相关条款，粤港澳地方政府相关职能部门通过制定具体的制度规范或政策指引，保障本地区高校学生社团组织合法运行的权利。

(二) 组织规制都体现了国家强制力和法律约束性

宪法和基本法一方面赋予公民自由结社权利，充分保障所属地域

---

① 《公民权利和政治权利国际公约》第22条规定，人人有权享受与他人结社的自由，包括组织和参加工会以保护其利益的权利。《经济、社会与文化权利的国际公约》和《国际劳工公约》对参加工会组织的自由与权利做出相应的规定。

内各类社团组织的合法运行；另一方面，也授予国家对所属地的社会团体和组织进行规范管理的权力，以维系正常的社会运行秩序。粤港澳高校学生社团组织虽然在性质、特点、职能等方面不同于一般的社会团体或组织①，但其产生和运行都必须严格遵守法律及相关制度规范，这充分体现了国家强制力和法律约束性。

　　中华人民共和国成立后，中央及广东地方政府十分重视对各类社会团体和组织的规范管理，陆续出台了一系列法律及相关制度规范。这一方面方便了政府对数量庞大的社会团体和组织进行统计、分类和管理，另一方面也有助于引导这些社会团体和组织服从和服务于社会主义国家的政治、经济、社会发展战略。从中华人民共和国成立初期国家出台的社团组织规制来看，中央和地方通过一系列强制性措施和约束性手段实现了对各类社会团体和组织的有效控制，使其在法治轨道内规范运行，保证其能够与国家政治、经济、社会的稳步发展形成良性互动关系。中华人民共和国成立后，最早针对社会团体和组织进行管理的专门性法律规范是中央人民政府于1950年9月颁布的《社会团体登记暂行办法》。该办法对中华人民共和国境内的社会团体和组织的登记和管理做出了明确规定，主要内容涉及三个方面。一是界定了"社会团体"和"社会组织"的具体范畴，它包括人民群众团体、社会公益团体、文艺团体、学术研究团体、宗教团体，以及其他遵守中央人民政府法律规定的团体。二是规定了社会团体和组织管理的职责规范，即全国性社会团体应向中华人民共和国成立初期的中央人民政府内务部申请登记，地方性社会团体应向当地人民政府申请登记，经批准登记的社会团体应分别向内务部或当地人民政府备案。同

---

　　① 广东高校学生社团组织与一般社会团体或组织不同，因此，对内地高校学生社团组织的管理并不完全参照社会团体或组织的法律制度规范。从这个层面上看，广东高校学生社团组织与香港、澳门具有差异性。关于这一点，笔者在社团规制的差异性部分进行了论述。

时，明确了对机关、学校、组织、部队内部经其负责人许可组织的团体，不在该办法规定的登记范围。三是建立了主管机关审查批准前置制度。它要求申请成立的社会团体和组织应当经其业务主管单位审查同意，并由发起人向登记管理机关申请筹备。这种双重管理体制有利于确保各级政府对社会团体和组织的有效监管。由于中华人民共和国成立初期国家对社会团体或组织的严格管控，20世纪50年代初，登记注册的全国性社团仅有44个，60年代不到100个，地方性社团约6000个，总体数量较少。[①] 1989年10月，国务院颁布了《社会团体登记管理条例》[②]，强调了由行政职能机关依法对社会团体或组织进行规范管理的要求。如《社会团体登记管理条例》第二条规定，在中华人民共和国境内组织的协会、学会、联合会、研究会、基金会、联谊会、促进会、商会等社会团体，均应依照本条例的规定申请登记；社会团体经核准登记后方可进行活动；第三条规定，社会团体必须遵守宪法和法律、法规，维护国家的统一和民族的团结，不得损害国家的、社会的、集体的利益和其他公民的合法权利；第六条规定，社会团体的登记管理机关是中华人民共和国民政部和县级以上地方各级民政部门。社会团体的业务活动受有关业务主管部门的指导，并进一步明确了社会团体由民政部门主管，并须接受业务主管部门管理的"分级登记、双重管理"模式。

从中华人民共和国成立以来关于内地社会团体和组织管理的相关法律制度规范来看，其国家强制力与法律约束性体现得较为明显。虽然这些法律制度规范并未将高校学生社团组织纳入民政部门的直接管辖范围，但法律及相关制度规范赋予高校对学生社团组织进行管理的

[①] 吴忠泽：《社团管理工作》，中国社会出版社1996年版，第5页。
[②] 该条例于1989年10月13日国务院第四十九次常务会议通过，1989年10月25日国务院第四十三号令发布，并自发布之日起施行。

权力依然体现了国家的授权行为。如广东高校学生社团组织除遵守国家教育行政部门制定的相关制度规范外，还必须遵守地方政府相关职能部门制定的高校学生社团管理规范。2000年，广东省学生联合会制定通过了《广东省学生联合会章程》，该章程主要是针对广东地区高等和中等学校的学生会、研究生会和各市、县学联的日常活动进行管理。2006年，共青团广东省委学校部和广东省学生联合会制定了《广东省高校学生社团管理条例》，对于广东高校学生社团的活动原则、基本任务、管理机构、运行机制、权利义务关系等方面进行了明确的界定和规范。这是广东地区对高校学生社团组织进行管理的最具针对性的制度规范。同年，共青团广东省委学校部和广东省学生联合会制定了《广东省高校学生组织校际活动管理办法（试行）》，该办法主要是对广东地区高校的学生会、研究生会、社团联合会、学生专业兴趣类社团所开展的跨学校活动进行更为规范化的管理。该办法规定，三所以上高校学生社团或学生个人开展校际活动，应经各有关高校团委同意后，提前10个工作日向省学联提出书面申请，经批准后方可实施。省学联在收到申请后五个工作日内予以书面批复。活动结束后，承办单位应向省学联提交活动开展情况的报告。该办法的出台进一步强化了上级教育行政机构对高校学生社团组织跨校活动的审批和监督权力。2020年1月出台的《高校学生社团建设管理办法》第二章第九条规定，未经批准成立或已经注销的学生社团不得开展任何活动。已批准成立的学生社团中的成员，未经学生社团集体研究授权，不得以社团名义开展活动。第二章第十一条规定，学校党委要定期组织开展学生社团排查工作。对于未按规定注册或政治导向错误、开展非法活动的学生社团要依法依规予以取缔。对于校外人员未经学校许可，滥用、冒用学校名称建立学生社团（含其运营的新媒体平台）在校内外开展非法活动的，除对其校内非法活动及活动据点予以取缔外，还应运用法律手段依法追究该非法社团及相关负责人的法律责任，维护学校和学生权益。

  港澳地区的社团组织规制是其所属地社会团体和组织合法运行的依据，同样体现了国家的强制力与法律的约束性。1949年，为了应对中华人民共和国成立后政治环境的变迁，进一步加强港英政府对香港地区社会团体和组织的控制，并防止香港境内华人的"亲共"活动，港英政府对《社团条例》进行了一次全面修订。修订后的《社团条例》吊销了包括"中国科学工作者协会港九分会""港九华侨教师福利会"等38个团体，仅保留了令港英政府放心的少数教育类社会团体。[①] 1997年香港主权回归后，"一国两制"开始在香港特别行政区实践。在这一制度框架内，宪法和基本法成为适用于香港地区的具有最高效力的法律文本。与此同时，在社会团体和组织的管理方面基本保留了原有的法律制度体系和管治模式。这不仅保障了香港地区公民的结社权利，而且对于本地区不同类型社会团体和组织的运行作出明确规定。基本法首先确认了香港地区社会团体的活动及行为的合法性问题，同时要求香港社会团体不能危及国家利益、损害国家安全。基本法第23条规定："香港特别行政区应自行立法禁止任何叛国、分裂国家、煽动叛乱、颠覆中央人民政府及窃取国家机密的行为，禁止外国的政治性组织或团体在香港特别行政区进行政治活动，禁止香港特别行政区的政治性组织或团体与外国的政治性组织或团体建立联系。"第149条规定："香港特别行政区的教育、科学、技术、文化、艺术、体育、专业、医疗卫生、劳工、社会福利、社会工作等方面的民间团体和宗教组织可同世界各国、各地区及国际的有关团体和组织保持和发展关系，各团体和组织可根据需要冠用'中国香港'的名义，参与有关活动。"

---

① 方骏、熊贤君主编：《香港教育史》，湖南人民出版社2010年版，第530页。

2020年6月30日，十三届全国人大常委会第二十次会议表决通过了《中华人民共和国香港特别行政区维护国家安全法》，从维护国家安全的角度对香港地区的社会团体或组织的运行作出相应规定。如第六条规定："在香港特别行政区的任何机构、组织和个人都应当遵守本法和香港特别行政区有关维护国家安全的其他法律，不得从事危害国家安全的行为和活动。"第九条规定："香港特别行政区应当加强维护国家安全和防范恐怖活动的工作。对学校、社会团体、媒体、网络等涉及国家安全的事宜，香港特别行政区政府应当采取必要措施，加强宣传、指导、监督和管理。"第十条规定："香港特别行政区应当通过学校、社会团体、媒体、网络等开展国家安全教育，提高香港特别行政区居民的国家安全意识和守法意识。"第三十一条规定："公司、团体等法人或者非法人组织因犯本法规定的罪行受到刑事处罚的，应责令其暂停运作或者吊销其执照或者营业许可证。"可以看到，香港主权回归以来颁布实施的相关法律制度规范，对于包括香港高校学生社团组织在内的各类社会团体或组织都具有国家强制力和法律约束性。

1999年，澳门主权回归后，同样保留了原有的法律制度体系和社会治理模式。宪法和澳门特别行政区基本法成为适用于澳门地区的具有最高效力的法律文本。它们一方面保障了澳门居民的自由结社权利；另一方面，也通过相关的法律制度规范对澳门地区的社会团体和组织进行有效管理。如基本法第23条规定："禁止澳门特别行政区的政治性组织或团体与外国的政治性组织或团体建立联系。"第134条规定："澳门特别行政区的教育、科学、技术、文化、新闻、出版、体育、康乐、专业、医疗卫生、劳工、妇女、青年、归侨、社会福利、社会工作等方面的民间团体和宗教组织可同世界各国、各地区及国际的有关团体和组织保持和发展关系，各该团体和组织可根据需要冠用'中国澳门'的名义,参与有关活动。"同时,相关法律规定:"不许成立武装社团,或军事性、军事化或准军事社团,以及种族主义组织。"[1] 澳门相关法律同时明确规定,任何社团组织不得以推行暴力为宗旨或违反刑法或抵触公共秩序,对于"倘真正宗旨不合法或与成立文件或在章程明确指出的宗旨不相符者"与"倘是以不法方式或扰乱保安部队纪律的方式有系统地贯彻其宗旨者",经"普通管辖法院的裁定",[2] 将根据相关法律规定给予撤销。2009年2月26日,澳门特别行政区立法会根据《中华人民共和国澳门特别行政区基本法》第七十一条(一)项和第二十三条的规定,为禁止危害国家安全的犯罪,制定通过了《中华人民共和国澳门特别行政区维护国家安全法》。其中对于澳门地区的社会团体和组织的合法运作进行了明确规定。如第七条规定:"澳门的政治性组织或团体的机关或其人员以该本地组织或团体的名义并为其利益与外国的政治性组织或团体建立联系,作出本法第一条、第二条、第三条、第四条或第五条所指的行为,除行为人应负相应的刑事责任外,对该本地组织或团体科处以下主刑和附加刑。"可以看到,澳门主权回归后,为了对澳门地区的社团和组织进行有效管理,从中央到特别行政区的立法部门都制定了相关法律制度规范,这也充分体现了国家强制力和法律约束性。

(三)组织规制都呈现出多层级性

在对高校学生社团组织管理的过程中,既有涉及国家层面的法律法规,也有地方或部门层面的制度规范。在广东地区,除上述法律

---

[1] 澳门特别行政区立法会:《规范基本权利的法律汇编》澳门特别行政区立法会2001年版,第7页。

[2] 澳门特别行政区立法会:《规范基本权利的法律汇编》澳门特别行政区立法会2001年版,第9页。

法规和制度规范外，还包括各高校制定的相关细则及管理办法。见表2-1，在粤港澳高校中，各学生社团组织也都制定了与自身运行相关的制度或章程。因此，粤港澳高校社团组织规制都呈现出多层级性的特点。

表2-1 　　与广东地区社团组织管理相关的法律及制度规范

针对一般社会团体和组织的法律制度规范		针对高校学生社团组织相关法律制度规范	
国家层面	地方层面	高校层面	学生社团组织层面
《中华人民共和国宪法》(2018) 《社会团体登记暂行办法》(1950) 《社会团体登记管理条例》(1989,1998) 《关于进一步加民间组织管理工作的通知》(1999) 《中华人民共和国高等教育法》(1998) 《关于进一步加强和改进大学生思想政治教育的意见》(2004) 《普通高等学校学生管理规定》(2005) 《关于加强和改进大学生社团工作的意见》(2005) 《高校学生社团管理暂行办法》(2016) 《高校学生社团建设管理办法》(2020)	《广东省社会团体登记管理规定》(1987) 《广东省社会团体登记管理实施细则》(1988,1993) 《广州市社会团体登记实施办法》(1990) 《广州市社团法人登记的若干规定》(1992) 《广东省民政厅关于进一步促进公益服务类社会组织发展的若干规定》(2009) 《广东省关于公益服务类社会团体登记的指导意见》(2009) 《关于进一步培育发展和规范管理社会组织的改革方案》(2012) 《广东省学生联合会章程》(2000) 《广东省高校学生组织校际活动管理办法》(2006) 《广东省高校学生社团管理条例》(2006)	依据国家法律法规制定的适用于本校学生社团组织管理的相关细则及管理办法	依据本校相关制度规范制定的适用于学生社团组织自身运行的章程

中华人民共和国成立以来，为了对各类社团组织进行规范管理，首先在国家层面制定了一系列的法律制度规范。如 1950 年 9 月中央人民政府（政务院）制定的《社会团体登记暂行办法》，就是中华人民共和国成立后在国家层面制定的第一个关于社会团体和组织管理的制度规范。1989 年国务院颁布的《社会团体登记管理条例》、1998 年国务院颁布的《社会团体登记管理条例》[①]、1999 年中办国办联合下发的《关于进一步加强民间组织管理工作的通知》等，进一步加强了政府对社会团体和组织的规范管理，保障公民的结社自由及社会团体的合法权益，充分发挥社会团体在社会主义现代化建设中的积极作用。

除国家层面的相关法律制度外，广东结合本地实际情况制定了相应的管理规定和实施细则。1987 年 12 月 29 日，广东省第六届人民代表大会常务委员会第三十次会议通过《广东省社会团体登记管理规定》[②]，这是广东较早颁布的关于社会团体管理制度规范。根据《广东省社会团体登记管理规定》，广东省人民政府于 1988 年 9 月颁布实施了《广东省社会团体登记管理实施细则》，这是改革开放后第一个针对广东地区社会团体管理所制定的具有操作性的制度规范。1993 年，广东省人民政府颁布实施了《广东省社会团体登记管理实施细则》，取代了 1988 年的版本。1990 年 6 月，广州市人民政府颁布了《广州市社会团体登记管理实施办法》，1992 年 9 月，广州市人民政府颁布了《广州市社团法人登记的若干规定》。其后，广东根据地方经济社会发展的需要，又补充制定了若干地方性的政策规范，包括 2009 年广东省民政厅颁布实施的《广东省民政厅关

[①] 该条例于 1998 年 9 月 25 日由国务院第八次常务会议通过，1998 年 10 月 25 日由中华人民共和国国务院令第 250 号发布，并于发布之日起实施。

[②] 该规定于 1988 年 4 月 1 日起正式实施。

于进一步促进公益服务类社会组织发展的若干规定》《广东省关于公益服务类社会团体登记的指导意见》等文件，这些政策的出台客观上有助于广东地区社会团体的规范运行。2012年以来，广东陆续出台《关于进一步培育发展和规范管理社会组织的改革方案》《关于进一步培育和发展行业协会商会的实施意见》《广东城乡基层群众生活类社会组织培育发展指导意见》等制度规范，进一步降低了社会团体申报成立的门槛，为广东地区社会团体和组织的运行营造了更为宽松的制度环境。

除针对一般社会团体和组织的法律及相关制度规范之外，教育部及地方各级政府也出台了专门针对内地高校学生社团组织管理的意见和办法。如2004年的《关于进一步加强和改进大学生思想政治教育的意见》、2005年的《普通高等学校学生管理规定》《关于加强和改进大学生社团工作的意见》、2016年的《高校学生社团管理暂行办法》、2020年的《高校学生社团建设管理办法》等在国家层面明确了高校学生社团组织的性质、分类、职能等内容。广东省教育主管部门依据国家相关政策法规，制定了针对高校学生社团组织管理的办法，如2000年出台的《广东省学生联合会章程》、2006年出台的《广东省高校学生组织校际活动管理办法》《广东省高校学生社团管理条例》等都是广东地区各高校学生社团组织管理的重要依据。

香港与澳门地区社团组织管理的法律及相关制度规范同样呈现出多层级的特点。为了对所属地的社团组织进行有效管理，除宪法和基本法外，香港和澳门一方面保留或修订了本地原有的法律制度规范，另一方面也结合主权回归后的新情况，逐步制定新的地方性法律制度规范。见表2-2。

表 2-2　　与港澳地区社团组织管理相关的法律及制度规范

国家层面	《中华人民共和国宪法》(2018 年修订) 《中华人民共和国香港特别行政区基本法》(1997) 《中华人民共和国澳门特别行政区基本法》(1999) 《中华人民共和国澳门特别行政区维护国家安全法》(2009) 《中华人民共和国香港特别行政区维护国家安全法》(2020)
地方层面	《公民权利和政治权利国际公约》(1966) 《经济、社会与文化权利的国际公约》(1966) 《国际劳工组织公约》 香港特别行政区《社团条例》(1997) 澳门特别行政区《结社权规范》(1999)
学生社团 组织层面	《香港专上学生联会会章》(1958) 各高校学生社团组织制定的与自身运行相关的章程

　　香港回归后，国家层面的《中华人民共和国宪法》《中华人民共和国香港特别行政区基本法》，以及相关的国际法和国际公约成为对香港本地社团组织进行管理的法律制度规范。除此之外，特别行政区政府在中央政府的指导下进一步修订了《社团条例》的相关内容。现行《香港法例》第 151 章《社团条例》共 43 条，是对香港地区各类社会团体和组织进行管理的重要法律规范之一。《社团条例》主要分为两部分，第一部分包括第 1 条至第 17 条，主要介绍有关香港社会团体和组织的组成、运作形式、注册等一般性规定；第二部分包括第 18 条至第 43 条，主要集中讨论对非法组织的监管、惩罚及三合会组织成员去除会籍的方法等。《社团条例》将香港地区社会团体和组织界定为："任何会社、公司、一人以上的合伙或组织，不论性质或宗旨为何。"该条例将香港地区的社会团体和组织划分为四类，分别为本地社团[①]（Local Society）、外国政治性组织[②]（Foreign Political

---

[①]　主要是指在香港组织和成立，或总部或主要的业务地点设于香港的任何社团。
[②]　主要包括三类组织。一是外国政府或其政治分部，二是外国政府的代理人或外国政府的政治分部的代理人，三是在外国的政党或其代理人。

Organisation)、台湾地区的政治性组织①（Political Organization of Taiwan）、政治性团体②（Political Body）。该条例虽未针对香港地区高校学生社团组织制定专门性的管理规范，但其相关条款对香港地区高校中正式注册登记的学生社团组织均具有普遍约束力。香港《社团条例》规定了"结社自由"③是公民集体表达意见的首要条件，亦是集会权利的先决条件。在香港法例中，《社团条例》是与香港地区社会团体和组织管理最直接相关的法律制度。除此之外，《香港专上学生联会会章》以及香港地区各高校学生会（包括其下属学生会分会）会章及其他校内学生社团章程，也是香港地区高校学生社团运行所遵循的重要依据。

澳门地区的社团组织十分发达，保障与规范公民结社自由权利的相关法律制度种类繁多。这里既涉及国家层面的《中华人民共和国宪法》《中华人民共和国澳门特别行政区基本法》，也涉及一些域外的国际法或国际公约。为了使澳门居民的结社权得到切实有效的法律保障，除了上述对结社自由作出原则性规定的法律外，澳门立法机关专门制定了《结社权规范》。对于个人结社自由，该法第2条第1款明确规定："任何人有权自由地毋需取得任何许可而结社。"第4条规定："任何人不得被迫加入或以任何方式胁迫留在属任何性质的社团。""任何人，即使是公共当局，强迫或胁迫任何人加入或脱离社团，处刑法典第347条规定之刑罚。"对于社团自由，该法第3条明确规定，社团实行自决原则，"社团司依其宗旨而自由进行活动，公共当局不得干涉，且不得将社团解散或中止其活动"。此外，澳门

---

① 主要包括三类组织。一是台湾地区相关机构或其政治分部，二是台湾地区相关机构的代理人或该相关机构的政治分部的代理人，三是在台湾地区的政党或其代理人。

② 主要包括两类。一是政党或宣称是政党的组织，二是主要功能或宗旨是为参加选举的候选人宣传或做准备的组织。

③ Freedom of Association.

《结社权规范》《选民登记法》《澳门特别行政区立法会选举法》等法律规范也涉及公民结社自由与权利方面的内容，体现了澳门地区社团组织规制的多层级性的特征。

二 组织规制的差异性

（一）组织规制的管辖权限不同

在"一国两制"的制度框架下，广东与港澳地区社团组织规制在其管辖权限上存着较大的差异性。广东地区社团组织规制在管辖权限上具有专属性，即针对不同类型社团组织，其所适用的法律及相关制度规范也不相同。[①] 针对广东地区社团组织管理的相关法律制度规范，根据其管辖权限可以分为两种类型。一类主要针对一般社会组织和社会团体，另一类则主要针对依托党政机关、企事业单位运行的工会、共青团、妇联等特定团体组织。1950年9月颁布的《社会团体登记暂行办法》首次明确了各级学校内部的团体和组织的审批和管理权限归属校方。[②] 1989年12月，民政部出台的《关于〈社会团体登记管理条例（1989）〉有关问题的通知》保留了中华人民共和国成立初期《社会团体登记暂行办法》中对社会团体和组织管理权限划分的相关条款，规定一般社会团体和组织的业务主管部门主要是指各级政府的职能工作部门和党的工作部门。在关于工会、共青团、妇联等社会团体的登记问题上，该文件明确指出，根据1989年10月颁布的《社会团体登记管理条例》的规定，共青团、妇联、科协、文联、侨联、作协等社会团体可简化登记手续，不必提交业务主管部门的审查意见，可直接向社会团体登记管理机关申请登记。依据上述规定，内地高校的共青团、学生

---

① 此种情况并不只存在于广东地区，对于内地其他省份的社团组织规制同样适用。
② 也正是基于这一规定，目前国内高校学生社团组织的直接管理权限归属于高等院校的党团组织。

会，以及在高校共青团指导下的各类学生社团组织的管理权限都归属于所在高校党委，国家及地方民政部门不直接负责对此类社团组织的日常管理。换言之，在广东地区，① 针对一般社会团体和社会组织的相关法律制度规范并不适用于高校学生社团组织。

  对于广东地区高校学生社团组织的建立、运行、撤销等产生最直接影响的是教育部、共青团中央制定的专门性的制度规范，各高校党委则依据这些制度规范制定相关的管理细则或办法，对本校学生社团组织进行规范管理。1998年颁布的《中华人民共和国高等教育法》②明确了高校学生社团组织应在法律法规规定的范围内活动，服从学校的领导和管理。一方面，强调了高校学生社团组织的各类活动必须遵守宪法和相关法律；另一方面，在法律制度层面确认了高校对学生社团组织的直接管理权，学生社团组织的建立、运行、撤销等必须遵循学校的相关制度规范。2005年，教育部颁布了《普通高等学校学生管理规定》③，其中第四章第四十四条规定，学生成立团体，应当按学校有关规定提出书面申请，报学校批准。学生团体应当在宪法、法律、法规和学校管理制度范围内活动，接受学校的领导和管理。《普通高等学校学生管理规定》是校方对学生社团组织进行规范管理的重要制度依据。党的十八大以来，为深入贯彻习近平新时代中国特色社会主义思想，特别是习近平总书记关于高校思想政治工作和青年工作的重要论述，切实加强高校学生社团建设管理，充分发挥学生社团组织育人功能，支持高校学生社团健康有序发展，2016年，共青团中央、教育部、全国学联印发了《高校学生社团管理暂行办法》，进一

---

① 此规定也包括内地的其他省份。
② 《中华人民共和国高等教育法》于1999年1月1日起正式实施。
③ 《普通高等学校学生管理规定》于2005年9月1日起施行。原国家教育委员会发布的《普通高等学校学生管理规定》（国家教育委员会令第7号）、《研究生学籍管理规定》（教学〔1995〕4号）同时废止。

步明确了高校党委在学生社团组织的建立、年审和注销、组织建设、活动管理、经费管理、工作保障等方面的职责要求。2020年，教育部党组、共青团中央出台《高校学生社团建设管理办法》。这是教育部、共青团中央结合新时代特点，根据高等教育发展面临的新形势、新任务、新机遇和新挑战，在总结全国各地高校学生社团组织管理经验的基础上，制定和颁布的针对高校学生社团组织规范化管理的指导性文件，进一步明确了广东地区高校[①]学生社团组织的直接管理权限归属各高校党团组织。因此，广东地区社团组织规制在管辖权限上具有专属性，针对高校学生社团组织与一般社会团体和组织的法律制度规范有着清晰的界限，不能对不同类型的社团组织进行交叉管辖。

与广东地区不同，港澳地区正式注册的高校学生社团组织，在性质上等同于一般社会团体和组织，相关法律制度规范在对校内外不同类型社会团体和组织的管辖权上没有明确的区分。换言之，香港地区的《社团条例》和澳门地区的《结社权规范》等法律制度，并不仅仅针对一般社会团体和组织，对港澳地区正式注册的高校学生社团组织均具有法律效力。以香港地区为例，《香港法例》[②]第151章的《社团条例》（Societies Ordinance）的相关条款就是香港高校学生社团组织运行与管理的重要依据。现行《香港法例》第151章《社团条例》共43条，是对香港地区各类社会团体和组织进行管理的重要法律规范之一。该条例虽未针对香港地区高校学生社团组织制定专门性的管理规范，但其主体内容对香港地区高校学生社团组织具有普遍约束力。在澳门地区高校中，已向相关部门注册的学生社团组织则根据澳门政府制定的《结社权规范》运行，并接受相关部门的规范管理。除此之外，港澳地区各高校学生会（包括其下属学生会分会）会章及

---

① 这里也包括内地省份的各高校。
② 现行《香港法例》为1997年6月30日版本。

其他校内学生社团章程，也是港澳地区高校学生社团组织运行所遵循的重要制度规范。根据港澳地区关于社会团体和组织管理的相关法律制度，港澳地区高校的学生会（包括其下属的学生会分会及各类学生社团）、校园电台、学生报等学生社团组织可以向特区政府相关职能部门提出申请，成为独立社团或社会组织。① 一般而言，港澳地区高校的学生社团组织与校方并不存在隶属关系，各高校也未制定专门针对学生社团组织规范管理的相关制度或章程。同时，相关职能部门也没有相关法律赋予校方对学生社团组织进行管理的权限。因此，港澳地区高校学生社团组织的运行主要依据是本地区的法律，以及学生社团组织制定的章程或条例。

（二）组织规制的功能定位不同

社团组织规制的功能定位侧重于描述相关法律制度规范在社团组织管理过程中承担和实现何种职能。广东地区社团组织规制具有社会治理和价值引导的双重职能，港澳地区社团组织规制的功能定位较为单一，主要是为本地区社会团体和组织的运行提供相关制度依据，更加注重其社会服务功能的发挥。因此，广东与港澳地区在社团组织规制的功能定位上存在着较为明显的差异，这既体现在针对一般社会团体和组织管理的法律制度上，也体现在针对高校学生社团组织管理的相关制度规范层面。

在广东地区，社团组织规制的功能定位是社会治理和价值引导。在针对一般社会团体和组织的管理中，其社会治理功能定位更为明显。中华人民共和国成立以来，中央及地方制定的相关法律制度都强化了以社会治理为核心的功能定位，具体体现在三个方面。一是在对

---

① 如香港大学、香港中文大学、香港理工大学等多所高校的学生会均已通过向政府申请的方式成为独立的法人组织。而在其领导下的各院系学生会及其他学生社团则也自然成为独立法人组织。

社会团体和组织的管理过程中始终突出了国家权力的主导作用，二是在管理目标上注重引导社会团体和组织必须服务于社会主义现代化建设，三是在管理方式上综合运用法律手段和行政手段相结合的方式。2011年，国家在"十二五"发展规划纲要中将"加强社会组织建设"作为加强社会治理的重要举措，明确提出"统一登记、各司其职、协调配合、分级负责、依法监管"的方针。2011年3月，民政部将《社会团体登记管理条例》《民办非企业单位登记管理暂行条例》以及《基金会管理条例》的修订草案上报至国务院法制办。2012年3月19日，第十三次全国民政工作会议提出，要加快社会组织登记管理体制的改革，简化登记管理的程序，对一些社会组织采取直接登记的形式。[①] 2012年，党的十八大报告再次强调了加强社会建设的理念，提出要围绕构建中国特色社会主义社会管理体系，加快形成党委领导、政府负责、社会协同、公众参与、法治保障的社会管理体制，加快形成政府主导、覆盖城乡、可持续的基本公共服务体系，加快形成政社分开、权责明确、依法自治的现代社会组织体制，加快形成源头治理、动态管理、应急处置相结合的社会管理机制。总体来看，中华人民共和国成立以来，我国针对一般社会团体和组织制定的相关法律制度规范突出了社会治理的功能定位，强调社会团体和组织在各自行政主管部门的指导下围绕国家经济和社会发展战略开展工作。

除针对一般社会团体和组织管理的法律制度规范外，中央及地方各级共青团组织、教育行政部门制定的与高校学生社团组织相关的制度规范则呈现出较强的价值引导功能，强调其在政治引导、政策宣

---

① 申欣旺、陶旺波：《民政部官员："社会组织对抗政府"情况没有出现》，中国新闻网，2012年5月21日（链接日期），http://www.chinanews.com/gn/2012/05-21/3904118.shtml，2012年6月5日。

传、思想教育等方面的功能定位。2004年以来,党和国家连续出台了多项针对高校思想政治教育工作的政策法规。特别是"马加爵事件"①发生之后,中央意识到大学生思想政治教育面临着诸多问题,必须依托高等教育的各个环节改进大学生思想政治教育工作,提升大学生思想政治教育的实效性。而这一时期,国内高校学生社团组织蓬勃兴起,逐渐成为影响大学生世界观、人生观、价值观的重要因素之一。在这一背景下,国家教育行政部门就要求高等院校重视对学生社团组织的管理和引导,充分发挥其价值引领功能。2004年,中共中央国务院颁布《关于进一步加强和改进大学生思想政治教育的意见》,突出了高校党团组织在大学生思想政治教育中的组织和引导功能,强调应当"发挥共青团和学生组织的作用,推进大学生思想政治教育",指出"共青团是党领导下的先进青年的群众组织,是党的助手和后备军,在大学生思想政治教育中具有重要作用。高等学校团组织要把加强大学生思想政治教育工作摆在突出位置,充分发挥在教育、团结和联系大学生方面的优势,竭诚为大学生的成长成才服务","要坚持党建带团建,把加强团的建设作为高等学校党建的重要任务","要把团干部作为思想政治教育工作队伍的重要组成部分,做好培养、锻炼和输送工作"。该意见明确了高校的党团组织与高校学生会、研究生会之间的关系,提出"学生会、研究生会要自觉接受党的领导,在共青团指导下,针对大学生的特点,开展生动有效的思想政治教育活动,把广大学生紧密团结在党的周围,在大学生思想政治教育中更好地发挥桥梁和纽带作用"。这是改革开放以来中央为推进高校学生社团组织充分发挥思想政治教育功能所颁布的重要的文件之一。

　　为了贯彻中共中央、国务院《关于进一步加强和改进大学生思想政

---

① 马加爵原为云南大学生化学院生物技术专业2000级学生,于2004年2月13—15日,在宿舍中杀害了自己的4位同学。2004年6月,马加爵因故意杀人罪被判处死刑。

治教育的意见》的精神，共青团中央、教育部于 2005 年 1 月制定了《关于加强和改进大学生社团工作的意见》，同样强调了高校学生社团组织的思想教育功能。意见指出："高校学生社团活动是实施素质教育的重要途径和有效方式，在加强校园文化建设、提高学生综合素质、引导学生适应社会、促进学生成才就业等方面发挥着重要作用，是新形势下有效凝聚学生、开展思想政治教育的重要组织动员方式，是以班级年级为主开展学生思想政治教育的重要补充。"意见进一步提出要规范和完善社团组织管理办法，由校团委负责指导，社团联合会主要负责人由学生会（研究生会）负责社团工作的同学兼任。各地方和学校要制定、修订具体的学生社团组织管理办法，在社团组织成立、审批、活动开展、工作考核、评优、财务管理和监督、队伍建设等重点环节明确管理内容、目标和办法。同时，要求高校学生社团组织制定、执行社团组织章程和内部工作制度，对学生社团组织及其成员的行为加以规范，保证学生社团组织健康、持续、稳定的发展。

与广东地区社团组织规制的功能定位不同，港澳地区社团组织规制主要是为本地区社会团体和组织的运行提供相关制度依据，更加注重其社会服务功能的发挥。这一方面是由于宪法和基本法在制度层面确立了港澳地区社会团体和组织运行的基本原则及具体规范；另一方面，也由于港澳地区社会团体和组织较为发达，因此能够在不同行业领域承担更多的社会服务功能。港澳地区社团组织规制的功能定位主要表现出三个特征。一是政府在对社会团体和组织进行管理的过程中侧重于发挥其社会服务功能，因此两者之间的关系更为平等；二是社会团体和组织的基本定位是维护社群权益、规范行业秩序，最终实现政治体制、经济体制、社会文化体制的良性运行；三是在管理方式上主要依靠法律手段与经济手段，较少采用基于强制力的行政手段。

《基本法》对香港地区的社会团体和组织给予了较为自由的活动

空间，并允许其进入香港政治、经济、社会等各个领域发挥其自身功能。如《基本法》第 136 条允许社会团体依法在香港特别行政区兴办各种教育事业；第 138 条规定社会团体可依法提供各种医疗卫生服务；第 142 条规定香港政府继续承认在特别行政区成立前已承认的专业团体，这些专业团体可自行审核和颁授专业资格；第 146 条允许香港特别行政区从事社会服务的志愿团体在不抵触法律的情况下可自行决定其服务方式。除此之外，《基本法》对于香港地区社会团体或组织的对外交往活动也做出相应规定。《基本法》第 148 条规定香港特别行政区的教育、科学、技术、文化、艺术、体育、专业、医疗卫生、劳工、社会福利、社会工作等方面的民间团体和宗教组织同内地相应的团体和组织的关系，应以互不隶属、互不干涉和互相尊重的原则为基础。

　　澳门经历了较为独特的管治历程。在葡萄牙殖民者管治澳门期间，澳门的民间社团承担了重要的社会沟通与社会整合功能，政府与民间社团逐步建立起合作共治关系。这种社会生态培育了庞大的社团组织群体，澳门民间社团与政府合作，参与政策制定、提供部分社会公共产品与公共服务等。澳门主权回归后，延续了民间社团组织参与社会治理的传统，并通过社团组织规制获得相应法律保障。譬如，澳门基本法第 121 条规定，社会团体"可依法举办各种教育事业"；第 123 条规定，社会团体"可依法提供各种医疗卫生服务"；第 127 条规定，"澳门特别行政区政府自行制定体育政策，民间体育团体可依法继续存在和发展"；第 131 条规定，"澳门特别行政区的社会服务团体，在不抵触法律的情况下，可以自行决定其服务方式"。可以看出，特区政府在文化教育、医疗卫生、社会服务、体育运动等公共管理与服务领域得到了社团的广泛合作与参与。在对外交往方面，基本法第 134 条规定，澳门特别行政区的教育、科学、技术、文化、新闻、出版、体育、康乐、专业、医疗卫生、劳工、妇女、青年、归侨、社会福利、社会工作等方面的民间团体和宗教组织可同世界各国、各地区及国际的有关团体和组织保持和发展关系，各该团体和组织可根据需要冠用"中国澳门"的名义参与有关活动。这说明现行的澳门法律对民间社团与澳门地区以外的相应团体和组织的关系采取自由开放的态度。政府与民间社团的长期合作共治在形成澳门独特的社会法团主义治理体制的同时，也培养了以多元包容、和谐共存为内容的合作主义社会传统。

综上所述，社团组织规制在粤港澳地区既呈现出一些共同点，同时也表现出较大的差异性，它们共同构成了粤港澳地区高校学生社团组织生存与发展的外部制度环境。在广东地区高校中，中央及地方各级民政部门制定的针对一般社会团体和组织的法律制度规范并不直接针对高校学生社团组织；与此同时，中央及地方各级共青团组织、教育行政部门所制定的与高校学生社团组织相关的制度规范，主要侧重于发挥高校学生社团组织的政治引导、政策宣传、思想教育功能。在一定程度上，此类制度规范对各高校学生社团组织并不具有"刚性"的约束力。因此，广东地区高校学生社团组织的制度环境表现出两个基本特征。一是国家层面的法律制度规范对高校学生社团组织的管理表现为"间接性"，具有"弱约束性"的特征；二是微观层面的制度规范对高校学生社团组织的管理表现为"直接性"，其强化了高校学生社团组织的政治引导、政策宣传、思想教育功能，但弱化了日常管理与制度约束功能。从香港和澳门地区高校学生社团组织的制度环境来看，基本法和其他法律制度文本的相关条款是港澳地区高校学生社团组织运行的重要依据，港澳地区高校学生社团组织的章程则是其运行的直接依据。与广东地区不同，港澳地区高校学生社团组织制度环境的基本特征表现为三个方面。一是法律制度规范具有刚性约束力，在这种制度环境下，港澳地区高校学生社团组织与校园外其他社会团体或组织具有相同的权利、义务，承担相同的法律责任；二是法律制度规范强化了高校学生社团组织的社会管理和社会服务功能的实现；三是法律制度规范赋予港澳地区高校学生社团组织较高的自治权。

第二节 权力结构比较

权力结构是指为实现组织特定目标、依据一定的制度规范建立的组织权威生成模式与组织权力分配方式。德国社会学家马克斯·韦伯在其对官僚制组织理论[①]的阐述中指出，任何正式组织的有序运行都依赖于特定的权力结构。权力结构一方面受制于社会生产的发展阶段，另一方面也受到组织内外部环境的影响。在现代工业化社会中，以官僚制组织为特征的金字塔式的权力结构，确保了组织运行的稳定性。对于高校学生社团组织而言，权力结构影响着社团组织权威的生成方式，以及用以调配资源的组织权力如何进行分配的问题。高校学生社团组织权威的生成方式一般分为三种类型。第一种是"自下而上"的民主选举模式。在这种权力结构中，学生社团组织权威的生成来源于全体或部分成员的授权，并依托民主选举机制获得调动组织资源的权力。依据马克斯·韦伯关于官僚制组织理论的阐述，这种权力结构被称为"合法—合理型"模式，其基本特征是依据组织成员共同认可的制度规范形成组织权威。第二种是"自上而下"的代理人模式。在这种权力结构中，学生社团组织权威的形成来源于上级领导

---

① 官僚制（Bureaucracy）由德国政治学家、社会理论学家马克斯·韦伯（Max Weber, 1864—1920）提出。他认为，官僚制组织的权力纵向分层，职能横向分工，以制度化形式管理，也被称为科层制。

（指导）机构的弹性授权，而不需要经过民主选举程序。作为社团组织权力的"代理人"，其资源配置能力的大小往往受制于上级领导（指导）机构的授权意愿。第三种是"自上而下"与"自下而上"相结合的"授权选举"模式。在这种权力结构中，社团组织权威的形成一方面依赖于上级领导（指导）机构的提名进入"候选人名单"，另一方面，也要依托学生社团组织的民主选举程序形成其权力的合法性。在粤港澳地区的高校中，不同类型的学生社团组织其权威形成模式也具有较大的差异性。见表2-3。

表2-3　粤港澳高校学生社团组织权力结构类型

权威生成模式 高校类别	"自下而上"民主选举模式	"自上而下"代理人模式	"授权选举"模式
广东高校	思想政治类、学术科技类、创新创业类、文化体育类、志愿公益类、自律互助类学生社团	少部分兴趣类社团及少部分学生党团组织	共青团、学生会、部分校园传媒等学生组织
香港和澳门地区高校	学生会、各类兴趣类、学术类、文娱类、体育类等学生社团或协会	无	无

在高校学生社团组织的权力分配关系上，一般可以分为集权模式和分权模式。集权模式是指社团组织的资源调配权力集中于单一机构或部门，组织权力运行过程呈现"指挥—服从"模式。分权模式是指社团组织的资源调配权力分属不同机构或部门，组织权力运行过程呈现"决议—执行—监督"模式。从粤港澳高校学生社团组织的权力结构上来看，它们既有一些共同特征，同时，也表现出基于不同制度环境下的差异性。

一　权力结构的共同点

（一）依托制度化的民主选举方式建构社团组织权威的合法性

根据马克斯·韦伯的观点，以官僚制组织为特征的现代组织的高效运行，必须摒弃农业社会所奉行的"传统世袭"或"个人魅力"型的组织权威生成模式。基于制度化的民主选举方式形成的"合法—合理"型权威，更有助于构建社团组织的合法性。虽然在不同的制度环境与社会治理模式下，粤港澳地区高校学生社团组织的权威形成模式表现出一定的差异性，但它们都依托制度化的民主选举方式建构社团组织权威的合法性。笔者认为，制度化的民主选举之所以能够赋予高校学生社团组织权威合法性，主要原因在于两个方面。一是社团组织权威的合法性首先基于"多数人"对既定制度的"同意"原则，而以民主选举为特征的权威形成模式，有助于强化"多数人"的"同意"，从而在学生个体与社团组织之间建立起关联性[①]，进而成为社团组织权威合法性的重要来源；二是通过建立制度化的民主选举程序，这一方面有助于避免"人为因素"影响社团组织权威的形成过程，另一方面，通过既定程序强化了制度运行的公平性、公开性，防止"权力"的"暗箱操作"，这也成为高校学生社团组织权威形成的合法性基础。

在广东地区高校中，规模较小的思想政治类、学术科技类、创新创业类、文化体育类、志愿公益类、自律互助类等学生社团，以及以学生为主体的班级、党团支部等普遍采用"直接选举"方式产生社团组织权威。此类学生社团组织在广东地区高校中的绝对数量较多，一般占各高校学生社团总量的九成以上，一般学生社团由各高校学生社

[①] 笔者认为，通过民主选举能够建立起个体与组织之间的关联性，但这种关联性的强弱受其他变量影响。

团联合会①直接或委托院系统一管理，班级、学生党团支部则由各院系学生工作口统一管理。此类学生社团组织权威的产生方式较为简单，一般先由本社团组织成员自荐产生候选人，其次召开社团组织全体大会，在每位候选人竞选演讲后由全体成员投票，得票最多者成为学生社团组织权威。

在广东高校的共青团、学生会等"半官方"组织中，则多采取民主集中制的方式产生社团组织权威。按照中共中央、教育部及广东地区关于学生社团管理的相关制度规范，高校的共青团、学生会由各高校党委领导。虽然其总体数量不多②，但其常设机构所涵盖的学生人数较多，覆盖面也较为广泛，是各类学生精英汇集的场所。在通常情况下，首先由共青团、学生会成员通过自荐或推荐的方式产生各部门的"预备候选人"，其次由上级组织③根据"预备候选人"名单进行酝酿提名，最后交由全体或部分学生参与的换届大会进行民主选举产生社团组织权威。以广东高校的共青团、学生会组织领导者④的产生方式为例，首先，是由共青团、学生会中副部长⑤以上级别的成员本人提出申请；其次，由上级组织对申请人的资格条件、工作能力、综合素质等方面进行相应审核，并由该组织的核心成员⑥确定若干候选

---

① 高校学生社团联合会负责管理本校内的各类学生社团，隶属于各高校的共青团组织，简称"高校社联"。
② 在广东地区高校中，校级共青团、学生会各1个，各二级学院（系）设院（系）级共青团、学生会各1个。因此，与高校中的各类型的社团相比，其总体数量较少。
③ 上级组织。学校层面的社团，其上级组织为校级共青团或校学生会；院系层面的社团，其上级组织为院级共青团或院学生会。
④ 这里主要是指基于学生身份的社团负责人。
⑤ 共青团组织的岗位设置从上到下依次是，团委书记（一般由教师或行政人员）、团委副书记（校级共青团组织一般由教师或行政人员担任，院级共青团组织一般由辅导员或学生担任）、部长、副部长、干事；学生会组织的岗位设置从上到下依次是，学生会主席、学生会副主席（秘书长）、各部部长（学生会秘书长）、副部长、干事。
⑥ 共青团组织的核心成员为团委委员，其构成一般包括团委书记、副书记（1—2名）、各部部长；学生会组织的核心成员为主席团成员，一般包括学生会主席、副主席（若干名）、秘书长。

人；再次，校方召集由全体学生或学生代表参加的选举大会，由大会主席团向与会人员宣读选举办法后，候选人依次上台介绍个人基本情况及竞选宣言；最后，由全体学生或学生代表投票，得票最高者当选为社团的领导者。

在广东地区高校的调查中发现，有超过八成的受访者反馈其所在的学生社团组织的"负责人"①都是通过"民主选举"的方式确定，超过七成的学生认为"民主选举"是确立学生社团组织权威合法性的重要依据。笔者在对广东地区 S 大学、Z 大学、G 大学三所高校 533 位学生所进行的调查中发现，针对"您所在社团组织如何产生负责人"这一问题的回答中，81.3%的学生选择了"民主选举"，11.3%的学生选择了"指导教师推荐"，5.1%的学生选择了"校方任命或其他"。在对"您认为哪种方式有助于提升社团组织权威的合法性"这一问题的回答中，有 73.3%的调查对象选择了"民主选举"，选择"指导教师推荐"和"校方任命或其他"的仅占 8.1%。笔者对广东地区上述三所高校部分学生社团组织成员的访谈内容也印证了这个推论。对于"社团组织负责人如何获得'权力'"的访谈中，普通学生社团组织成员认为，学生社团组织负责人的"权力"应当"来源于全体成员的授权"。针对此问题，多数学生社团组织负责人也认为其"权力""来自全体社团组织成员的选举"。在笔者对广东 S 大学某院学生会维权事件②的调查中发现，制度化的"民主选举"不仅有助于建立学生个体与社团组织的关联，增强社团组织权威的合法性，而且

---

① 这里主要是指校内团学组织的负责人，此类负责人的称谓各不相同，包括学生会主席、副主席，团委副书记、秘书长、各部部长，班级或年级的负责人等。
② 该事件是由于该院国防生未经过学生会大会民主选举程序而被直接推荐到学生会各部门"挂职"副部长职务，从而引发了学生会主席团及各部门负责人的强烈反对。在学生会主席团提交的意见书中，"不公平"的字眼出现了五次，"特权""特殊"的字眼出现了四次（详见附录案例五）。

有助于学生公平意识、参与意识、社群意识的形成。可以看出，在广东地区高校中，基于"民主选举"产生学生社团组织权威的方式能够得到多数学生社团组织成员的认可，这对于确立学生社团组织权威的合法性起到了至关重要的作用。这也从另一个侧面说明，制度化的民主选举与高校学生社团组织权力结构的稳定性之间存在关联性。

港澳地区高校的学生社团隶属于校学生会，学生会下属机构较多、组织体系规模大。与广东地区高校相比，虽然港澳地区高校学生会"权力机构"的形成过程较为复杂，但其合法性的确认标准与广东地区高校学生社团组织基本一致。候选人需要自行组建竞选团队，撰写竞选纲领，并在全校范围内开展大规模的宣传及"拉票"活动，其内容涉及校园内外各方面的事务，包括如何看待政府、如何处理与校方的关系、如何进行权益维等方面的内容。如香港Z大学2016年学生会会长选举时所使用的政纲宣传册就分为校政、教育、社会、学生福利、学生会行政五个部分，其中"校政"部分强调校园民主的重要性，提出要提高"校董"透明度，反对教务会取消学生会代表，改革校长遴选制度和学院院长选举制度等。同时，候选人的宣传活动还会深入学生宿舍、饭堂等学生聚集的场所。从某种程度上说，候选人前期的宣传及"拉票"活动决定着其竞选的成败。宣传及"拉票"活动结束后，由全体在校生自愿投票，得票最多者可当选为新一届学生会会长。可见，对于港澳地区的学生会来说，其权力机构的产生主要采取全体在校学生民主选举的方式。学生会也正是通过投票选举前广泛的宣传及"拉票"活动，以及由登记参选的在校生参与民主选举方式获得其权力的合法性。

通过比较可以看出，无论是广东地区高校，还是港澳地区高校，其学生社团组织"权力机构"的产生方式所具有的"民主"特质，在一定程度上强化了其成员对社团组织权力结构合法性的认同。从这个角度来看，粤港澳高校学生社团组织在权力结构合法性的确认标准上较为相似。

(二) 普遍呈现以制度化为特征的分权模式

在粤港澳地区高校中，虽然不同类型的学生社团组织呈现出不同的权力结构，但在总体数量规模上，绝大多数高校学生社团组织普遍呈现以制度化为特征的分权模式。在广东地区高校中，除共青团、学生会以及校方主管的校园传媒外，由各高校学生社团联合会①统一管理的依据学生兴趣自愿组成的学生社团②，其权力结构都呈现为制度化的分权模式。在数量比例分布上，一般占各高校学生社团组织总数的九成以上。在这种权力结构中，学生社团组织依照既定的制度规范，在全体成员自愿的前提下，通过民主选举的方式产生其领导机构，同时获得相应的资源配置权力。一般情况下，校方不对于此类学生社团组织的权力结构进行干预，仅在其实际运行过程中给予必要的指导，并要求其在社团联合会定期进行注册备案。学生社团组织的领导机构有固定任期③，在本届领导机构任期结束前，首先由学生社团组织领导机构的核心成员组建换届选举筹备小组，通过社团组织成员自荐方式产生候选人团队；其次，召开学生社团组织全体大会，在每位候选人公开竞选演讲后，由全体社团组织成员通过民主投票的方式，根据候选人得票多少确定下一届学生社团组织的领导机构及各部门分工。在以制度化为特征的分权模式下，普通学生社团组织成员的

---

① 高校学生社团联合会负责管理校内的各类学生社团，隶属于各高校的共青团组织，简称"高校社联"。

② 根据 2016 年出台的《高校学生社团管理暂行办法》，学生社团仅指由高校学生依据兴趣爱好自愿组成，为实现成员共同意愿，按照其章程自主开展活动的群众性学生组织。主要分为思想政治类、学术科技类、创新创业类、文化体育类、志愿公益类、自律互助类等。这里所定义的学生社团并不包含高校团委、学生会、校园传媒、班级、年级和学生党支部等。

③ 任期一般为一年。

个体权利通过民主选举的方式得以彰显,学生社团组织权力的合法性基于"多数人同意"的原则得到确认。因此,这种权力结构更有助于学生社团组织在既定制度和规则的制约下保持相对平稳的运行状态。

　　港澳地区高校学生社团组织可以分为两类。一类是各高校的学生会、校园传媒体等学生组织,此类组织涉及人数多、规模大、影响面广;另一类是基于学生兴趣自发组建的学术类、文娱类、体育类学生社团,此类社团虽然规模较小,但总体数量多、分布广。虽然这两类学生社团组织在人数、数量、规模、影响力等方面存在较大差异,但在权力机构上均呈现以制度化为特征的分权模式,即由学生社团组织的全体或部分成员以民主选举的方式产生领导机构,并获得相应的资源配置权力。在港澳地区的高校中,学生社团组织成员必须在换届大会开始之前进行几轮甚至十几轮的竞选答辩,对现任学生社团组织负责人、社团组织成员以及竞争对手所提出的各种问题进行回应,并陈述个人的"执政"理念,在学生社团组织全体大会上进行公开竞选,经全体或部分成员投票选举产生新一届领导机构。在港澳地区高校中,从学生社团组织的候选人提名至最终投票当选这一过程被称为"倾庄"和"上庄"。[①] 由于港澳地区高校的兴趣类社团组织数量众多,每年学生社团组织换届时间相对集中,因此,在每年的四、五月份以后,港澳地区大学校园中都会贴满关于学生社团组织"倾庄"活动的海报,在学生活动中心、宿舍、饭堂的宣传栏、电话亭、公交站,甚至路边的树干上都会看到各种各样的"倾庄"海报。一般来说,港澳地区高校学生社团组织的"倾庄"过程都会持续数月。与广东地区高校学生社团组织较为相似。一是候选人需要通过公开的竞争性选举程序,以充分展示其从事学生社团组织工作的能力与素质;二

[①] 粤语中"庄"可以理解为学生社团组织的"台","倾"在粤语中有演讲、诉说的意思,"上"即登上。

是必须召开社团组织大会，由全体或部分成员通过民主选举的方式确认学生社团组织领导机构的合法性，并获得资源配置的权力。以香港中文大学国是学会为例，《香港中文大学学生会国是学会规章汇编》第五章第四条关于选举的表决方式有如下规定："若一职位只得一人竞选，大会须以简单多数制决定该候选人能否当选；若一职位有两人或以上竞选则以直接投票决定。"

对港澳地区高校的学生会而言，由于其无法召集全校学生进行投票选举，因此，主要采用自愿进行选民登记的方式进行民主投票，并根据学生会章程确定学生会的权力分配及组织架构。与小规模的兴趣类学生社团组织相比，港澳地区高校的学生会是一个地位更为特殊、规模更为庞大、结构更为复杂的系统。以香港中文大学学生会为例，该会下设干事会、议事会、学生报、学生电台等，学生会及其所属机构属于独立的社会团体，不受校方管理和管辖，与校方所设置的学生事务处为平等协作的关系。香港中文大学学生会由12—15名常任干事组成"内阁"，全校其他书院的学生会都作为其分支机构，校级学生会与各书院学生会常任干事有50多人。校级学生会的主要职责分为内务与外务两部分。内务主要是服务校内学生，对在校学生各方面的权益进行保护，下设有18个专门问题委员会，涉及在校学生的医疗保障、宿舍权益、校园建设、交通问题、饭堂问题、学生财务、福利等方面的内容；外务主要涉及对社会公共事务的参与，如社区治理、游行示威，参与香港立法会、香港专上学联的相关工作等。香港大学学生会的基本架构与此相类似，最高权力机构是学生评议会，下设中央干事会、各书院学生分会、"舍堂"学生会[①]、校园电视台

[①] "舍堂"由英文 Hall（大厅）翻译而来，主要指学生宿舍，香港大学没有班级的设置，因此，宿舍成为学生课外生活的重要场所。舍堂学生会就是负责学生宿舍管理及权益维护方面的自治组织。

等属会。

通过上述分析可以看出，粤港澳地区高校的专业兴趣类社团以及港澳地区高校的学生会普遍采用制度化的分权模式，这种自下而上的权力结构生成模式体现了高校学生社团组织的群众性和自治性，是高校学生社团组织自我教育、自我管理、自我服务的有效实现形式。与广东地区高校专业兴趣类社团相比，香港和澳门地区高校学生会的权力结构生成模式具有三个明显的特征。一是学生会权力的合法性来源于全体在校学生的民主选举，而不仅仅局限于学生会内部成员的投票选举；二是学生会领导机构的产生流程更为复杂，不仅需要有完整的竞选政纲、强有力的竞选团队，而且还需要接受来自校园内外各种社团的监督，必须遵循严格的选举制度和相应程序；三是学生会的权力结构更为分化，不同部门之间的权力关系呈现相互制约的特征。

二 权力结构的差异性

（一）社团组织领导机构的生成机制不同

社团组织领导机构是其权力结构的重要组成部分。如上文所述，港澳地区高校学生社团组织普遍采用自下而上的分权模式，在此模式下，学生社团组织领导机构的产生主要依托制度化的选举机制，校方无法介入这一过程。因此，港澳地区高校学生社团组织的权力结构呈现较强的独立性。

与港澳地区高校学生社团组织不同，广东地区高校的共青团、学生会，以及校园传媒等具有"半官方"性质[1]的社团组织普遍采用混合式权力结构。在这种权力结构中，学生社团组织领导机构[2]的组成

---

[1] 按照中共中央、教育部及广东地区关于学生社团组织管理的相关制度规范，高校的共青团、学生会由各高校党委领导，虽然其总体数量不多，但其常设机构所涵盖的学生人数较多，覆盖面也较为广泛，是各类学生精英汇集的场所。

[2] 这里主要是指由校内学生担任的社团组织负责人。

人员需经上级组织酝酿提名,再交由全体或部分学生代表民主选举产生。在实践操作中依据如下程序产生学生社团组织的领导机构。首先,由现任共青团、学生会成员本人提出竞选申请;其次,由上级组织对申请人的资格条件、工作能力、综合素质等方面进行相应审核,并由该组织的核心成员①确定若干候选人;再次,校方召集由全体学生或学生代表参加的选举大会,由大会主席团向与会人员宣读选举办法后,候选人依次上台介绍个人基本情况,进行竞选演讲;最后,由全体学生或学生代表投票,依据候选人得票多少确定社团组织领导机构的人员构成。

与港澳地区高校学生社团组织采取自下而上的分权模式不同,广东地区共青团、学生会、校园传媒等领导机构的产生既依赖于自上而下的授权过程,也依托自下而上的民主选举程序,受"组织期望"与"个人威信"双重因素的影响。依据"组织期望"与"个人威信",学生社团组织领导机构的组成人员在现实中呈现出较为复杂的交叉关系。如图2-1所示。

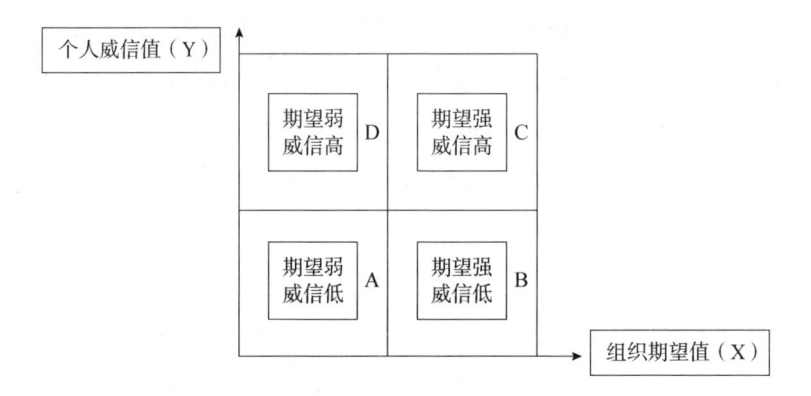

图2-1 广东地区高校共青团、学生会权力结构生成机制

---

① 共青团组织的核心成员为团委委员,其构成一般包括团委书记、副书记(1—2名)、各部部长;学生会组织的核心成员为主席团成员,一般包括学生会主席、副主席(若干名)、秘书长。

该图中 A、B、C、D 四个象限是此类选举可能产生的学生社团组织领导者的现实状况。① 组织期望值（X）反映了上级组织（校方）对该候选人当选为领导者的期望强度，在 X 轴上从原点向右逐渐增强；个人威信值（Y）反映了参与选举大会学生投票的倾向性，在 Y 轴上从原点向上逐渐增强。一般来说，处于象限 C 的候选人是最为理想的学生社团组织领导者，此类领导者既能够获得上级组织的认同，也能够在选举现场获得较高的选票支持。处于象限 D 的候选人在现实中的可能结果是，由于组织期望值较低，因而在候选人竞争较为激烈的情形下，在酝酿提名过程中被上级组织"否决"，致使此候选人无法参与公开竞选。而处于象限 A 与象限 B 的候选人，则会由于个人威信较低，无法获得高票支持而落选。所以，对处于象限 A 或象限 B 的候选人，其都无法成为学生社团组织的领导者。在混合式权力结构中，要求社团组织领导机构的候选人既能够获得上级组织的高度认可，以便能够通过候选人的资格审核进入投票选举阶段，同时也需要候选人在社团组织内获得较多的民意支持，以便能够获得充足的选票。一般而言，此种权力结构的利益指向具有复合性的特征，他（她）需要整合上级组织、学生社团组织、普通学生的利益诉求，当三者出现矛盾时（这种情况在现实中时常发生），往往需要通过个人的协调和沟通获得三方的支持。所以，此种权力结构往往需要社团组织领导者具有良好的利益协调和适时变通的能力。

而在港澳地区高校学生社团组织领导机构的形成机制中，候选人仅需要得到普通选民②的投票支持，而不需要经过校方或上级组织的

---

① 对于此类学生社团而言，一般得票最高的学生为该组织的最高领导者，其余票数较少的候选人则成为该组织的副职领导者或部门负责人。

② 在港澳地区高校中，普通选民包括普通在校生和学生社团组织成员。

酝酿提名。① 如《香港中文大学学生会选举章则》第三章第五条第二款规定:"凡十五位基本会员②可组成一候选内阁。该候选内阁须自定会长、副会长、外务副会长及其他干事,惟内阁成员必须包括不少于三分之二之成员书院学生会之基本会员,而内阁每一成员均须一人提名、一人和议,并得二十位基本会员联署支持其候选内阁,合法候选地位方可成立。"第三章第五条第五款规定:"候选内阁之选举,由基本会员全民投票选出。获得最高赞成票者当选,如仅得一候选内阁,则改投信任/不信任票,亦由获得总合法票数二分之一以上信任票者当选。"根据上述规定,香港中文大学学生会下属的干事会、学生报出版委员会民选委员、校园电台编辑委员会民选委员、代表会民选议会选举代表、教务会学生委员等均由全体学生投票选举产生。

目前,在广东地区高校的共青团、学生会中,主要岗位的学生候选人在进入竞选环节前都需要由上级组织酝酿提名。虽然曾经有个别高校在学生会主要负责人的选举中采用过"海选"③的方式,但由于这种领导机构产生方式需要调动大量的人力、物力、财力,且候选人竞选承诺和选举结果都缺乏可控性,因此,广东高校普遍都不采用这种方式产生社团组织的领导机构。广东Z大学曾于2008年在全校范围内进行校级学生会主席直选,这是广东地区高校近年来的一次"尝试"。当年该校共有四位候选人全程参与了此次校级学生会主席的直选,校方为每位候选人拨出2500元的竞选经费作为前期宣传费用。候选人经过近一个月的公开宣传和"拉票"后,在校方主持下于2008年11月11日进行了校级学生会主席的选举投票。在此次"海

---

① 由于港澳地区高校学生社团多为独立注册性质,因而校方对其并无直接管辖权,也没有相应的上级组织。
② "基本会员"是指香港中文大学全体学生。
③ 校方对候选人资格初步审核后,由候选人在全校范围内进行"拉票"宣传,最终根据候选人得票多少确定学生社团的领导机构。

选"中，该校学生的投票率为 61.34%，学生小蓝①最终以 7644 票获得了校级学生会主席选举的胜利。② 这种领导机构的生成机制既不同于港澳地区高校学生会完全独立于校方管控的选举，也不同于广东地区高校普遍采用的混合式的权力结构，而是介于二者之间的一种"选举试验"。这种社团领导机构的生成方式给予候选人更大的"权力预支空间"，虽然将学生的利益诉求与候选人的竞选承诺紧密捆绑在一起，但忽视了作为群众性组织的学生会在全校范围内进行资源配置权力所存在的局限性。诚然，Z 大学进行学生会主席直选使学生体验了"民主的过程"，从某种程度上来说，是一次"成功的尝试"。然而，由于此种"海选"模式所形成的"选票为王"的激烈竞争态势，使得候选人将学生选民利益诉求的满足作为竞选的主要目标，却忽视了选民利益诉求与校方政策措施之间的协调关系，最终难以兑现"民主的结果"。

(二) 社团组织权力结构布局不同

社团组织权力结构布局是指权力在社团组织内的分布状况，包括权力在社团组织的纵向结构与横向结构上的分布。粤港澳高校学生社团组织的权力结构布局具有较大差异性。在广东地区高校，学生社团组织的权力结构布局呈现纵向集权模式，即所有权力都集中于社团组织的顶端，权力在社团组织内部沿垂直方向自上而下逐级分配，权力在运行过程中以下级对上级的服从为基本特征。纵向集权模式在广东地区高校的共青团、学生会及较大规模的兴趣类社团中较为普遍。以高校共青团组织为例，其法定最高权力集中于校级共青团的常委会，常委会委员由团委书记、副书记、秘书长及相关职能部门的部长组成。团委下属各职能部门负责执行常委会的决策方案，各职能部门部

---

① 此处隐去其真实姓名。
② 何海宁、谷禹、郭丽萍：《Z 大学生学生会主席直选全记录》，《南方周末》2008 年 11 月 13 日第 1 版。

长有权决定本部门的资源调配，与副部长及部门干事形成工作团队，完成本部门的工作任务。高校学生会的权力结构布局同样呈现自上而下的集权模式。学生会主席团为学生会的最高权力机构，主席团由主席、副主席、秘书长组成，学生会下属各职能部门负责执行主席团的决策指令，各职能部门的部长、副部长、干事作为工作团队完成本部门的职责。从广东高校共青团、学生会的权力结构布局来看，主要呈现两个基本特征。一是权力按照社团组织的纵向结构自上而下逐级传递，二是社团组织的决策权力与执行权力相分离。

与广东地区高校共青团、学生会不同，港澳地区高校学生会权力结构布局呈现横向分权模式，即权力在社团组织内部被横向分割，权力在运行过程中呈现出相互制衡的特征。如港澳地区高校学生会的组织架构一般分为干事会、评议会、仲裁委员会。干事会负责学生会具体事务的执行，评议会负责讨论与学生会相关的重大事项，仲裁委员会则承担对学生会各部门及成员的监督职能。以香港城市大学为例，依据该校学生会章程，学生会共设立了五大中央组织及其辖下组织，中央组织包括干事会（Executive Committee）、评议会（the Union Council）、仲裁委员会（Arbitration Committee）、编辑委员会（Editorial Board）及城市广播（City Broadcasting Channel）。架构上为五权分立，由干事会、评议会及仲裁委员会分别担任行政、立法、司法的角色，而编辑委员会及城市广播则分别负责刊物及广播，担任双重监察的角色。澳门地区高校学生会也采取了类似的权力结构，以澳门大学为例，该校学生会会章规定了其权力机构包括会员大会、理事会及监事会；会员大会为其最高权力机关，由所有会员组成，设主席团（包括主席、副主席及秘书各一名），并规定澳门大学学生会的领导机关及附属组织管理机关成员由选举产生。从港澳高校学生会的权力结构布局来看，主要呈现两个基本特征。一是权力按照社团组织的横向结构划分不同职能部门，二是社团组织各部门之间相互制衡。

（三）社团组织的资源调配权具有差异性

社团组织的资源调配权是社团组织权力得以有效运行的基础，包括对社团组织内部人、财、物等资源的使用、转移和配置的权力。资源调配权是衡量社团组织领导机构是否获得实际指挥权的重要标志，也是社团组织权力结构从"形式"向"实质"转化的外在表现。粤港澳高校学生社团组织的资源调配权的差异性主要表现在两个方面。一是资源调配的自主性不同，二是资源调配力的大小不同。

在广东地区高校中，制度化的民主选举赋予了学生社团组织权力运行的合法性，但其能否在现实中调配社团组织资源，则受到多重因素的影响。一是维系学生社团组织运行的经费，二是学生社团组织重大事项的决策机制，三是学生社团组织与外部制度环境之间的关系。这三个因素往往影响着广东地区高校学生社团组织资源调配权的大小。在对广东地区高校学生社团组织的调查访谈中发现，不同类型学生社团组织的资源调配权的自主性及调配力的大小呈现出差异性。规模较小的兴趣类社团的资源调配权具有较高的自主性，基本能够在其制度框架内实现对社团内部人、财、物的调配。在对广东地区 J 高校滑轮协会、羽毛球协会和 N 高校漫画社、魔术协会、航模协会等兴趣类社团负责人的访谈中印证了这一点。此类社团能够有效调动资源的主要原因可以归结为三个方面。一是兴趣类社团以会员缴纳的会费作为主要经费来源，在个别大型活动中出现预算不足时才向校方申请经费支持。[①] 因此，多数情况下审批环节较少。二是兴趣类社团活动规模小、影响力较弱、调动资源少，除占用校园场地或悬挂横幅须经校方审批外，多数活动都不需要校方进行专项审核。三是由于高校兴趣

---

① 在调查中发现，一般由小规模兴趣类社团组织的大型活动并不常见。

类社团数量庞大,许多社团都没有专职的指导教师,因此,社团具有相对独立的决策权。

与小规模兴趣类社团不同,广东地区高校的共青团、学生会、校园传媒等规模较大、影响范围较广的社团组织,资源调配权的自主性较弱,社团组织权力的"形式性"往往大于其"实质性"。在笔者对广东地区 G、S 两所高校五个院级共青团、学生会负责人[①]的访谈中发现,虽然通过民主选举产生了学生社团组织的领导机构,但这仅仅印证了其权力的合法性。在多数情况下,学生社团组织领导机构并不能完全获得自主调配社团资源的"实质性权力"。因此,部分学生社团组织负责人认为"民主选举并不具有实质性的权力赋予意义"。这就可能出现一种现象,学生社团组织领导者在形式上具有组织所赋予的"形式权力",却无法在社团组织运行过程中获得"实质权力"。出现这种现象的主要原因包括三个方面。一是共青团、学生会、校园传媒等大规模的学生社团组织具有"半官方"性质,每个组织都有专职指导教师。因此,社团组织的实际权力中心常常从学生社团负责人转移至上级组织负责人,其资源调配权力自然发生转移。二是此类社团组织经费的主要来源为校方拨款,因此,在开展各类活动的过程中经历较多的审批环节。三是共青团、学生会等社团组织的活动一般规模较大、影响力强、调动资源多,许多活动都需要校方进行专项审核。因此,当学生社团组织领导者无法在现实中将"形式权力"转化为"实际权力"时,学生社团组织调配资源的自主权就难以形成。在共青团、学生会等学生组织中,领导机构的产生虽经过了学生代表民主选举的程序,获得了多数代表的支持,但是在社团组织的现实运行中,学生社团组织领导机构并不能够掌控其内部资源的调配权力。在对广东地区 N 大学、香港地区 L 大学、澳门地区 L 大学高校学生会的

---

① 这里的负责人主要指学生负责人,分别为团委副书记和学生会主席。

调查中也印证了该结论。调查数据显示，认为通过民主选举的方式可以在实质上获得资源配置权力的比例分别为 26.3%（广东高校）、87.2%（香港高校）、85.01%（澳门高校）。认为"不能获得实质权力"的分别为 60.1%、9.35%、11.76%，选择"不确定"的比例分别为 13.6%、3.45%、3.23%。在笔者对广东地区高校共青团、学生会负责人的访谈过程中了解到，多数负责人表示，虽然经过了民主选举才成为社团组织的负责人，但选举过程仅仅能够证明其作为学生社团组织领导者的合法性，并不能够完全获得支配学生社团组织资源的"实际权力"。如在对社团组织权威获取与资源配置权力关系的调查中，认为"民主选举能够增强社团组织权力合法性"的比例，在三地高校中都较高，分别为 88.23%（广东高校）、91.7%（香港高校）、93.81%（澳门高校）；但对于"你所在社团组织是否具有资源调配权力的自主性"问题的回应中，广东高校仅为 35.63%，港澳地区高校则为 88.35% 和 81.7%。

但在调查过程中，也有少数学生社团组织领导者认为其获得了较高的资源调配自主权。这主要是取决于两个因素。一是该社团组织的指导教师"其他工作事务过多，无暇过问社团事项"，因此，不得不将所有社团资源的调配权力完全授予学生社团组织的负责人。二是社团组织指导教师与学生社团组织领导者之间形成了充分的信任关系，除重大决策事项外，一般社团资源的调配权就交由学生社团组织成员自行处理。这种例外并非基于社团组织的权力结构或制度安排，而是由各种"人为因素"所形成的弹性授权。与此同时，随着近年来各高校逐渐建立了社团组织指导教师的专项责任落实机制，明确了社团组织指导教师的工作职责，校方对学生社团组织的资源调配的审批力度也在日趋强化。

在港澳地区高校学生社团组织中，其领导机构一旦形成，即获得管理和支配其各类资源的"实际权力"。从这个层面来看，民主选举程序不仅意味着学生组织"形式权力"合法性的形成，而且意味着其获得了支配社团组织资源的"实际权力"。虽然从结果来看，港澳地区高校学生社团组织①与广东地区高校中的兴趣类社团较为相似——都具有较为独立的支配社团组织资源的权力，但导致相同结果的原因却有着差异性。港澳地区高校学生社团组织能够有效调动资源的主要原因可以归结为两个方面。一是港澳地区高校学生社团组织自身的法律定位不同于广东地区。② 由于社团组织规制的差异性③，港澳地区高校学生社团组织多为独立注册的法人组织，从法律隶属关系上并不由校方直接管理。二是此类社团组织有较为独立的经费来源，并不直接从校方的财政资金中获得维系其运转的经费支持。而港澳地区高校学生会则拥有更为雄厚的物质资源保障，如香港大学学生会拥有自己的物业和数百万港元的资金。④ 因此，校方基本无法进一步干涉其资源调配的权力。

第三节 静态结构与公民道德教育

静态结构主要包括社团组织规制与权力结构两个方面，它们分别构成了高校学生社团组织运行的制度环境与权力架构，影响和制约着学生社团组织的基本属性及运行机制。高校学生社团组织的静态结构与公民道德教育之间具有较强的关联性，这集中体现在两个方面。一是体现在对国家公民道德教育体系整体规划的影响，二是体现在个体

---

① 这里指港澳地区高校的学生会、校园传媒、各类社团、协会、学会、俱乐部等。
② 这里既包括广东地区高校的共青团、学生会、校园传媒等"半官方"组织，也包括由校社团联合会统一登记管理的兴趣类社团。
③ 关于粤港澳地区社团组织规制的差异性问题，在本章第一节已作阐述。
④ 关于粤港澳高校学生社团组织经费来源的比较，本书在第三章有详细论述。

对公民道德教育主体内容的认知过程。

一 静态结构与公民道德教育体系的整体规划

(一) 制度环境与公民道德教育体系的整体规划

从制度环境来看,国家及地区性的法律制度规范从根本上决定着高校学生社团组织的基本属性,进而对公民道德教育体系能否有效介入学生社团组织的运行产生极其重要的影响。正如前文所述,高校学生社团组织是开展公民道德教育的有效载体,也是传递世界观、人生观、价值观的重要阵地。因此,将各类高等教育机构纳入公民道德教育体系的整体规划,并赋予校方依据相关法律法规对学生社团组织进行规范管理是落实"立德树人"的必然要求。从粤港澳高校学生社团组织的制度环境来看,广东高校[①]对学生社团组织的管理具有明确的法律依据,承担着依托学生社团组织推进公民道德教育的职责,已经成为公民道德教育体系整体规划的有机组成部分,并在实践中发挥着其积极作用。

然而,由于我国现行法律制度在高校学生社团组织管理过程实行"双轨模式",[②] 因此,高校学生社团的管理权一般集中于高校党团组织。如上文所述,虽然这有利于依托高校党委将公民道德教育的具体措施纳入国家教育体系的整体规划,但这也在一定程度上限制了高校学生社团组织在实践中与国家治理系统的直接或间接互动,导致公民道德教育仅仅停留在校园范围和理论层面。与此同时,中央及地方各级共青团、教育行政部门所制定的相关制度规范侧重于发挥高校学生社团组织的政治引导、政策宣传、思想教育功能,而弱化了对高校学

---

① 这里也包括内地省份的高校。
② 即针对校内学生社团组织与校外一般社会团体和组织的管理有着不同的法律制度规范。

生社团组织行为规范的制约功能。虽然高校学生社团组织与相关法律制度之间缺乏有效的互动,但这似乎并未影响到其日常活动。然而,从公民道德教育的视角来看,由于学生社团组织与国家的法律制度规范之间的低频度互动,一方面,使得学生群体与体现国家意志、国家形象的法律制度逐渐产生疏离感;另一方面,也不利于其法治意识的形成。譬如,在对广东高校学生社团组织成员国家认同感的调查中发现,对于"以下哪些因素使您产生国家自豪感"(多项选择)这一问题的回答中,有82.6%的调查对象选择了"经济发展",26.3%的调查对象选择了"国民素质",77.4%的调查对象选择了"历史文化",38.6%的调查对象选择了"对外关系",9.1%的调查对象选择了"其他因素",而仅有11.8%的调查对象选择了"国家的法律制度"。即国家的经济发展水平、历史文化传统、对外关系成为影响国家认同感形成的三个重要因素,而法律制度规范成为弱影响因素。从某种意义上讲,中央及地方制定的各种法律制度象征着国家的权威,也是公民与国家实现良性互动的重要媒介。因此,应从国家公民道德教育体系的整体规划入手,一方面,强化国家法律制度的权威性,引导学生群体尊重法律权威;另一方面,明确政府相关职能部门、校方制度规范的指导性和约束性,使其与学生社团组织的日常运行形成更高频的互动。

由于港澳地区的特殊制度环境,其高校学生社团组织在法律定位上与广东地区有着较大差异。譬如,根据现行法律制度,港澳地区高校学生社团组织与校方并不存在隶属关系,换言之,校方对本校学生社团组织的管理缺乏明确的法律依据。与此同时,在特定的制度环境中,港澳地区高等教育机构[①]长期以来并未完全纳入国家公民道德教育体系的整体规划之中,导致一些境外组织、民间组织和社会团体介

---

① 这种情况不仅存在于高等教育机构之中,也存在于从幼儿园至初、中等教育体系内。

入其中。特别是少数在政治上较为"激进"的学生社团组织将各类社会运动作为公民道德教育的实践形式①，甚至引发了地区性的激烈社会动荡。②

如前文所述，依据港澳地区的法律制度，对学生社团组织进行约束和管制的权限被授予特区政府，因此，港澳地区高校学生社团组织必须遵守国家及特区的相关法律制度。与此同时，港澳地区各高校的学生会、兴趣类社团的章程，也是其自身运行的重要制度依据。因此，为了使"一国两制"行稳致远，不断完善国家治理体系，提升国家治理能力，应当从法律制度层面着手，将公民道德教育纳入国家教育体系的总体布局规划。为了有效解决这一问题，2020年6月30日，全国人大审议通过了香港国安法，为落实中央全面管治权提供制度保障，有利于中央全面管治权和香港高度自治权有机统一。从总体上来看，港澳地区国家安全法的颁布实施能够有效防范、制止和惩治严重危害国家主权安全和发展利益的罪行，更好地维护港澳地区的长期繁荣稳定，从而在根本上保障港澳地区居民的合法权利和切身利益，增强其国家认同。笔者认为可以从以下三个方面着手。一是从维护国家安全的角度出发，进一步完善港澳地区基本法中关于社会团体或组织规划管理的相关条款；③ 二是从高校学生社团组织规范管理的角度，进一步明确校方与学生社团组织之间的法律关系，明确双方的权利与义务，拓宽高校对学生社团组织的管辖权限；三是从国家教育体系整体规划的角度，在坚持"一国两制"的前提下，将公民道德教育纳入

---

① 此种情况在香港地区高校的学生会、校园传媒中较为普遍。

② 此类情况在香港地区表现得更为明显。近年来，在香港地区发生的"占中"事件和"修例风波"等社会运动中，都有个别香港高校学生社团组织参与其中。

③ 目前，港澳地区在维护国家安全方面都进行了相应立法。2009年，《中华人民共和国澳门特别行政区维护国家安全法》颁布实施；2020年，《中华人民共和国香港特别行政区维护国家安全法》颁布实施。

特区政府教育改革的整体规划，强化以"国家认同教育"为核心的公民道德教育目标。

（二）权力结构与国家公民道德教育体系的整体规划

如前文所述，高校学生社团组织的权力结构主要分为自上而下的集权模式、自下而上的分权模式，以及集权与分权相结合的模式。在广东地区高校中，虽然不同类型的学生社团组织在权力结构的外在表现上具有差异性①，但由于校方集中行使管理学生社团组织的权力，因此，无论采取何种权力结构模式，高校都能够依托现有的制度框架以自上而下的方式推进党和国家各项政策的落实。换言之，广东地区高校学生社团组织权力结构生成方式的多样性并未削弱校方在各项政策推进过程中的权威性。与此同时，高校学生社团组织的权力结构是其所处国家或地区政治系统运行的"映射"，国家或地区的政治系统运行机制自觉或不自觉地"塑造"着高校学生社团组织的权力结构。因此，广东地区高校学生社团组织更倾向于接受校方的指导，采取"服从"或"合作"的方式完成政策从顶层设计到基层实践。这种权力结构生成方式的多样性与权力运行的集中性并存，从某种意义上看，更有助于将公民道德教育纳入高校的教学与管理体系。

与广东地区不同，港澳地区高校学生社团组织的权力结构呈现自下而上的分权模式。从校方与学生社团组织之间的关系来看，两方都是相对独立的法人组织，并不存在严格的管理与被管理的关系。以港澳地区学生会为例，由于其具有独立的法人身份，且掌握了社团组织运行的资源配置权，因此，校方基本无法对校内的学生会及其附属团体进行有效管理。个别高校的学生会甚至将校方作为"对立面"，经常通过各种活动进行所谓的"抗争"。从高校学生社团组织内部权力

---

① 关于权力结构在高校学生社团组织的呈现方式，前文已有论述。

关系来看，自下而上的分权模式借助"民主过程"形成了其自治权力的合法性，这种自治权力在某种程度上已经完全超越了校方能够对其施加的影响力。如港澳地区高校学生会规定，学生会代表大会直接产生评议会、监察会和干事会，每位在校学生都可以参加会员大会，并享有对重大事项进行议事表决的权利。依据此种权力结构，港澳地区高校学生社团组织能够以"合法公投"的方式阻断校方期待推进的各项政策措施，甚至倾向于选择较为激进的方式与校方进行对抗。因此，长期以来，港澳地区高校在推进各项政策的过程中，往往受到个别"激进"学生社团组织的抵制①，有时可能形成规模较大的社会运动。如2012年在香港地区爆发的反对"国民教育"运动就是最典型的例证之一。与此同时，此种权力结构也容易造成学生社团组织权力中心受到来自各方力量的制约，导致权力结构在现实运行过程中效率低下，难以对各项政策达成共识，甚至产生内部不同政见者之间的冲突与对抗。因此，在缺乏外力介入的情况下，国家或地区的政策极难依托现有的法律制度和治理架构加以推进实施，这也导致港澳地区高校较难融入国家公民道德教育体系的整体规划。近年来，中央和特区政府逐渐意识到这一问题，从完善国家法律制度和特区政府治理架构两个层面着手，结合港澳地区高校的实际情况，逐渐将其纳入国家公民道德教育体系的整体规划。

二 静态结构与公民道德教育内容的认知

粤港澳高校公民道德教育的主体内容涉及国家认同意识、法治规范意识、民主参与意识、社会责任意识、公共道德意识、诚实守信意识六个方面，其核心目标是引导公民正确处理个体与国家、个体与社

---

① 此种情况在香港地区的学生会、校园传媒等组织中表现得较为明显。2020年6月30日，香港维护国家安全法出台后，带有"激进"倾向的学生社团组织开始受到相应约束。

会的关系。通过对粤港澳高校学生社团组织静态结构的比较研究发现，制度环境与权力结构能够影响学生群体对公民道德教育主体内容的认知过程，并通过学生社团组织的运行过程实现价值观渗透。社团组织规制体现了在社会治理过程中国家权力的强制性与制度规范的约束力，是公民与国家形成直接互动的重要媒介。因此，制度环境与学生群体的国家认同意识、法治规范意识的形成具有高度相关性。学生社团组织的权力结构是其所在国家或地区政治制度架构及其运行机制的"缩影"，学生群体在特定权力结构中以更为直接的方式实现其政治社会化过程。从公民道德教育的角度来看，社团组织的权力结构与学生群体民主参与意识的生成具有一定的相关性，主要体现在其对公共权力的理性认知和社群意识的形成两个方面。

（一）制度环境与公民道德教育内容的认知

制度环境与学生群体国家认同意识、法治规范意识的形成具有高度相关性。作为上层建筑重要组成部分的法律制度体现着国家意志与国家形象，粤港澳高校学生社团组织的运行必然与相关法律制度产生直接或间接的互动，这一过程对学生群体国家认同意识、法治规范意识的建立、增强，抑或削弱产生潜移默化的影响。制度环境对学生群体的国家认同意识、法治规范意识的影响主要取决于两个因素。一是法律制度及其运行机制是否体现社会公平正义。体现社会公平正义的法律制度及其运行机制往往能够建立、增强国家认同意识。二是法律制度与学生社团组织直接或间接互动的频度。较高的互动频度，一方面能够引导高校学生社团组织自觉遵守相关的法律制度规范，逐步建立和形成规则意识；另一方面，也能够及时纠正高校学生社团组织运行过程中潜在的或已发生的"越轨"行为，并通过相应的惩罚机制杜绝"越轨"行为。

研究发现，高校学生社团组织与其制度环境的互动频度取决于基于"实用性"的理性选择。在广东地区高校中,中央及地方各级民政部门所颁布的法律制度主要是针对校外的一般社会团体和组织,其对高校学生社团组织并不具有直接的约束性。而中央及地方各级共青团组织、教育行政部门以及高校所制定的政策及规范则带有较强的政策引导功能,并不具有严格法律意义上的行为规范功能。加之,广东地区各高校学生社团组织一般都配有指导教师,指导教师往往容易成为学生社团组织行为是否合规的"决断者"。从某种意义上说,指导教师扮演着学生社团组织日常管理及重大事项决策的主导者。在广东地区的调查中发现,许多高校学生社团组织在实际运行过程中,较为注重与指导教师的互动,而缺乏对相关法律制度规范的关注。譬如,在笔者对广东地区 Z 大学、S 大学、N 大学的调查[①]中发现,超过半数以上的社团组织负责人"不熟悉"或"不了解"与高校学生社团组织运行相关的法律制度规范。超过七成的负责人从未阅读过《中华人民共和国高等教育法》《普通高等学校学生管理规定》《中国共产主义青年团章程》《关于加强和改进大学生社团组织工作的意见》《广东省高校学生社团管理条例》等与高校学生社团组织相关的法律制度规范。部分负责人指出,宏观层面的法律制度规范是"最高权威"的象征,在高校学生社团组织实际运行过程中"用不到这些制度",只要"不违反国家的法律和'四项基本原则'就可以了"。仅有个别负责人指出,由于"想自己申请成立社团",所以才会去查阅相关的法律制度规范。产生这种现象的主要原因在于,多数受访者认为,国家宏观层面的法律制度对高校学生社团组织的指导"过于宽泛",缺乏"实质性内容"。而且,学生社团的指导教师往往根据管理经验扮演着判断社团行为是否合规的"法官"角色。因

---

① 三所高校共访谈 22 个学生社团组织的 26 位学生负责人,其中 Z 大学 8 人,S 大学 12 人,N 大学 6 人。

此，学生社团组织负责人即使不了解相关的法律制度规范，也能够开展学生社团的日常工作。

因此，在广东地区高校学生社团组织运行过程中，国家和地方层面法律制度的规范对象主要是一般社会团体和组织，而教育行政主管机构和高校制定的针对学生社团组织的管理办法又缺乏具体的、可操作性的行为约束条款。制度环境仅仅为高校学生社团组织提供了合法运行的"安全底线"，国家和地方层面的法律制度、教育行政主管机构和高校的管理办法等，往往让位于学生社团组织制定的章程，国家和地方层面的法律制度呈现出"高权力、低效力"现象。这一方面导致高校学生社团组织与制度环境之间的互动频度大幅度降低，不利于学生群体法治规范意识的形成；另一方面，代表国家意志、体现国家权威的法律制度在高校学生社团组织运行中处于"权威缺位"状态，这也不利于学生群体国家认同意识的培养。

与广东地区相比，港澳地区高校学生社团组织采取"单轨模式"管理，即针对校内学生社团组织与校外社会团体和组织的管理依据相同的法律制度规范。在此模式下，特区政府依法行使管理权限，其管辖区域内的各类社会团体和组织的建立、运行、变更、撤销等必须严格遵循相关的法律制度。高校学生社团组织为避免在其自身运行过程中违反相关法律条款而受到相应处罚，对相关法律制度规范都较为熟悉。因此，港澳地区高校学生社团组织与其制度环境的互动频度相对较高。然而，这是否必然带来国家认同意识的提升与法治规范意识的增强？从港澳地区高校学生社团组织的调查来看，可以初步得到三点结论。一是互动频度能够影响港澳地区学生群体的法治规范意识，二是互动频度对国家认同意识和地域认同意识的影响具有差异性，三是国家及地区制度环境的变迁从根本上影响着学生群体的国家认同意识的提升和法治规范意识的增强。如港澳地区高校学生在对"以下哪些要素会使您产生作为一名公民的自豪感"（多项选择）这一问题的回答中，选择"香港（澳门）区旗"的分别有90.35%和95.38%，选择"中国国旗"的分别有89.7%和91.14%，选择"驻港（澳）部队"的分别有82.10%和92.71%，选择"本地法律"的分别有90.33%和93.11%，选择"内地法律"的有22.60%和30.63%。通过对调查结果的分析可以看出，一方面，港澳地区高校学生群体的国家认同感与区域归属感较强，但区域归属感略高于国家认同感；另一方面，港澳地区高校学生群体的国家认同意识主要来自能够直接反映"国家形象"的标志性要素，如"国旗""驻港澳部队"等。与此同时，港澳地区高校学生社团组织对本地法律制度规范的认同度较高，而"内地法律"在其国家认同意识与法治规范意识的形成中属于弱影响因素。

在笔者与港澳地区部分高校学生社团组织负责人交流的过程中发现，"内地法律"成为弱影响因素的原因较为复杂。一是受访者缺乏对内地法律制度和司法运行体系的认知；二是受访者通过网络传媒或其他途径接触到较多关于内地司法不公和官员贪腐的案例，导致其对内地法律持有"负面"的评价。这两个因素都导致港澳地区高校学生群体无法增强其国家认同意识。在调查访谈过程中，港澳地区高校学生社团组织负责人对本地法律规范的认知度较高，多数学生社团负责人表示"较为熟悉"关于"公民结社"权利的相关条款。主要原因是港澳地区高校学生社团组织倾向于从"实用性"角度来考量法律制度规范的价值，他们普遍认为，相关法律规范对于保障公民结社权利和社团组织如何维护自身权益等方面具有较强指导意义。

从国家认同感与法治规范意识形成相关性看，广东地区的制度环境对高校学生社团组织成员的影响力较弱，港澳地区制度环境的影响力则较强。具体来看，前者对国家的认同感主要来自国家的经济实力、政治影响力以及国家的历史文化等因素,法律制度规范对其形成国家认同感的影响力较低。其主要原因是前者比较倾向于从制度规范的"实用性"出发来衡量法律制度规范本身的价值,由于与高校学生社团组织管理相关的法律制度规范大多涉及宏观层面,缺乏一定的"操作性",无形中降低了高校学生社团组织管理制度的权威性,进而影响到高校学生社团组织成员对国家法律制度存在价值的认同。因此,广东地区高校学生社团组织成员对制度规范的"实用性"要求与制度规范的"悬空"状态之间所产生的矛盾,导致广东地区高校学生社团组织成员在形成国家认同感的过程中将法律制度规范作为次要因素看待。港澳高校学生社团组织成员对国家的认同感同样来源于国家综合国力的提升,但对于内地的法律制度和司法体系仍持有较多的不信任感。因此,港澳地区高校学生社团组织成员的国家认同感较少来自内地的法律制度规范。可见,公民对国家或地区法律制度的信任是个体形成国家认同感的重要因素之一。对于广东地区高校的公民道德教育来说,一方面应当采取切实有效的措施,在高校学生社团组织活动中有意识地维护国家法律的尊严、提升国家法律的权威;另一方面也应当将相关的法律制度规范与高校学生社团组织的实际运行紧密联系,以法律文本和制度规范切实保障高校学生社团组织的权益,增强高校学生社团组织制度规范在实践中的指导作用。

综上所述,制度环境与高校学生社团组织成员公民道德教育具有相关性。广东地区高校学生社团组织的制度环境所形成的软约束力,往往强调高校学生社团组织政治引导功能的现实,缺乏对高校学生社团组织在建立、运行、变更、撤销过程中的刚性约束,高校学生社团组织与其所处的制度环境缺乏良性互动。因此,制度环境对广东地区高校学生社团组织成员国家认同感、法治规范意识的形成影响力较弱;港澳地区高校学生社团的制度环境所形成的刚性约束,使得学生社团组织在建立、运行、变更、撤销过程中与其所处的制度环境发生频繁互动,因此,制度环境对港澳地区高校学生社团成员国家认同感、法治规范意识的形成影响力较强。如果从更为宏观的角度来分析,高校学生社团组织成员公民意识的形成与国家或地区的政治生态、经济发展程度、社会传媒的发达程度以及个体的政治社会化水平等因素有着密切的关系,制度环境仅仅是构成这个庞大的社会系统诸要素中的一个方面的因素。因此,评价制度环境对高校学生社团组织成员公民意识的影响,不能够脱离社团组织的制度环境所依托的更大的"外部环境"。

(二)权力结构与公民道德教育内容的认知

高校学生社团组织是培养学生理性认知公共权力、提升民主参与意识的实践平台。社团组织权力结构与学生对公共权力合法性的认知和民主参与意识形成具有一定的相关性。在粤港澳高校学生社团组织中,多数采用自下而上的分权结构,由"学生选民"通过民主选举确定组织权力结构,这种形式不仅将学生社团组织凝结为利益一致的共同体,而且也赋予了社团组织权威相对独立的资源配置权力。所以,此类学生社团组织有利于其成员理性认知公共权力、提升其民主参与意识。

譬如,广东地区高校中规模较小的"草根社团",其权力结构呈现自下而上的分权模式,社团组织的权威来源于全体成员的民主选举。此类学生社团组织人数少、组织结构简单①,具有相对独立的经费来源。因此,"草根社团"的利益指向明确,即维护全体社团成员的基本权益,促进其社团的发展。对于"草根社团"的学生领导者而言,他们较为注重营造社团内的人格平等、权利公平的氛围,

---

① 此类学生社团较多是扁平式结构,由社团成员通过直接民主选举的方式产生负责人,社团负责人与普通社团成员之间没有管理层级,能够进行直接的沟通。

以及社团自身利益的维护。因此，在"草根社团"中，社团成员更希望通过自身的力量维护社团的权益，具有较为强烈的民主参与意识。与"草根社团"权力结构相似，广东地区Z大学曾经于2008年采取过学生会主席直选的方式。此种权力结构虽然由于各种原因未能在其后的几年间推行下去，但从整个竞选筹备的过程来看，学生会主席候选人大都在"维护学生群体利益"方面做了较多的工作。笔者参看了Z大学四位学生会主席候选人小蓝、小秦、小陈、小杨2008年10月以来通过"博客"发布的相关竞选纲领及主张，发现所有竞选人都将"维护学生利益"作为重要的竞选目标。对于广东地区高校共青团及学生会等"半官方"学生社团组织而言，其权力结构较为复杂，呈现自上而下与自下而上的复合形态，即社团组织权威的形成来源于上级组织、社团核心成员及部分学生代表三个方面。因此，在此种权力结构中，学生社团组织的利益指向就具有一定的复合性，学生社团组织的领导者试图在上级组织、社团自身、全体学生之间寻求利益的平衡状态。

与广东地区相比，港澳地区高校学生社团组织的独立性较强，这不仅与其特殊的制度环境密切相关，而且也受到其权力结构的影响。一方面，由于港澳地区高校学生社团组织普遍采取民主选举的形式确立其权力结构，因此，学生社团组织所获得的是完全自主的"权力"；另一方面，港澳地区高校学生社团组织与校方之间并不存在隶属关系，都拥有雄厚的财政资源，确保其可以相对独立运行。可以看出，港澳地区高校学生社团组织权力结构呈现两个特点。一是学生社团组织权威合法性的来源单一，一般是通过学生社团组织成员或全体学生投票选举的方式确立，且不受外在力量的制约。这就使得学生社团组织利益指向明确，即学生社团组织对全体"学生选民"负责；二是学生社团组织权威拥有调配社团资源的"实际权力",并不受校方的直接管控,这就使得学生社团组织的行动具有更强的独立性。以港澳地区高校的学生会为例,其规模大、人数多,具有完全独立的财政资源,往往能够迅速在大学校园内组织起不同类型的活动。由于学生会组织权威来源于学生的授权,因此,学生会往往具有较大的影响力。

综上所述,不同类型的学生社团组织有着不同的权力结构,学生社团组织权力结构的不同导致高校学生社团组织成员在民主参与意识的形成方面表现出一定的差异性。对于广东地区高校学生社团组织而言,其权威形成过程中既有来自上级组织的合法授予,也需要通过民主选举的程序。因此,广东地区高校学生社团组织成员初步具有民主参与意识,在特定情况下他们能够以切实有效的行动维护社群利益。然而,在笔者调查中也发现,由于部分高校学生社团组织的权力结构呈现高度集中的模式,学生社团组织的"自我管理、自我教育、自我服务"属性逐渐弱化,导致其对民主参与行为产生了疏离感和冷漠感。在广东地区高校的共青团、学生会组织中,其权力结构的形成往往需要综合各方利益,而校方对此类学生社团的"权力"进行了相应的约束,学生社团组织往往无法完全代表全体"学生选民"的利益。因此,对于广东地区高校而言,一方面,校方应适当"放权"给共青团、学生会组织,使其获得相对独立的运行空间;另一方面,校方也应当进一步加强共青团、学生会等"半官方"组织与普通学生之间的联系,为普通学生开辟畅通无阻的利益诉求渠道,并通过共青团、学生会组织及时反馈。

对于港澳地区高校学生社团组织而言,由于其学生社团组织权威更多地来源于"学生选民",而不受制于校方,因此,港澳地区高校学生社团组织的民主参与意识更为强烈,在维权行为方面则表现得更为"自由"。具体而言,有以下两方面的特点。一是学生社团组织成员具有较为强烈的民主意识，一般较少向公共权力妥协；二是学生社团组织与校方建立了制度化的沟通机制，这成为双方进行平等对话的渠道。因此，与广东地区高校相比，港澳地区高校学生社团组织成员更倾向于通过"民主参与"的形式与"公共权力"进行"对话"或"对抗"。可以看出，港澳地区高校学生社团组织的权力结构所形成的"民主参与"模式，在极端状况下会使其成为一个不受管控的"完全自治"的组织，或是脱离法治约束的"无序民主"。

第三章　学生社团组织动态结构比较

　　动态结构是高校学生社团组织运行机制的外在呈现形式，是实现社团组织目标的基本手段，也是维系社团组织良性运行的重要因素之一。高校学生社团组织动态结构包括社团活动与社团经费管理两个方面。社团活动是大学校园文化的重要组成部分，是影响学生思想及行为的有效载体。[①] 一方面，不同类型的学生社团活动在基本理念、核心目标、主体内容、运行方式、预期效果、后期评估等方面都有着较大的差异；另一方面，同一类型的学生社团活动在粤港澳高校中的运行过程也不尽相同。经费是高校学生社团组织运行的物质基础，也是影响高校学生社团活动数量、活动形式、活动效果的重要因素。本书主要从经费来源、经费支出、经费审批、经费监督四个方面对社团组织的经费管理进行较为系统的分析。通过对比不同制度环境下高校学生社团组织的经费管理，有助于我们更深入地探究经费管理与学生社团组织运行之间的关系。本章在对粤港澳高校学生社团组织动态结构进行比较研究的基础上，探讨了社团组织的动态结构与公民道德教育之间的相关性问题。

---

① 王宏维：《论大学生社团文化培育的三个基本向度》，《思想教育研究》2013年第1期。

第一节　社团活动比较

高校学生社团活动数量大，种类杂，形式多样。根据不同标准可以划分为不同类型。本书根据高校学生社团活动的基本属性及活动主旨将其划分为四种类型——价值引导类活动、权益维护类活动、公益服务类活动、专业兴趣类活动。本节主要对粤港澳高校学生社团组织的这四类活动进行比较。通过比较发现，不同类型的学生社团活动在主体内容、运行方式、预期效果、后期评估等方面都有着较大的差别。即使是同一类型的学生社团活动，在不同的制度文化环境中，其基本理念、核心目标、侧重点也呈现出不同特点。

一　价值引导类活动比较

法国社会学家涂尔干认为，社会团体是确保个人自由与社会团结的基本要素。他指出："如果在政府与个人之间没有一系列次级群体的存在，那么国家也就不可能存在下去。如果这些次级群体与个人的联系非常紧密，那么它们就会强劲地把个人吸收进群体活动里，并以此把个人纳入社会生活的主流之中。"[①] 从公民道德教育的视角看，个体能够通过其所处的社群及其活动对社会核心价值形成感知，并在此基础上建立起价值共识。高校学生社团活动是个体与不同群体联系的中枢，它不仅是校园文化的有机组成部分，而且是引导学生形成正确的世界观、人生观、价值观的实践平台。因此，高校学生社团活动对在校大学生的思维方式与行为模式的塑造本身就是教育社会化过程的体现。一方面，基于不同的制度与文化环境，粤港澳高校中的价值引

[①] 高丙中：《社团合作与中国公民社会的有机团结》，《中国社会科学》2006年第3期。

导类活动在内容和形式等方面存在着较大的差异性；另一方面，不同地区高校都能够通过学生社团活动使其成员或参与者对社会核心价值形成感知、建立认同，以隐性教育的方式推进公民道德教育目标的实现。

由于广东与港澳地区有着不同的制度和文化环境，因此，主权回归以来，粤港澳高校学生社团组织所开展的价值引导类活动在内容与形式上也存在着较大差异，这主要体现在价值导向的内容、活动依托主体、活动呈现形式三个方面。从价值导向的内容来看，广东地区高校的价值引导类活动主要以弘扬和践行社会主义核心价值观[1]为主旨，坚持立德树人根本目标，并结合党和国家在不同阶段的中心任务，推进与中国特色社会主义高等教育相契合的人才培养战略；主权回归以来，港澳地区高校学生社团组织开展的价值引导类活动则主要彰显"一国两制"制度模式下香港与澳门社会所遵循的社会主义核心价值，包括爱国、民主、自由、多元、法治等。从学生社团活动所依托的主体来看，广东地区高校主要依托各级共青团、学生会、党团组织、"青马班"[2]等；港澳地区高校主要依托各级学生会及其他专业兴趣类社团。从学生社团活动的形式来看，广东地区高校较多采用显性教育模式，通过专题讲座、知识竞赛、图片展、社会实践、歌舞晚会、团日活动等形式推进社会主义核心价值观教育；港澳地区高校多采用隐性教育模式，学生社团组织一般不开展固定形式的专题教育活动，

---

[1] 2006年10月，中共十六届六中全会提出要逐步建立起社会主义核心价值体系，并将其归纳为四个方面的内容——马克思主义指导思想、中国特色社会主义共同理想、以爱国主义为核心的民族精神和以改革创新为核心的时代精神、以"八荣八耻"为主要内容的社会主义荣辱观。2007年年底，中共十七大首次将"建设社会主义核心价值体系"纳入报告，指出社会主义核心价值体系是社会主义意识形态的本质体现，要切实把社会主义核心价值体系融入国民教育和精神文明建设全过程，积极探索用社会主义核心价值体系引领社会思潮的有效途径，增强社会主义意识形态的吸引力和凝聚力。

[2] "青马班"是由团中央率先提出的针对高校团学组织骨干开展马克思主义理论学习的培训计划，是"青年马克思主义者培养工程"的重要组成部分。

而是在其日常活动过程中"软性灌输"社会核心价值。见表3-1。

表3-1　　粤港澳高校学生社团组织价值引导类活动比较

高校类别	基本内容	依托主体	活动形式
广东地区高校	弘扬和践行社会主义核心价值观	高校各级共青团、学生会	专题讲座、知识竞赛、图片展、社会实践、歌舞晚会、团日活动等
香港地区高校	爱国、爱港、民主、自由、法治、多元	各高校学生会及其他社团组织	无固定形式,常常渗透在学生社团组织的日常活动之中
澳门地区高校	爱国、爱澳、多元、包容、平等、法治	各高校学生会及其他社团组织	无固定形式,常常渗透在学生社团组织的日常活动之中。

可以说,高等院校既是一个开展学术研究的精神文化场所,也是一个充满青春活力、引领社会价值的平台。这就要求高校学生社团活动既要弘扬社会主流价值,又必须要贴近大学生生活学习的实际。从广东地区高校的具体情况来看,各高校共青团组织往往依据党团组织工作重心,并结合各高校的实际情况确定年度学生社团活动的主题,在此基础上结合社会主义核心价值观的相关内容开展社团活动,从而实现共青团的基本职能。在广东地区高校中,学生社团组织发挥着重要的价值引领功能,其所开展的活动也体现着不同时期党和国家对公民道德建设的具体要求。譬如,党的十六届六中全会将社会主义核心价值体系归纳为马克思主义指导思想、中国特色社会主义共同理想、以爱国主义为核心的民族精神和以改革创新为核心的时代精神、以"八荣八耻"为主要内容的社会主义荣辱观;党的十七大报告指出,社会主义核心价值体系是社会主义意识形态的本质体现,应当切实把社会主义核心价值体系融入国民教育和精神文明建设全过程;党的十

八大提出，倡导富强、民主、文明、和谐，倡导自由、平等、公正、法治，倡导爱国、敬业、诚信、友善，积极培育和践行社会主义核心价值观；党的十九大指出，社会主义核心价值观是当代中国精神的集中体现，凝结着全体人民共同的价值追求。要以培养担当民族复兴大任的时代新人为着眼点，强化教育引导、实践养成、制度保障，发挥社会主义核心价值观对国民教育、精神文明创建、精神文化产品创作生产传播的引领作用，把社会主义核心价值观融入社会发展各方面，转化为人们的情感认同和行为习惯；党的二十大报告指出，社会主义核心价值观是凝聚人心，汇聚民力的强大力量。强调要把社会主义核心价值观融入法治建设，融入社会发展，融入日常生活。由于社会主义核心价值观涵盖的内容丰富，有些部分也表述得较为抽象，因此，高校学生社团组织就承担着将社会主义核心价值观从理论宣传层面向引导学生群体认知、认同转化的重要职责。以近年来各高校学生社团组织开展的学习党的十九大精神系列活动为例，它们既包括理论性较强的专题讲座，也有趣味性较强的知识竞赛。与此同时，许多高校也将相关理论的宣传与大学生暑期社会实践活动相结合，组织党的十九大精神学习宣讲团，指导学生利用假期下乡的机会到农村地区宣讲。此外，许多高校的思想引领活动也依托了思想政治理论课、团日活动以及团校、党校、"青马班"等载体，具体形式包括主题演讲、社会调研、团队拓展培训、"三下乡"社会实践活动等。

在笔者对广东地区6所高校近年来学生社团活动的调查发现，与学习践行社会主义核心价值观相关的主题活动在内容和形式上都具有较强的相似性。如2014年是中华人民共和国成立65周年，广东各高校的共青团组织将"庆祝中华人民共和国成立65周年"作为学生社团活动的主题，要求学生社团围绕该主题开展活动。各高校学生社团组织开展的诸如校园讲座、学术论坛、图片展览、征文活动、才艺大赛、团日活动等，都以"弘扬爱国主义和民族精神"为主旨。2015年以来，共青团广东省委重点开展"学习总书记讲话做合格共青团员"教育实践活动、社会主义核心价值观教育，在高校中探索推进"青马工程""班团一体化"工作机制，强化基层团支部"固本强基"工程等活动，以及主要以专题讲座、知识竞赛、图片展览、社会实践、歌舞晚会等方式开展的主题宣传活动。2016年是中国共产党成立95周年，各高校共青团要求学生社团紧密围绕"纪念建党95周年"这一主题，开展了"唱红歌"比赛、征文比赛、图片展览、学术论坛等活动，进一步引导青年大学生坚定"永远跟党走"的信念。2017年是中国共产主义青年团成立95周年，中国共产党第十九次全国代表大会在北京召开，广东地区各高校共青团组织则围绕着"党有指挥、团有行动""永远跟党走""学习十九大报告"等相关主题开展学生社团活动。广东地区高校围绕党的十九报告中关于做好青年工作的相关内容开展了系列活动，重点将"四个自信"教育融入高校学生社团活动，以校园文化活动为载体，引导大学生树立正确的世界观、人生观、价值观。2021年是中国共产党成立100周年，习近平总书记发表重要讲话后，广东地区各高校学生社团组织围绕党史学习这一主题开展了系列活动。2022年是中国共产主义青年团成立100周年，习近平总书记在5月5日发表重要讲话后，各高校共青团组织师生及学生社团骨干学习讲话精神，并围绕讲话精神开展了主题教育活动。从广东地区高校学生社团活动的调查情况来看，以学习践行社会主义核心价值观为主题的活动已经占到校园文化活动的一半以上。此类学生社团活动的影响范围较广，宣传和渗透力都远远超出了其他类型的社团活动。

港澳地区高校近年来所开展的价值观引导类社团活动多与本地区政治、经济及社会发展保持着紧密联系，但其呈现方式更为"隐蔽"，较少采用大规模宣讲或集体学习的方式。主权回归以来，香港和澳门社会形成了以爱国、爱港（澳）、民主、法治、自由、多元为核心的价值观。但与广东地区高校不同的是，港澳地区高校学生社团组织较少采用显性教育的形式，而主要是通过其他类型的社团活动进行"隐性灌输"。在对港澳地区部分高校学生社团组织的调查中，针对"你对所参加的社团活动所传递的社会核心价值的主观感受程度"这一问题，分别有26.7%和27.4%的受访者选择了"很强"，有41.5%和46.7%的受访者选择了"较强"，即有七成左右的受访者认为其所参与的社团活动传递了社会核心价值。与广东高校价值引导类社团活动侧重于理论层面的学习相比，港澳地区高校学生社团活动更倾向于在"解决现实问题"的过程中传递社会核心价值。换言之，港澳地区高校的学生社团活动往往不会对社会核心价值观的具体内容进行宣传或解读，而是在针对具体问题的解决过程中渗透价值理念。近年来，针对港澳地区青少年在国家认同方面存在的不足，特区政府也开始有意识地依托重大活动和纪念日进行社会核心价值的渗透。以澳门地区为例，在特区政府的引导下，澳门地区高校在开展以增强国家认同意识为主题的活动中采取了"虚实结合"的方式，一方面依托学生社团活动进行隐性教育，另一方面，也通过重大事件的纪念日开展"显性的"爱国主义教育。譬如，2017年5月4日，为纪念"五四运动"98周年，澳门特区政府与教育界举行升旗仪式、青年论坛、知识竞赛等活动，呼吁年轻人传承五四精神、勇于承担、开拓创新。澳门特区政府教育暨青年局在西湾湖广场举行隆重的升国旗仪式。在升旗仪式开始之前，由青年学生演奏了《大海啊故乡》《龙的传人》《歌唱祖国》和《中国人》等具有"国家元素"音乐。来自澳门60所学校和25个青年社团的1300余名代表整齐列队，向国旗行注目礼。当日上午，由澳门教育暨青年局与纪念"五四"青年节系列活动筹备委员会合办的"弘扬及传承'五四精神'——机遇、挑战与承担"论坛在澳门科学馆会议中心举行，来自内地、香港及澳门的近400名专家学者和青年社团代表与澳门青年代表共聚一堂，重温"五四运动"历史。澳门教育暨青年局局长梁励致辞时表示，"五四运动"根本精神是"爱国、进步、民主、科学"，期望青年在系列活动中深入了解国家的近代和现代发展历程。并鼓励青年要与时俱进，放眼世界，立定做大事的志向，成为国家未来的栋梁，奉献社会，影响世界。相关活动还包括由国情教育（澳门）协会主办的第九届青少年国情知识竞赛，该竞赛以"航天科技，飞天圆梦"为主题，围绕航天科技知识，帮助澳门青少年深入了解中国航天科技事业发展的杰出成就，提升澳门青少年对中国航天科技等国情知识的了解，增进青少年民族自豪感和爱国精神。

笔者在调查中发现，在高校学生社团组织开展的价值引导类活动中，校方的价值立场及相关法律赋予校方在核心价值引导上的权威性尤为重要。特别是在一些涉及国家安全领域的原则性问题上，校方必须明确立场，不能使学生社团组织处于"无约束的自由"状态。否则，学生社团活动所宣扬的所谓的"核心价值"不仅无法实现教育效果，而且某些行为可能存在违反相关法律的风险。譬如，香港C大学学生会干事会曾于2017年4月在其会议室寄卖具有"港独"属性的所谓"产品"。校方以"校园内不得进行商业活动"为由，试图禁止学生会寄卖。但学生会认为此举为"政治打压"，坚持寄卖产品至当年6月30日。其后，C大学学生会评议会于社交媒体发出通告，指活动含有商业及宣传成分，有违学生会宗旨，学生会干事会最终取消活动。从该事件可以看出，与广东地区高校价值引导类活动不同，港澳地区高校所开展的价值引导类社团活动往往具有极强的随机性，他们往往借助各类社会公共事件传递其价值主张，并与社会各个领域发生较为频繁的互动。

二 权益维护类活动比较

尽管每个高校学生社团组织都有其自身的权益，但并不是所有的学生社团组织都将"权益维护"作为其主要活动内容。基于不同的制度和文化环境，粤港澳高校学生社团组织在权益维护类活动的数量、内容、方式、效果、基本趋势等方面都具有较大差异，见表3-2。

表3-2 粤港澳高校学生社团组织权益维护类活动比较

高校类别	活动数量	活动内容	活动表现形式	活动效果	基本趋势
广东高校	较少	与学生日常生活、学习密切相关的事务	服从为主	缺少后期反馈	在数量及频度上呈现递增趋势
香港高校	较多	涉及校园内外的各类社会公共事件	对抗为主	后期反馈频繁	在数量及频度上呈现均衡状态
澳门高校	较少	与学生日常生活、学习密切相关的事务，涉及少量校园内外的公共事件	服从与对抗均有	后期反馈频繁	在数量及频度上呈现均衡状态

在广东地区高校中，各级共青团、学生会被赋予了维护在校学生（包括共青团员）基本权益的职能。近年来，虽然广东高校学生社团组织所开展的权益维护类活动的数量呈逐步上升趋势，但较之其他类型的活动，以权益维护为主要内容的活动所占比例并不高。在笔者对广东地区G大学与N大学共青团、学生会2015—2017年三年的校级活动进行归类整理后发现，以学生权益维护为主题的活动分别占该校学生社团全年活动数量的8.30%和7.61%。在港澳地区高校中，由各级学生会承担着维护在校学生权益的职责。相对而言，港澳地区高校学生会所开展的权益维护类活动所占比例较高，超过其全部活动的7

成，且活动涉及内容广泛、形式多样。

从权益维护类活动的内容来看，广东地区高校共青团、学生会主要集中于与在校学生日常生活、学习密切相关的事务，包括课堂教学、宿舍环境、图书馆使用、医疗服务、学生饭堂、运动场所等六个方面。对于港澳地区高校学生会而言，其权益维护类活动不仅仅局限于校园内的学习和生活，还涉及校园外的各类社会公共事件。从权益维护类活动的表现形式来看，广东地区高校的学生社团组织往往采取"体制内协商"的模式，其特点主要表现三个方面。一是比较倾向于通过"体制内"所提供的意见反馈渠道维护自身权益，往往采取"自下而上"逐级上报的方式；二是一般以较为温和的形式进行权益维护活动，如提交书面意见或与社团指导教师协商的方式进行；三是缺乏对权益维护活动最终效果的跟进，当其利益诉求无法得到满足时，往往表现出较强的妥协性。相对而言，港澳地区高校学生会往往采取较为强硬的维权方式，他们主要通过学生会核心成员直接与校方进行对话，或通过向校方递交请愿书等形式进行，有时甚至会采取校园集会的方式表达利益诉求。与此同时，港澳地区高校学生会常常突破校方所提供的"体制内"的沟通渠道，经常借助校外社会团体及组织的力量，并联合大众传媒、校园中的其他利益群体形成"利益诉求同盟"，以此直接向校方施加压力。从笔者所收集的数据资料来看，这种与校方甚至特区政府的"对抗式"权益维护活动在港澳地区高校学生会中较为常见，特别是在香港地区高校中更为常见。从权益维护类活动的效果来看，广东高校学生社团组织缺乏对权益维护类活动的后期反馈。2015年7月，笔者对广东地区S大学、G大学院级共青团、学生会负责人就"团代会""学代会"权益维护活动的访谈中发现，当校方无法满足学生维护权益的诉求时，多数团学组织的负责人表示"只能明年再进行维权提案"或"不再提出此类提案"。与广东地区高校不同，港澳地区高校学生社团组织较为注重对权益维护类活动的后期反馈，往往会持续跟进与监督，直到校方给予相应的答复。如校方由于各种原因未能满足其利益诉求，学生会往往倾向于将维权方式进一步"升级"，从而形成与校方"对抗"的姿态。如2010年8月，香港地区Z大学决定于2012年起推行"大类招生"[①]计划，要求Z大学各学院于9月中旬接受招生计划的改革。Z大学学生会认为，校方推行"大类招生"计划并未征询全体学生的意见，要求校方解释做出此决策的来龙去脉，使学生在充分了解信息的前提下，与校方共同评议能否做出此计划。香港Z大学学生会于2010年9月9日发布了《公开交代详情，反对盲目推行"大类招生"政策》的公告，指责校方"以行政暴力压倒程序正义，损害了'自由转系'的传统"。

从权益维护类活动的基本趋势来看，高校学生社团组织维护自身权益的意识及能力逐渐增强，多数能够通过较为理性的方式表达出来。特别是近年来，广东地区高校学生社团组织权益维护类活动的总体数量呈现出递增趋势，其权益维护类活动的内容也逐渐从校园事务扩展至校园之外的社会公共事务之中。与广东高校相比，港澳地区高校学生社团组织权益维护类活动的总体数量趋于稳定，在活动内容上定位于社会公共事务，在活动形式上依然保持着与政府、校方的频繁互动。

三 公益服务类活动比较

公益服务类活动关注的是公众的福祉和利益。一般来说，高校中公益服务类社团活动多指由学生社团发起或承办的以"利他性"为特征、以实现公共利益为目标的组织化行为。近年来，随着高校中一些

---

① "大类招生"是指新生第一年不设主修专业，而是选修既定学院的不同科目，次年再选读主修科目。

具有公益性质的学生社团组织的相继成立，公益类活动也蓬勃兴起，吸引了越来越多的学生参与其中。这些公益类社团活动重点集中在两个方面。一是以环境保护为主题的宣传或实践活动，二是以扶助社会弱势群体为主题的志愿服务活动。粤港澳高校中的公益类活动既有较多的共同点，也存在不少差异性。一方面，它反映了高校学生群体普遍关注社会发展过程中所产生的问题，并期望通过群体行动共同解决这些问题；另一方面，它也折射出在不同制度与文化环境中，公益类社团活动都以其独特的方式传递着共同的价值理念。从公民道德教育的角度看，公益服务类活动对于大学生社会责任感的培养具有一定的推动作用。

（一）环境保护类活动比较

在粤港地区高校中，以环境保护为主题的学生社团活动总体数量虽然不多，但普遍具有较强的社会影响力。从高校学生社团所开展的环境保护类活动来看，具有三个方面的共同特征。

一是直接或间接参与环境保护类社团活动的学生人数较多。据广东一家关注广东地区高校环保社团的 NGO[①] "绿点环境青年教育中心"于 2011 年发布的《广东高校环保社团调研报告》显示，广东地区大学生环保社团规模、每年的"招新"人数都在不断增加。[②] 在笔者对高校学生参与公益类社团活动状况的调查中发现，粤港澳高校中均有超过七成（广东高校为 78.5%，香港高校为 80.2%，澳门高校为 71.47%）的学生参与过校内外的公益服务活动。这说明，随着全球环境问题的日益严峻，高校学生的环境保护意识正在逐渐增强，并体现在其学生社团活动之中。以香港中文大学"绿色天地"（Green

---

① 非政府组织（None Governmental Organiztion）。
② 杨辉、游路西：《只有专业精神才能形成"气候"》，《羊城晚报》2012 年 1 月 31 日 04 版。

World）为例，其会章的第一章第一条写道："'绿色天地'由一群志同道合的同学组成。我们认为，现代人的生活方式正将人类导向死胡同。人类精神质素下降，地球母体受尽摧残，要打破这困局，我们必须另寻可行出路。"第一章第三条提出该协会的宗旨是："以生态为中心，推广绿色思想，培育同学绿色意识，使之付诸动，以建立绿色世界。""绿色天地"倡导会员们应当身体力行，使"珍惜资源"的概念融入个人的日常生活。在笔者与该协会会长 Y 同学的交流中了解到，他们希望通过举办不同类型的社团活动和环保运动，在每个同学的心中植下一颗绿色种子，帮助学生了解环境保护的重要性。2015 年 8 月，澳门大学成立环保社团——Vchange，这是一个以环保为主题的学生社团，澳门大学此前尚未有专门关注环保问题的学生社团。该校陈同学发现了这个"空白"，并随即行动起来组建了这个社团。该社团联合澳大学子共同关注环境议题，积极投入行动。除此之外，澳门大学"绿色生命"社团也以"保护环境，关爱生命"为宗旨，经常性开展与环保相关的活动。2016 年，该社团倡导大学生采取一些切实有效的行动来保护环境。在广东地区高校中，以环境保护为主题的代表性学生社团有华南师范大学的"绿色文明社团"，中山大学的"绿色青年组织"、广东工业大学的"绿色行动环保协会"、仲凯农业工程学院的"GreenSky 环保协会"等。在香港地区高校中，以开展"环境保护"为主题的学生社团有香港大学的常绿林[①]

---

① "常绿林"（Greenwoods）一词来自侠盗罗宾汉的故事。罗宾汉因当时的君主昏庸、压榨人民，所以与一群绿林好汉劫富济贫，组织起来以自己的方式改变社会，于英格兰一个名叫"常绿林"（Greenwoods）的地方起义，表达其对政府的不满。香港大学的"常绿林"已经脱离了该词最初的含义，将绿色、低碳、环保作为其活动目标，其宗旨是，提高大学生的绿色知识，进而提高他们的环保意识。为了提高大学生对绿色的认知，常绿林每年会出版年刊及会讯，另外也会不定期就近期的绿色话题向同学发出电邮，以唤起他们对绿色时事的注意。此外还会举办活动如生态游等，让同学实地考察以增加对绿色的认识。其目标是，推动保护自然，维持人与人和谐的关系。

(Green Woods)等。

二是环境保护类社团活动多以特定的专业为依托。这既体现了高校环境保护类社团的独特之处,也便于为相关社团活动提供更为专业化的指导。以广东地区华南理工大学的"FRESH 环保协会"为例,1999 年年初,华南理工大学造纸学院的学生们深感全球环境污染问题日益严重,经过半年多的筹备,于 1999 年 6 月 1 日成立了该协会。该协会以"普及环保意识,倡导绿色文明"为宗旨,以"自愿、无偿、服务"为原则,通过其所开展的社团活动为会员提供了解环保、参与环保、感受环保的机会。近年来,"FRESH 环保协会"开展了一系列以环境保护为主题的活动。如 2002 年,该协会组织了"青海可可西里之行""东江水考察行";2003 年和 2004 年国庆节期间,该协会对广州的流溪河、湛江徐闻县珊瑚礁保护区进行考察及环保宣传活动;2003 年 11 月,该协会针对发生在印度的"博帕尔"事件[①],开展了电子垃圾污染图片展和相关讲座;2004 年,该协会应邀参加了"香港非政府组织"交流会;同年 5 月,该协会"SG 可再生能源小组"成立,在国际绿色和平组织的指导下联合广州各高校的相关学生社团,共同宣传可再生能源;2005 年 3 月,针对 JG 集团 App 纸业公司在云南种植造纸用桉树、毁坏原始林,该协会开展了"选择用纸,保护森林"的活动。除此之外,"FRESH 环保协会"每年常规活动还包括植树节、爱鸟周、亲近大自然之旅、"反白风暴"、盆栽义卖、环保教育等。除此之外,广东地区华南师范大学"绿色文明社团"所参与

---

① 1984 年 12 月 3 日凌晨,在印度博帕尔市北郊,美国联合碳化物公司印度公司农药厂一个储气罐内的压力急剧上升,罐内装有 45 吨液态剧毒异氰酸甲酯。0 时 56 分,储气罐阀门失灵,罐内的剧毒化学物质开始泄漏,并以气态迅速向外扩散。第二天早晨,城市建筑完好,但到处是人和牲畜的尸体,接下来的几天时间,相继有 3500 人失去了生命,1.5 万人因为后遗症死去,另外有几十万名居民的健康受到不同程度的影响,他们除了呼吸系统受损,神经、肠胃、生殖及免疫系统亦受到伤害。

的"保护母亲河行动"①也是以该校生命科学学院的相关专业为依托,在专业人士的指导下大力传播生态环保文化,增强大学生的生态文明理念,积极开展生态环保实践体验,使大学生在体验中增强环保意识。

三是高校的环境保护类社团活动呈现着开放性的特征。一方面,此类活动往往不设置门槛,在校大学生都能够获得参与活动的机会;另一方面,此类活动往往涉及两个以上的高校学生社团组织,从而使其形成跨区域的学生社团活动。如2010年11月至2011年6月,在"FRESH环保协会"的倡导下,华南师范大学、华南农业大学、广州大学、广东中医药大学、仲凯农业工程学院等广东地区的14所高校的环保社团发起了"壹减壹"行动。②华南理工大学"FRESH环保协会"会长小余同学说:"我们希望通过宣传活动,使学生形成自带餐具的习惯,尽量减少一次性餐具的使用,目标是在短期活动结束后能够减少30%的一次性餐具的使用。"③

（二）志愿服务类活动比较

志愿服务是粤港澳高校学生社团活动的重要内容之一。一方面,从高校志愿服务类社团活动的基本状况来看,其共同特征主要表现在三个方面。一是参与志愿服务活动的人数庞大。由于粤港澳高校对于学生志愿服务参与者没有任何门槛限制,不需要注册成为会员、不需

---

① "保护母亲河行动"是由共青团中央、全国绿化委员会、全国人大环境与资源保护委员会、全国政协人口资源环境委员会、水利部、农业部（现更名为"农业农村部"）、国家环境保护总局现合并到"生态环境部"、国家林业和草原局于1999年联合发起的一项社会公益活动。该公益活动以"劳动、交流、学习"为主题,集中组织青年开展植树造林、沙漠治理、水污染整治和清除白色垃圾等环保志愿服务活动。2001年,"保护母亲河行动"获首届"中华环境奖";2005年,"保护母亲河行动"获联合国首届"地球卫士奖"。

② 该活动主要是在广东地区高校倡导"一个人减少用一次性用品"的理念,譬如尽量少使用塑料胶袋、一次性包装盒、一次性竹筷、一次性吸管等。

③ 杨辉、游路西:《只有专业精神才能形成"气候"》,《羊城晚报》2012年1月31日04版。

要缴纳会费。因此,粤港澳高校中有超过七成的学生参与过不同类型的志愿服务活动。二是志愿服务活动较多依托于特定的志愿服务组织。如广东地区各高校的"青年志愿者协会""红十字会"等大规模的学生组织,以及各种带有志愿服务性质的小规模学生社团,如中山大学的康乐园爱心抗癌志愿者同盟、万维慈善协会、Allshare 义务助残协会、华南理工大学的爱心联盟协会、暨南大学的阳光爱心服务队、华南农业大学的义工协会、华南师范大学的自强社、社会工作协会等。港澳地区高校的志愿服务活动同样依托于此类学生社团,代表性的有香港中文大学的新亚扶青团、学生小扁担励学行动服务团等。三是志愿服务类社团活动与本地区的社会需求紧密联系。如港澳地区高校学生社团所开展的志愿服务活动主要集中于帮助社会弱势群体。以香港大学"志行会"(Beyond the Pivot)为例,它是一个由香港大学中的内地学生自主成立的志愿服务组织。"志行会"成立于2009年3月,其使命为"志乎万物,行济天下",即"凭借宽广包容的志愿者精神,以实际行动改变世界"。"志行会"的目标是"创造更多的志愿者活动机会,改善受助地区的生活水平,促进各地区文化交流,普及志愿服务理念"。"志行会"在开展志愿服务的过程中力求改善服务地的教育文化、医疗卫生、信息技术等方面,并对服务地进行调研、档案记录及活动巡展,传递社会公益信息,推广志愿服务理念。如2009年12月20日至2010年1月10日,"志行会"组织开展了"非"比寻常2009寒假计划,组织香港大学生到非洲加纳开展志愿服务活动,主要项目包括农村牲畜繁衍、艾滋病防治宣传、性别平等宣传、农村金融推广等方面。

  另一方面,在不同制度和文化环境的影响下,粤港澳高校学生社团所开展的志愿服务活动的差异性也较为明显,主要体现在三个方面。一是高校学生社团所开展的志愿服务活动的主导机构不同。广东地区主要是以政府或其代理机构（如校方）作为志愿服务的主导机构，从志愿服务活动的发起、管理、监控，直至最终评估，均由上述机构负责。以广东地区 S 大学 Z 学院的青年志愿者协会（简称"青协"）为例，该协会曾受广东团省委、广东省青年志愿者联合会的委托，以学生自愿报名的形式成立了"志愿帮扶龚忠诚[①]家教服务队"，为曾在 2008 年"汶川地震"中捐款的"义乞"龚忠诚圆"读书梦"。2009 年以来，在政府相关部门的推动下，该协会有 100 多名学生志愿者参与此项活动，志愿服务总时数超过了 1000 多个小时；而港澳地区高校志愿服务类社团活动则主要是以各种国际组织或民间组织作为主导机构，如国际红十字会、乐施会等非政府组织都在香港设立了分属机构，他们不但把善款物资从港澳本土输送至世界各地，更在本土培植了一种"慈善文化"。二是志愿服务活动的范围与领域不同。广东地区高校学生社团所开展的志愿服务活动主要集中在其所属社区，较少涉及所在城市以外的行政区域。港澳地区高校学生社团的志愿服务活动的范围与领域较广，一般并不局限于本地区，其所开展的活动往往涉及内地及海外地区。如成立于 1995 年的香港大学"中国教育小组"就是香港地区高校中较早向政府注册的公益服务及慈善组织。近年来，"中国教育小组"持续资助了湖南省湘西土家族苗族自治州保靖县、永顺县 400 多名贫困小学生读书，并修建了"田家炳希望小学"。2009 年，"中国教育小组"以援助内地贫困学生上学为目标举行"赤足步行筹款"活动，整个步行筹款历时两小时，由香港大学步行至太平山顶，其中前 30 分钟为赤脚行走。筹款项目负责人小王同学表示，以赤足步行方式筹款的目的是希望香港的学生感受内地贫困学生上学的困难。"我们每年都会回大陆考察两次，真的会见到山区

[①] 2008 年汶川地震后，残疾人龚忠诚先后四次把乞讨所得 185 元金额投进募捐箱，他本人也由此被称为"义丐"。

的学生赤脚走几个小时去上学。"他指出,"赤足筹款"活动得到了不少学生的支持,目前共计筹款 5 万元,将全部用于资助内地的贫困高中学生。三是志愿服务管理的规范化程度不同。广东地区高校学生社团所开展的志愿服务活动往往缺乏有效的制度依托,而港澳地区高校在志愿者招募、培训、激励、时数登记等方面有着相对完备的制度设计。这主要是由于粤港澳地区志愿服务发展历史不同,港澳地区的志愿服务有着较为悠久的历史,在其发展过程中积累了一系列规范化的制度,这些制度对于港澳地区高校学生社团开展志愿服务活动有着重要的指导作用。相对而言,广东地区志愿服务起步较晚①,发展时间较短,许多制度规范都处在创制阶段。因此,广东高校学生社团志愿服务活动带有更为浓厚的经验管理的色彩。

四 专业兴趣类活动比较

粤港澳高校中的专业兴趣类活动占其所有社团活动数量的八成以上,这些社团活动主要是围绕着专业学术研究、兴趣爱好拓展来进行的。从总体上看,虽然专业兴趣类学生社团活动的影响力较弱,也较少与其他社团、校方及社会发生经常性的互动,甚至有时带有"自娱自乐"的性质,但这些专业兴趣类社团活动的存在,恰恰是促成大学校园文化多样性的重要因素。这些活动不仅为学生提供了施展个人专业才能、建立兴趣特长的平台,而且促进了粤港澳地区高校学生社团活动多元化态势。

从粤港澳三地高校专业兴趣类学生社团活动的总体来看,其所

---

① 20 世纪 80 年代中期,广州市推出的以"微笑在广州"为口号的服务活动在全社会引起了较多关注。1987 年,由广州市教育局、广州市青年联合会等单位联合牵头创立了广州市"中学生心声"热线电话。该活动共招募了十多名热心青少年志愿者,并招募了具有一定专业知识的青年教师作为义务咨询员,他们利用周日放假时间为广州地区的中学生排忧解难,这是广东青年志愿服务活动启动的重要标志之一。

占全校社团活动的比例较大，且活动种类多、频度高。从社团活动类型上来看，粤港澳三地高校专业兴趣类活动可以分为两类。一是专业学习类活动，此类活动的主要任务是培养大学生对专业学习的兴趣爱好，加深他们对科学理论的认识和理解，让大学生学会用科学的理论去指导实践。同时提高大学生的科学素养和创新能力，努力传播科学知识、科学精神、科学思想、科学方法，普及科学文化知识，努力形成学科学、用科学、爱科学、讲科学的良好校园氛围；二是兴趣爱好型社团，其主要任务是增强大学生综合素质，帮助大学生培养健康的兴趣爱好，不断拓展大学生的视野，丰富大学生的校园文化生活，引导学生形成健康的生活习惯，促进其身心健康发展。

以广东地区高校的专业兴趣类社团活动为例，在2015—2016学年学生社团活动类型的统计显示，专业兴趣类活动占各校全年学生社团活动总量的八成以上。其主要原因是，广东地区各高校的专业兴趣类学生社团的绝对数量较多，成为各高校学生社团活动的主体。港澳地区高校学生社团所开展的专业兴趣类活动总体数量较多、形式多样。与广东地区高校相似，港澳高校学生社团开展专业兴趣类活动的目的主要包括两个方面。一是为学生提供专业学习交流的平台，培养学生专业研究的兴趣。港澳地区高校中，每一个专业研究领域都有其所对应的学生社团。此类学生社团所开展的活动不仅为学生的专业研究提供了许多前沿性的信息和资源，而且通过学生社团成员之间的相互交流，培养学生在专业领域的探索精神。如在香港大学中，有超过40个专业学术类学生社团，每年所开展的各类学术讲座、学习论坛超过600场，依托此类学生社团发行的专业交流手册超过30套；澳门大学的专业学术类学生社团有15个，每年开展的相关活动超过40余场，占全校总体活动的七成以上。二是为学生培养兴趣爱好、施展个人特长提供广阔的平台。在粤港澳三地高校学生社团活动中，专业学习类和兴趣爱好类社团活动的总体比例都超过了校园总体活动的五成。在港澳地区高校中，开展此类活动的学生社团主要包括体育类、文化娱乐类社团。其参与者则不受专业、年级限制，具有较强的开放性。以成立于1969年的香港大学空手道协会为例，该协会的3000多名会员遍及该校的各个专业学生及教师，是香港大学历史悠久的学会之一，其宗旨是为香港大学的师生提供锻炼身心、切磋技艺的平台，并培养良好品格、增强体质。[①] 专业兴趣类活动的第二个共同特征是其活动种类繁多、形式多样。专业兴趣类学生社团活动主要依托高校各二级学院的特定专业开展。广东地区综合性大学的专业数量较多，使得校内的专业兴趣类学生社团数量庞大。此类学生社团活动的主要目的是促进学生在课堂之外进行专业知识的学习、交流及资源共享，从而促进学生在第一课堂的学习兴趣。因此，专业兴趣类学生社团活动的参与者一般都具有特定的专业背景。譬如华南师范大学历史文化学院的"历史瞭望社"、政治与行政学院的"政治学社""社会工作协会""伦理研究会"，中山大学计算机学院的"Linux协会"、法学院的"青年法学社"、文学院的"杏林文学社"等；在港澳地区高校中，学生社团活动的种类较多，部分专业兴趣类学生社团活动并不依托相关专业，而是由相应专长或兴趣爱好的学生组织开展。如各种体育类、文娱类学生社团所开展的活动基本不依托专业，学生参与社团活动的主要目的是培养专长、放松身心、共享资源等。

与广东地区高校相比，港澳高校中的专业兴趣类学生社团活动表

---

① 20世纪80年代中期，广州市推出的以"微笑在广州"为口号的服务活动在全社会引起了较多关注。1987年，由广州市教育局、广州市青年联合会等单位联合牵头创立了广州市"中学生心声"热线电话。该活动共招募了十多名热心青少年工作、并具有一定专业知识的青年教师作为义务咨询员，他们利用周日放假时间为广州地区的中学生排忧解难，这是广东青年志愿服务活动启动的重要标志之一。

现出两个不同的特征。一是专业兴趣类社团在开展活动的过程中，对其成员有着较为严格的行为约束。由于港澳高校专业兴趣类学生社团活动多以团队形式开展，每个成员都需要在团队中承担相应的职责，分工较为明确。因此，为了使社团活动能够顺利推进，其专业兴趣类社团都会制定严格的制度规范其成员的行为。如香港中文大学的声乐队就要求其成员不能缺席每周3—4次的合唱练习，该校的魔术协会要求其成员遵守相应的"保密协议"等。二是专业兴趣类社团所开展的各类活动与校外社会组织的沟通较为频繁。由于港澳地区高校中的专业兴趣类社团的财政资源较为紧张，单凭收取会费的方式无法维护其社团的正常运行，因此，许多学生社团为获得相应的财政支持，也需要经常性地参与港澳地区相关企业或专业团体所组织的活动，从而通过扩大其社会影响力获得更多资金支持。

第二节　社团组织经费管理比较

经费是高校学生社团组织运行的重要物质基础，也是影响高校学生社团活动数量、活动形式、活动效果的重要因素之一。经费管理是学生社团组织动态结构的重要内容之一，它不仅贯穿于高校学生社团活动的各个环节，而且也涉及学生社团成员的切身利益。高校学生社团组织的经费管理主要包括经费的来源、经费的支出、经费的审批、经费的监督四个主要方面。

一　经费来源比较

经费是影响和制约高校学生社团组织运行的重要因素之一，也是高校学生社团组织的生命线。只有在经费充足的情况下，高校学生社团组织才能够将其各项决策、计划、安排加以落实。经费来源是经费管理的起点，它从根本上决定着高校学生社团组织能否良性运行。从粤港澳高校学生社团组织的现实运作来看，经费来源渠道较为多元，不同地区、不同类型的学生社团组织筹集经费的渠道都有所差异。从对粤港澳三地高校学生社团章程中的相关条款的解读和现实调查来看，高校学生社团组织的经费来源主要有四种渠道。见表3-3。

表3-3　　　　粤港澳高校学生社团组织经费来源类型

高校类别	缴纳会费	校方拨款	社会赞助	自有资产经营
广东高校	兴趣类、学术类、文娱类、体育类社团，共青团（团费）	共青团、学生会组织	具有一定社会影响力的学生社团	无
香港和澳门高校	学生会及兴趣类学术类、文娱类、体育类社团	个别学术类学生社团	具有一定社会影响力的学生社团	各高校校级学生会组织

第一，由高校学生社团组织成员缴纳一定数额的会费，以此作为学生社团组织运行经费的主要来源，这是多数高校学生社团获取经费的重要渠道。在粤港澳三地高校学生社团组织中，小规模的专业兴趣类学生社团普遍采用此种方式筹集其活动经费。一般而言，此类学生社团在其章程中都将"按期交纳会费"作为社团成员的基本义务，并将此条款作为学生社团成员"享有权利"的基本前提，并带有一定的强制性。在对粤港澳高校学生社团组织经费来源的调查中发现，专业兴趣类学生社团一般会根据其所开展活动的经费使用情况确定会费金额。对于在校生而言，一般的专业兴趣类学生社团所收取的会费大约为每人每年10—50元不等。同时，也有一些学生社团为了吸收更多的会员，规定学生在校期间只需一次性交纳会

费即可成为该社团的终身会员,而多数学生社团则要求每年都需要交纳会费。如香港中文大学"绿色天地"① 会章第39条有两个规定。一是基本会员②须交会费港币贰拾元,但于一月入会者,只需缴交一半会费③,即港币拾元整;二是赞助会员④会费为港币伍拾元整。由于此类学生社团所开展的日常活动主要是环境保护的宣传,更多是鼓励学生以实际行动参与低碳环保的行列,其日常开支和经费使用较少。因此,其所收取的会费也较低。但在粤港澳三地高校中,也有一些较为特殊的兴趣爱好类学生社团,由于其所开展的活动需要购买大量器材设备,并需要进行日常的维护和更新,因此其会费较高,每年收取社团成员的会费达到100—200元。如香港中文大学合唱团、澳门大学的交响乐团等所收取的会费较高,主要是用于购买一些音乐器材、演出服装,以及各种音乐器材的日常维护。香港大学、香港科技大学、澳门理工学院、澳门科技大学等其他几所高校的专业兴趣类学生社团的会费收取情况基本相当。在广东地区高校学生社团中,专业兴趣类学生社团收费较低,一般为10—20元,多数学生社团一次性交纳会费便可获得终身会员的资格。除三地高校的专业兴趣类学生社团以外,与广东地区高校学生社团不同的是,港澳地区高校中各个院系的学生会组织也采取收取会费的形式获得活动经费。这与广东地区高校的共青团和学生会有着较大的差别。如香港中文大学学生会下属的计算机科学系会会章中规定:"(学生会)财政年度由每年1月1日起至同年12月31日止,会员

---

① "绿色天地"为生态环保类社团,其章程第三条对该社团的宗旨描述是"以生态为中心出发,推广绿色思想,培育同学绿色意识,使之付诸行动,以建立绿色世界"。
② 基本会员主要是指香港中文大学的在校学生。
③ 由于每年8—9月是香港高校学生社团的换届时间,因此,对于那些按年度来收取费用的学生社团而言,换届后还需要向会员收取下一年的会费,因此,对于当年1月份加入社团的学生只收取一半的会费。
④ 赞助会员一般为校外人士或在校教师。

每年须缴交港币35元，作为系会之常务经费。对于不支付会费及所述款项之基本会员，系会保留一切追讨之权利。"而对于广东地区高校的共青团和学生会组织来说，除在校学生团员需交纳每月0.5元的团费外，并不再向学生收取其他会费。

第二，由校方定期将相应款项直接划拨到学生社团组织之中，然后由高校学生社团组织自行支配。在现实运行过程中，以此方式划拨的社团活动经费又可细分为两种类型，一类被称作"人头费"[①]，它是校方先从学生所交纳的学费或其他费用中扣除，再由校方直接或间接划拨到高校学生社团之中；二类是从校方其他专项经费划拨给高校学生社团，供其开展各类活动。对于粤港澳高校学生社团而言，这种由校方直接划拨相应款项作为社团活动经费的方式，主要集中在高校的学生会中。以香港Z大学学生会为例，其主要的活动经费来自学生的"人头费"，在每年新生所缴纳的学费中，校方会自动从每位学生的学费中扣除掉87元，并通过转账的形式直接汇入该校学生会的账户。[②] 除此之外，校方就不再划拨任何经费给学生会。而香港大学、香港理工大学、香港科技大学、澳门大学、澳门旅游学院等高校的学生会同样也是以校方划拨款项的形式获得经费。另外，有些高校的学生社团除向其成员收取会费外，还可以向校方申请各类专项活动经费，以弥补会费的不足。如香港Z大学的"国是学会"每年能够从该校的学生事务办公室获得大约5000元港币的外出活动经费，此类专项拨款在香港地区高校的兴趣爱好类的学生社团中都较为普遍。

对于广东地区高校学生社团中的共青团和学生会而言，其经费获

---

① 按照在校学生的总人数划拨相应的经费，此部分多是由政府财政统一支付。

② 2022年以来，香港多所高校已经宣布，不再由学校从学生缴纳的学费中转交会费给学生会。暂定由学生会向学生收取会费。这项改革措施从某种程度上加大了学生会收取会费的难度。

取同样来自"人头费",但院系层面的共青团或学生会与校级层面的同类组织在获得经费的方式上略有差别。如在广东地区的多数高校中,校学生工作部(处)[①]会根据各个院系学生人数,按照每学期每生30—60元左右的标准[②]额度,将经费划拨到各个院系党委副书记或学生工作办公室主任[③]的主管账户,并由学院党委副书记或学生工作办公室主任根据各院系学生社团的预算情况固定划拨相应的经费。而校级共青团或学生会则直接由校学生工作部(处)及校团委按照其每学期的活动预算情况划拨相应经费。因此,对于校院两级的共青团和学生会而言,它们是不需要直接从在校生那里额外收取会费,而是直接由校方来拨付其活动经费。另外,对于广东地区院系两级共青团组织来说,经费来源情况也有所差别。一方面,在校共青团员须按照每人每月0.5元的额度上交校团委,校团委再将上交团费总额的一半返还给到各个院系,作为各院系团支部开展活动的经费;另一方面,学校团委也要求各院系共青团组织完成一些专项活动,如每年暑期的"三下乡"活动、学生科技创新活动、各类校园文化活动等,并给予相应的经费支持,这部分经费主要是来自校方的拨款,而不是"人头费"。

第三,来自各类社会赞助经费。对于粤港澳三地高校的多数学生社团而言,单纯依靠收取会费和校方拨款的方式所获得的活动经费相对有限。在笔者的调查中,广东地区高校有21.5%的学生社团组织成员认为其可以获得较为充足的活动经费,16.6%则反映不能获得较为充足的活动经费,61.9%反映有时能,有时不能。这说明部分高校学

---

① 该部门是主管学生日常管理的行政机构。
② 不同类型的学校的生均活动经费有所差别,这里的30—60元是一个较为平均的幅度。
③ 此岗位的主要职责是主管各院系层面的学生工作,其上级主管则是校级层面主管学生工作的党委副书记或副校长。

生社团组织的经费来源并不稳定，因此，社会赞助就成为弥补其经费不足的重要手段。而在港澳地区高校的调查中发现，分别有17.70%和10.63%的社团组织认为其不能获得充足经费，选择"有时能，有时不能"的分别占33%和26.47%，而分别有49.30%和63.17%的香港和澳门学生社团组织认为其可以获得较为充足的活动经费。从总体上来看，部分高校学生社团组织在活动经费筹集方面较为困难，缺乏日常运营经费，也难以向外获取社会资源。通过对广东地区高校社团指导老师的访谈内容可知，社团组织日常运营经费是一个比较大的问题。在2017年对广东S大学石牌校区社联管辖的51个社团进行的满意度调查及问题访谈中，有11个社团提到了经费问题。无论是学生社团组织日常活动还是社团对外的实践活动都出现缺乏经费的现象。有13个社团组织提及了社团组织在管理及运营方面的困难，希望校方能够在此方面能够给予更多的关注与指导。一般而言，学生社团活动依赖院系团委和校社联、校团委的经费支持，一旦失去相关部门资金，学生社团组织的活动就难以顺利开展。为了应对经费不足的情况，一些高校学生社团组织倾向于主动与其他社会组织联系，获得相应的经费支持。但并非所有学生社团组织都能够获得社会赞助，虽然学生社团组织可寻求外部社会资源的支持，但赞助的审批条件越来越严格，需综合考虑多方因素，能够成功签约的赞助并不多。在粤港澳三地高校中，学生社团组织的性质与社会影响力一般都决定着其能否获取社会赞助以及获得社会赞助经费的多少。近年来，社会公益服务类的学生社团组织比较容易获得社会赞助经费，如广东地区高校中的青年志愿者协会、生态环保类社团、社会服务类社团等；而粤港澳三地高校中的校级层面的学生社团，由于其社会影响力较大，一般也比较容易获得社会赞助经费。

通常来说，社会赞助经费一般可以分为两类。一类属于互益型赞助经费。这种赞助一般都来自各类企业和商家。高校学生社团接受此类社会赞助后，都需要满足赞助组织所提出的相关要求。在广东地区的高校学生社团中，互益型赞助较为普遍，金额从几千元到上万元不等。互益型赞助往往由赞助组织确定赞助形式，如在学生社团活动中宣传特定的品牌、企业形象等方式。当然，在广东地区高校学生社团的现实运行过程中，以社会赞助形式开展的各类活动往往都会受到学校职能部门的约束，包括场地使用、宣传内容、宣传形式等方面；港澳地区部分高校学生社团也会接受类似的社会赞助。由于港澳地区高校中的许多学生社团都已在政府机构注册为正式的社会团体，具有法律认可的独立运营资格，因此，通常会有较多的企业或社会组织愿意赞助此类学生社团，这也保证了学生社团资金的及时到位。譬如，香港大学、香港中文大学、香港科技大学、澳门大学、澳门科技学院中的许多学生社团都有相关的私营企业给予经费支持，并且很多已建立了长期的合作关系。第二类属于公益型赞助。此类赞助不附带任何附加条件，往往是企业或个人向一些带有公益服务性质的高校学生社团提供经费支持，他们并不直接要求学生社团宣传品牌、产品、企业形象等，而仅仅是帮助学生社团更为顺利地开展各项公益活动。如广东地区高校的青年志愿者协会常常会得到"狮子会广东分会"的无偿支持，为志愿者提供服务社会的相应补贴；而香港H大学中已有50多年历史的"社会服务团"，不但向社会提供义工服务，还成立了"社会服务基金"，专门为有志于从事社会服务的人士或团体提供经济资助，每年获得的资助总额高达30万元港币。在港澳地区的高校中，许多学生社团都规定了接受公益型赞助的相关内容。譬如，香港中文大学"绿色天地"会章第40条规定："本会在需要时可向本大学内外人士募捐、接受捐赠、或举办筹款活动。"另外，还有作为慈善组织的香港大学的"中国教育小组",为了保证善款的到位,新一届干事会产生前必须递交一份周密的年度计划书,详细说明全年将要举行哪些筹款活动,每个活动预计可筹得多少款项。一般而言,其筹款分为校内、校外两类。校内的筹款主要是义卖和募捐,主要筹款对象是香港大学的学生和教师。校外筹款的形式更为丰富,包括卖旗、年宵、商场筹款等。如在2010年的港岛"卖旗"活动中,"中国教育小组"共召集学生义工1000多名,两天共筹得款项达52万元港币。除了以上两类社会赞助之外,还有极少数高校的学生社团直接得到官方的资助,如香港地区H大学、澳门S大学中的"内地研究生联谊会"的组织,在近几年的活动中都得到政府的相关无偿资助,为其开展各类活动提供了充足的经费支持。而香港中文大学、香港大学等高校的国是学会,每年都可以得到隶属于香港特区政府的"香港青年事务委员会"的资助,主要用于到内地贫困地区和灾区探访活动的交通费,这种资助也是不带有任何附加条件的。

第四,来自高校学生社团的经营性收入。这种经费来源方式主要集中在香港和澳门地区高校的学生社团之中,广东地区高校的学生社团组织一般都不允许进行相应的经营活动。在香港和澳门地区高校中,部分学生社团通过从事一定的经营活动弥补其自身经费不足的问题。而在香港地区高校的学生会中,由于其掌握着数额巨大的经费,因此,他们也会将每年的剩余收益通过投资的方式加以增值。如香港S大学学生会每年的会费收入、经营产业收入和所得的各种捐赠有100多万元港币。而香港H大学学生会每年通过收取会费,经营影印店、合作社、投资汇丰银行股票等所获得的收益约200多万元港币。同时,它也委托一些专业人士作为其投资顾问。根据笔者所查阅的相关资料显示,香港H大学学生会都持有上百只股票,大部分为银行和地产股、债券基金、外币和定期存款,该组织还拥有大学校内的部分房产可以经营，其总资产达到2000多万元。①香港Z大学合唱团也常常带领其成员通过外出表演的形式赚取一定的收入。如每年的圣诞节期间，他们都会到香港的半岛酒店或一些社会机构进行合唱表演或钢琴演奏，每次演出可以获得6000—8000元港币的收入。相对而言，广东地区高校学生社团通过自身经营的方式获取经费的现象较为少见，这主要有两个方面的原因。一是校方的相关制度对这种活动进行了严格的限制；二是学生社团自身能够掌握的经费较少，无法开展相应的经营活动。

通过对高校学生社团经费来源的比较可以发现，社团成员所缴纳的会费成为其经费来源的主要方式，分别有49.30%和60.73%的香港和澳门高校学生社团以收取会费形式获得经费；在广东高校学生社团组织中，以会费与校方拨款的方式获取经费所占比重最高，分别为52.2%和45.6%，而香港和澳门地区高校学生社团以社会赞助及政府资助方式获得经费的比重要远远高于广东高校。在调查中发现，分别有23.6%和12.3%的香港和澳门高校学生社团通过自有资产经营获得经费，而广东高校学生社团则不允许采取此种形式获得相应经费，这也是广东地区高校与港澳地区高校在经费来源方面的最大差别。

二 经费支出比较

经费支出是高校学生社团经费管理的重要内容，它体现了学生社团决策与运行的独立性。学生社团经费的支出主要包括三个方面的开支，见表3-4。

---

① 李海元：《香港大学学生会投资亏损700万港元》，人民网（政经要闻），2008年12月24日（链接日期），http：//hm.people.com.cn/GB/42273/8570893.html（2019年1月2日）。

表 3-4　　　　　粤港澳高校学生社团经费的支出类别

高校类别	活动支出	日常运营支出	经营性支出
广东高校	宣传、场地租用、奖品、劳务费	小额度办公用品	无
港澳高校	宣传、场地租用、奖品、劳务费	物业费、水电费用、办公用品	投资股票、债券等金融产品

一是用于学生社团开展各项活动。粤港澳三地高校学生社团经费的七成以上是用于支持和帮助学生社团开展各类活动。对于广东地区高校学生社团组织而言，其社团的活动多是以各类讲座、论坛、展览、比赛的形式进行，因此，广东地区高校学生社团活动一般都需要占用校内的场地，而为了吸引更多的学生参与活动，学生社团也必须在宣传及奖品方面投入相应的经费。从广东地区高校学生社团的活动情况来看，其经费支出一般主要包括三个方面的内容。第一，宣传费用；第二，活动场地借用及布置费用；第三，活动奖品、纪念品或劳务支出费用。从广东地区 S、L 两所高校学生社团开展活动的支出情况来看，广东地区高校学生社团开展一次活动的经费大致在 500—3000 元之间。在校内所开展的学生社团活动中，校内宣传费用、奖金奖品以及劳务支出费用占据了活动总支出的一半以上。在笔者对广东地区高校其他学生社团组织的调查中发现，由于活动经费的制约，一般来说，学生社团每个学期所开展的常规性活动都会限制在 2—3 项。而且，由于多数学生社团的活动经费并不是特别充足，而开展一次活动的开支也较多，因此，"看菜吃饭"[1] 就成为广东地区高校学生社团经费支出的基本原则。从这个角度来看，学生社团在开展活动的支

---

[1] 学生社团根据本学期能够获得的经费多少而开展相应的活动，通俗地讲就叫作"看菜吃饭"。

出方面并没有太多的独立性。对于港澳地区高校学生社团而言，其经费开支主要是开展各类专业兴趣活动所需要的常规支出，如球类协会经常需要购买一些练习球或租用校内的场地，魔术协会需要购买各种魔术表演的道具，声乐协会常常会组织各校之间的交流或到校外听音乐会，等等。这些支出主要是用于本社团内部成员促进专业兴趣发展的活动。

二是用于维护学生社团运营的日常性开支，此类开支在粤港澳三地高校学生社团的表现有所差异。广东地区高校学生社团组织所掌握的日常性开支较少，其办公场所、办公设施、水电费等开支主要依赖于其主管部门，不需要学生社团负责。因此，广东地区高校学生社团组织的日常运营费用主要集中在小额度办公用品的采购、会刊的制作等方面，这些经费使用一般都不涉及具体的社团活动。港澳地区高校学生社团组织的日常性开支根据其性质有所差别。对于兴趣爱好类学生社团而言，由于其没有固定的办公场所、办公设施，主要经费支出集中在开展兴趣爱好类的活动上，因此，其日常性开支较少。对于港澳地区高校的学生会而言，其日常性开支就相当巨大。由于港澳地区高校的学生会组织包括了其下属的院系学生分会、校园电台、校园刊物，这些下属机构的日常性开支都需要校学生会提供相应支持。如香港大学学生会有着自己的物业，其物业的水电等其他费用都需要由学生会来负担，因此，港澳地区高校学生会组织的日常性开支十分庞大，有些可以达到每年上百万的开支。

三是学生社团组织自身经营性开支。这类开支主要是集中在港澳地区的学生会之中。由于此类社团掌握着巨额的资产，为了增加资产收益，学生会常常会将这些资产交由专业的投资理财机构运营，投资一些金融理财产品，以达到资金升值的目标。如香港H大学学生会的资金运营就是较为典型的案例，该校学生会组织实行企业化经营模式，管理着 2000 多万港币的资产，每年收益达到 200 万元港币，其中部分收益就来自其购买的股票、债券等金融产品。这些收益除用于维护日常管理支出外，也向其会员提供相应的福利。当然，这些投资方式都带有一定的风险性，香港 H 大学学生会在 2003 年 "非典" 时期，曾亏损约 500 万港币；2008 年金融海啸时，其各类投资亏损达到 25%，约 700 万港币。[①] 另外，在港澳地区高校学生会中，由于其管理着较多的经费，部分学生会也规定了可以设立 "基金"。如《香港中文大学学生会计算机科学系会会章》明确规定，干事会每年财务预算必须收支平衡，如实际数字有盈余，须拨入基金；如实际数字有赤字，则由系会基金调来填补。如系会基金近五年有任何支出而其后又未完全填补，则该年度干事会必须于财政预算内对该支出做出最大限度之填补。关于基金问题，学生会做了如下规定："本会设立四项基金，分别为：图书基金，福利基金，出版基金及系会基金。基金收入：本会须于所收会费中拨出不少于百分之五入系会基金，本会财政年度之盈余须拨入基金，本会财政预算内填补系会基金支出之款项。于财政年度开始时，所有上年度之盈余按照以下之比例分配：不少于 10% 拨入图书基金，不少于 5% 拨入福利基金，不少于 25% 拨入出版基金，不少于 55% 拨入系会基金。"关于基金调动问题作如下规定："干事会可暂时调动各基金的资金，唯须符合下述所有条件：（1）各基金只能调出不多于百分之五的资金到其他基金；（2）所有基金调动横跨财政年度累积计算，一切以往调动过的资金必须尽快调回；（3）所有基金调动情况必须详列于财政报告内。"由此可见，港澳地区高校学生会在经费支出方面具有较强的独立性，其经费支出的形式也较为灵活。

---

① 李海元：《香港大学学生会投资亏损 700 万港元》，人民网（政经要闻），2008 年 12 月 24 日（链接日期），http：//hm.people.com.cn/GB/42273/8570893.html（2019 年 1 月 2 日）。

三 经费审批比较

经费审批是指特定机构或部门按照相关制度规定,对高校学生社团组织经费的支出进行相应的审查和批准。对高校学生社团组织经费支出进行审批,一方面在于防止其滥用经费,另一方面,也是促进学生社团组织经费管理走向制度化、规范化,以保护学生社团组织整体利益的有效方式。从粤港澳三地高校学生社团经费审批的现实运作来看,广东地区高校学生社团组织采取的是行政主导与独立运作相结合的经费审批模式,港澳地区高校学生社团组织采取的是完全独立运作的经费审批模式。见表3-5。

表3-5 粤港澳高校学生社团经费审批情况比较

审批模式	主要特征	机构设置	方案申报	审核模式	满意度指向
广东高校:行政主导型经费审批模式	校方掌握审批权(权力集中)	无独立的经费审批机构或制度规范	自下而上申报(社团提交校方)	自上而下审批(校方负责人审核)	校方
港澳地区高校:独立型经费审批模式	社团掌握审批权(权力分散)	具有独立的经费审批机构及制度规范	自上而下公布(社团核心成员提交会员大会)	自下而上审核(会员大会或评议会审核)	会员大会及全体学生选民

多数学生社团组织采用的是行政主导型的经费审批模式,它既包括由校方提供经费支持的部分小规模的专业兴趣类学生社团,也包括各高校的共青团及学生会。这些学生社团组织经费的主体部分是由校方提供的,因此,不允许再向学生收取任何费用。而校方会根据学生社团组织每学期开展活动的预算情况向其提供相应的经费。在行政主导型经费审批模式中,学生社团自身不具有经费支出的审批权力,这一权力完全由校方掌握。譬如,校方有权对学生社团组织所提交的预

算支出方案进行修改，有权对经费支出项目进行削减或增补，学生社团组织必须根据校方最终审批通过的预算支出额度开展活动。因此，在行政主导型经费审批模式下，学生社团组织自身并未设置专门的预算支出审批机构，其自身也不具有预算支出的审批权。而在广东地区高校中，还有少部分学生社团组织完全通过收取会费的形式开展活动，其会费存入该社团的专用账户，由全体学生社团成员共同管理。在此类学生社团组织中，其经费审批权就不是由校方主导的，而是由学生社团组织的核心成员制定年度经费支出方案，并提交全体会员大会审议。如果学生社团组织的年度预算案投票过半数，学生社团组织就可以按照预算开展各项活动。而校方仅仅委托本校的学生社团联合会负责每学期对学生社团组织经费的支出情况进行审查和监督，无权干涉经费的实际运行。

　　从广东地区高校学生社团组织经费审批的两种模式来看，行政主导型经费审批模式的基本程序是，经费支出方案"自下而上"草拟提交，经费支出方案再"自上而下"进行审批。这种经费审批模式表现出行政权力的高度集中性。因此，在这种经费审批模式中，学生社团组织常常会花费心思做好每一份活动的方案，并编制出较为详细的经费支出方案，以获得校方的批准。而学生社团组织所做的经费支出方案一般都会较为"宽松"，以防止校方会因各种原因"砍掉"部分预算；相对而言，独立运作的经费审批模式的一般程序是，经费支出方案在社团内部"自上而下"草拟提交，经费支出方案再经由会员大会"自下而上"审批。这种经费审批模式表现出权力分散性的特征。因此，在这种经费审批模式中，学生社团组织的核心成员同样会花费心思做好预算方案，一般会"收紧"经费支出，避免产生"滥用经费"的嫌疑，导致方案无法在会员大会投票中通过。相比之下，行政主导型经费预算审批的满意度指向是"校方"，而独立运作型的经费审批模式的满意度指向是"会员大会"。从广东地区高校学生社团组织经费审批的两种模式来看，经费审批是合理控制学生社团经费支出的重要手段，也是防止学生社团组织滥用经费的有效方式。但在广东地区高校学生社团组织中，行政主导型经费审批模式容易使得审批权力过分集中于少数权力主体，往往不利于学生社团组织成员满意度的提升。而在少数采取独立运作方式进行经费审批的学生社团组织中，普通会员往往不太关心经费的使用情况，因此，通过会员大会的形式对经费支出进行审批也容易流于形式。

在港澳地区高校中，学生社团组织经费审批采取了独立运作的模式。这种独立运作的经费审批模式，在现实操作中具体分为两类型。一种是在港澳地区高校中除学生会之外的所有学生社团组织所采用的经费审批模式，该模式与广东地区的经费审批模式基本相同，即由学生社团组织的核心成员拟定预算方案，交由全体会员大会讨论通过后方能实施。另一种则是由港澳地区高校学生会所采用的具有约束性的独立运作方案，它是由学生会干事会提交预算方案，由学生会评议会对方案进行审核，通过后方可执行。由于学生会干事会与评议会都是学生会的组成部分，而评议会对干事会预算的审批就能够防止学生会对经费的浪费或滥用。虽然学生会经费支出方案与审批分属两个不同的机构，但从学生会的整体来看，其经费审批权依然保留在学生会手中，校方无权对其经费支出进行任何形式的干涉。

从港澳地区高校学生社团经费审批模式来看，校方行政权力无法干涉学生社团的经费支出，学生社团组织完全掌握着经费支出的审批权力。一方面，港澳地区高校学生社团组织成员往往较为重视经费支出，会员大会是其对学生社团经费支出进行审核的重要形式。在会员大会上，社团成员往往会展开激烈争论，对学生社团组织负责人进行多轮质询，并且会探讨到活动的每一个细节，以提醒学生社团负责人应慎重使用经费。另一方面,在港澳地区高校学生会中,其经费支出的每一笔项目都需要经过评议会的审批,若评议会认为干事会的经费支出不合理,则有权否决其经费支出项目。

四 经费监督比较

经费监督是指特定机构或群体依据相关制度规范对学生社团经费管理和使用的全过程进行监管和控制的行为。由于高校学生社团组织直接和间接管理的经费数额较大,特别是港澳地区高校的学生会,其所掌握的经费都超过数百万元,但具体管理和使用这些经费的社团成员人数较少。为了保障高校学生社团组织合理有效地使用经费,防止出现经费被挤占、挪用,甚至归为己有,高校学生社团组织都十分重视经费监督问题。学生社团组织经费的监督主要有两种形式。一种是"自上而下"的监督,另一种是"自下而上"的监督,见表3-6。

表3-6　　　　粤港澳高校学生社团组织经费监督比较

高校类型	监督模式	社团类型	监督方式	监督主体	外部特征	监督效果	监督成本
广东地区高校	自上而下为主的监督	共青团、学生会组织	由共青团和学生会的指导老师随机对经费使用情况进行核查	学生社团指导教师	消极型、非制度化	因指导教师对经费关注状况的不同而有所差异	低
	自下而上为主的监督	以交纳会费为主要经费来源的学生社团	召开学生社团总结大会,学生社团负责人列出经费的收入与支出情况	普通学生社团成员	消极型、制度化	起到"信息告知"的作用,但无法形成真正意义上的监督	较低

续表

高校类型	监督模式	社团类型	监督方式	监督主体	外部特征	监督效果	监督成本
港澳地区高校	自下而上的监督	所有学生社团	学生社团定期公布经费收支明细；召开总结大会时向全体成员公布；自于学生社团内部或外部机构的监督	普通学生社团成员，专职化的监督机构	积极型、制度化监督，并带有一定的对抗性	起到实际的监督作用	高

在广东地区高校中，不同类型的学生社团所采用的监督形式都有所差别。以交纳会费作为主要经费来源的学生社团，一般采取"自下而上"的经费监督形式。在这种监督形式中，主要是由普通学生社团成员对经费管理和使用情况进行监督，这是一种消极型监督。这种监督形式的具体操作程序是，在每学期末召开的学生社团总结大会上，由学生社团负责人现场宣读该学期社团经费的管理和使用情况。学生社团负责人一般会简单列出经费的收入与支出情况，但很少涉及具体活动支出的明细。之后，由学生社团负责人向全体与会成员询问"是否对经费管理和使用情况持有异议"。一般而言，绝大多数学生社团成员都不可能在大会上对经费状况提出异议。对于许多学生社团负责人来说，这仅仅是一种"例行公事"的"信息告知"，根本起不到真正意义上的监督作用，因为很少有普通社团成员在大会上对经费的管理与使用情况进行质询，其原因主要有三个方面。一是单从大会所公布的经费收入与支出情况来看，一般学生社团成员很难找出任何问题；二是学生社团成员一般只愿意了解经费的大致使用情况，如果收支的出入不大，一般也不会在会后去具体咨询；三是学生社团成员比

较信任社团的负责人，认为他们一般都不会滥用社团的经费。在广东地区高校学生社团的调查中，31.7%的学生社团成员认为此种监督"完全流于形式"。因此，从学生社团组织的现实运行来看，召开全体会员大会作为经费监督的方式，其形式意义往往重于实质意义。但近几年来，在广东地区高校中，部分学生社团组织成员已经不再局限于在全体大会上听取经费使用情况汇报，而是采取更为积极的态度对社团经费的管理和使用情况进行监督。如笔者2016年在广东地区高校的调查访谈中，就遇到部分学生社团成员所发起的"团费使用情况调查"的案例。由于在广东地区高校中，共青团员需要定期交纳团费，具体金额为每人每月0.5元，这笔经费全额上缴至学校团委的指定账户后，再由学校团委将各院系上缴学校团委的一半返还给院系团委，将其作为各院系团工作的活动经费。按照团章的相关规定，团费的主要用途是共青团组织的培训、订阅团刊、购买团章、团旗、团徽等。因此，此次"团费使用情况调查"就是要求校方定期公布学生上缴团费的具体用途。从笔者对广东地区多所高校普通学生的调查情况来看，多数学生过去并没有监督团费管理和使用的意识。而通过此次事件，许多学生开始有意识地关注这一问题。但在笔者就此次活动结束后对该校学生进行随机询问时，大多数的同学仍表示对这个问题"不感兴趣"。可见，在广东地区高校中，这种"自下而上"的监督仍处于"形式化"阶段，并未产生实际的监督效果。对于广东地区高校的共青团和学生会而言，采取的则是"自下而上"与"自上而下"相结合的监督方式。"自下而上"的监督模式同样是在召开学期或年度总结大会时向全体社团成员公布经费收支情况，并接受其监督。如上文所述，此种监督仅仅具有形式化的意义，并不产生实际效果。而"自上而下"的监督方式则主要是由共青团和学生会的指导老师对其经费的使情况进行核查，而这种监督形式的效果往往因人而异，不同指导老师对经费使情况核查的内容和形式也有所差别。但从总体而言，这种自上而下的监督方式多是停留于表面监督，而并非制度化的监督，有时很难发现其中的问题。

在港澳地区高校中，针对学生社团经费的管理和使用，其采取的是"自下而上"的监督形式。在社团现实运行中，共有三种具体操作方式。一是学生社团中负责财务工作的秘书要定期向学生社团成员公布经费收入与支出的明细表，任何学生社团成员都能够随时调阅以书面形式打印出的经费使用情况明细表，有些学生社团直接将其挂上网站，接受全体公众的监督。二是在学生社团召开总结大会时向全体成员公布。如港澳许多高校的学生社团都做了如下规定，干事会任期内最后一个月内应将财政报告公告会员，干事会（或临时行政委员会）财务必须每年做二次资金点算，年首与上届财务及年尾与来届财务合作点算，并加于财务报告中。与广东地区高校学生社团相比，港澳地区高校学生社团组织通过总结大会对经费管理和使用情况进行监督时，其成员往往会在大会上提出各种关于经费管理和使用情况的质询，要求主管经费的负责人一一做出解释和说明，有时这一程序可能会占用整个大会一半以上的时间。三是来自学生社团内部或外部机构的监督。如香港地区高校学生会中的评议委员会，就是学生会内部所设立的代表全校学生对干事会经费管理和使用进行监督的常设机构。评议委员会经常性地对学生会经费的使用情况进行检查和质询，对于经费使用的每一个环节都会非常严格地监督。如评议会对学生会干事会在经费使用方面产生怀疑，他们会随时发布信息，要求其立即回应，并作出相应解释。除此之外，港澳地区高校学生社团组的经费管理和使用也接受来自校外社会专业机构的监督。如上文所提到的香港H大学"中国教育小组"的行政开支和善款分别存入两个独立账户，行政开支的来源是学生会的拨款，每年只有2000元左右；而所有善款均存入"中国教育基金",任何一笔支出都要经过干事会主席、财务秘书、中国教育基金会主席三人审批通过。另外,"中国教育小组"每年的财物报告都交由注册审计师进行核数,并将报表公布,供社会各界人士索取。就笔者在港澳地区几所高校的调查访谈来看,港澳地区高校学生社团在其经费监督方面的举措相对规范,学生社团成员对经费管理和使用情况的监督意识较强。如澳门科技大学社团规章规定,学生社团应于每学年开学一个月内,或社团组织章程规定改选负责人程序完成后一个月内,完成社团数据及财产状况登记程序,并缴交下列数据——甲、社团经费出入账总册。乙、社团登记资料。丙、社团财产登记表。并规定学生社团财产登记表应由社团负责人或管理财务干事之签名以示负责,并经向学生事务处办理定期登记后存档。同时,除上述规定之财产状况登记,由学生事务处或相关部门不定时检查该社团财务现况。其中明确规定,学生社团经由活动售票、接受校外捐款或募款活动之收入应专款专用,设立专款账户管理并作具体登记。第六条规定,学生社团财务部门无法正常运作或因故停止运作时,由学生事务处或学生会督察社团负责人管理社团财产,并限期社团负责人一个月内完成重组财务部门。

第三节 动态结构与公民道德教育

动态结构是高校学生社团组织的基本运行机制,是实现社团组织目标的基本手段,也是维系社团组织良性运行的重要因素。学生社团组织的动态结构能够影响学生思想及行为,学生社团组织动态结构与公民道德教育具有相关性。从学生社团活动类型来看,不同类型的学生社团活动影响公民道德教育的不同侧面。经费管理也从多个方面影响着高校公民道德教育。经费来源与高校学生社团组织自身决策与运行的独立性相关,并影响着其成员对个体权利及社群利益的认知;经费支出影响着学生社团成员公民责任意识的形成,经费审批的制度化对于学生社团成员规则意识的形成具有一定的影响,经费监督的公开化、规范化、透明化则有助于学生社团成员政治参与意识的形成。

一 社团活动与公民道德教育

从学生社团活动类型来看,不同类型的学生社团活动影响公民道德教育的不同侧面。价值引导类活动与社会核心价值认同具有一定的相关性,权益维护类活动有助于学生权利意识的生成,公益服务类活动为学生社会责任意识的形成提供了实践的平台,专业兴趣类活动有助于培养学生的规则意识。

(一) 价值引导类社团活动与社会核心价值的建构

高校学生社团组织活动是引导学生树立正确的世界观、人生观、价值观的实践教育平台,粤港澳高校都试图通过学生社团活动使其成员或参与者对其社会核心价值形成高度的认同感,以显性或隐性的方式实现公民道德教育的基本目标。虽然粤港澳高校的价值引导类社团活动存在诸多差异,但在促进其成员对社会核心价值认同这一层面上则表现出一些共同点。

广东高校的价值引导类社团活动承担着引导学生认知和接受社会主义核心价值观的职责,具体体现在三个方面。一是思想教育功能,即引导学生树立正确的世界观、人生观、价值观;二是政治教育功能,即引导学生树立坚定的政治信仰和共产主义理想;三是政策宣传功能,即通过开展各种主题活动宣传党和国家在特定时期的路线、方针、政策。从公民道德教育的角度来看,价值引导类活动既是在国民教育中渗透国家意识形态的具体体现,也是应对高校思想政治工作所面临的危机与挑战的必然选择。如 2004 年《中共中央国务院关于进一步加强和改进大学生思想政治教育的意见》指出，大学生思想政治状况的主流积极、健康、向上，但在大学生群体中也不同程度地存在政治信仰迷茫、理想信念模糊、价值取向扭曲、诚信意识淡薄、社会责任感缺乏、艰苦奋斗精神淡化、团结协作观念较差等问题，这势必会影响到国家政权的长治久安。因此，中央要求高等院校应当承担起大学生理想信念教育与政治信仰引导的职责，一方面引导大学生树立正确的世界观、人生观、价值观；另一方面，则应当使大学生对中国特色社会主义制度形成高度的认同感。2006 年共青团中央《关于加强和改进大学生社团工作的意见》指出，高等院校的学生社团应当注重发挥其思想引导的功能，提出了加强和改进高校学生社团工作的总体要求是"以邓小平理论和'三个代表'重要思想为指导，全面贯彻党的教育方针"，"推动学生社团在活跃校园文化、加强和改进大学生思想政治教育、服务学校改革发展稳定等方面发挥更大的作用"。同时，为了确保高校学生社团充分发挥思想引导的功能，该意见还特别强调了要切实加强对高校学生社团在政治上的领导和具体活动的有效监管，学校团委和有关部门要在党委领导下把握学生社团建设和发展的方向，对学生社团大规模的社会调查、举办哲学社会科学讲座和报告会等活动要严格把关、加强监督，避免违背宪法和党的路线、方针、政策的错误观点和言论通过学生社团的活动散布、传播。同年 9 月，《广东省高校学生社团管理条例》颁布，该条例同样强调了高校学生社团在发挥思想引导功能的过程中要加强对学生社团活动的管理，如"加强对学生社团出版刊物、网站（主页）的监督管理，确保内容健康积极，不得刊载、发布违反国家法律法规、学校管理条例以及可能在校内外造成不良影响的内容。网站（主页）不得违反政府有关互联网站管理的有关规定"，"要认真审核学生社团举办的大规模社会调查、举办哲学社会科学讲座和报告会等活动,严格把关,并对集会的秩序、安全及其合法性负责"。从上述文件可以看出,中央及地方对于引导大学生认同和接受中国特色社会主义意识形态这一目标高度重视,而高校学生社团则成为落实这一任务的重要载体。

从实践中看,广东高校的价值引导类学生社团活动对于宣传和践行社会主义核心价值观具有一定的促进作用。在对广东地区高校学生社团组织的调查中,认为此类活动对于理解社会主义核心价值观有很大帮助的占22.89%,认为有一定帮助的占36.03%,即超过六成的学生认为此类活动具有一定的现实意义;同时,在调查中也发现,有超过四成(41.08%)的学生认为此类活动并没有帮助其理解社会主义核心价值观。这说明,对于广东地区高校而言,价值引导类学生社团活动虽然在一定程度上有助于学生对社会主义核心价值体系的认知,但如果此类活动在内容和组织方式上缺乏吸引力,则容易使活动参与者产生强烈的抵触心理,从而使学生社团活动偏离其预期目标,甚至出现社团活动"走过场",搞"形式主义"的倾向。在笔者调查中发现,其主要原因是由于学生社团组织对上级所布置的带有"政治引导倾向性"的活动并不感兴趣,因而采取了各种"变通"方式。在对广东部分高校学生社团组织的调查中发现,在一些高校中的确存在类似情况。如笔者在广东地区G大学J学院调研时了解到,部分学生为了获得上级的经费支持,在"团日活动"中设计了两套不同的方案,一套方案交给上级组织备案,一套方案用来在实际中操作。在笔者进一步的调查和访谈中发现,这种"两套方案"的办法不仅仅出现在"团日活动"中,在其他需要上级下拨经费的学生社团活动中都不同程度地存在。这就导致在社会主义核心价值观教育通过学生社团活动向"基层"传递的过程中,国家的"政策语言"最终被"基层"所消解,导致学生社团活动的组织及参与者"政治信仰"的冷漠,这也从根本上削弱了学生社团渗透社会核心价值理念的功能。

与广东地区高校相比，港澳地区高校学生社团常常将社会核心价值的建构融入其常规活动及其日常管理。从这个角度来看，港澳地区高校学生社团同样承担着传递香港和澳门社会核心价值的功能，具体包括"爱国、爱港（澳）、民主、法治"等理念。港澳地区高校学生社团一般通过更为隐性的方式强化学生对社会核心价值的认知。在对港澳高校学生社团的调查中，对于"您所参与的学生社团活动是否反映了香港（澳门）社会的核心价值"这一问题的回答中，分别有68.4%和73.7%的调查对象认为其所参与的学生社团活动反映了社会的核心价值。这也说明，香港和澳门高校学生社团的价值引导类活动对于其成员认知和接受社会核心价值具有一定的影响作用。在公民与国家关系层面，香港和澳门社会的核心价值强调了国家（民族）认同的内容，高校学生社团组织常常通过各种公共政治事件表达其对国家（民族）的认同。如1971年5月，美国政府企图擅自把钓鱼岛部分附属列岛交予日本，被各地华人视为夺取中国领土的行径。香港各高校的学生随即成立"香港保卫钓鱼岛行动委员会"，并在日本驻香港总领事馆门前举行示威。在此次抗议活动中，香港高校学生社团以"保卫国家领土"作为其活动目标，强化了香港社会所秉持的"爱国、爱港"这一主流价值理念；在公民与社会关系层面，香港和澳门社会核心价值蕴含了平等、责任、法治、自由等理念，强调公民应当在法律的框架内获得平等的权利，并积极承担社会责任，这些理念也充分体现在港澳地区高校学生社团的各类活动之中。

综上所述，高校价值引导类学生社团活动对于社会核心价值观的建构具有一定的积极意义，学生社团在引导学生认同和接受社会核心价值观的过程中，表现出与本地区的制度文化环境相适应的特征。广东地区高校侧重于渗透社会主义核心价值观，旨在引导大学生认同和接受中国特色社会主义的意识形态；港澳地区高校则侧重于渗透本地社会的核心价值观，引导大学生对"爱国、爱港（澳）、民主、法治、多元"等价值理念的认同和接受。应当引起注意的是，价值引导类学生社团活动内容及形式的吸引力，在很大程度上决定着其能否将抽象的价值观念以更为有效的方式传递给参与者。如果价值引导类活动仅停留于简单的说教或宣传层面，就容易在学生社团活动中出现"形式主义"的倾向，不利于社会核心价值观的学习与践行。

（二）权益维护类社团活动与公民权利意识的形成

权益维护类活动有助于引导学生社团组织成员对个体合法权益及所处社群利益的关注，是个体社会化过程的重要环节。由于粤港澳地区在制度与文化上的差异性，导致高校学生社团组织在权益维护类活动的数量、内容、方式、效果等方面存在诸多差异。但不可否认的是，此类活动在不同程度上促进了公民权利意识的形成。

在广东地区高校，学生参与权益维护类活动能够促进其公民权利意识的形成，这集中体现在三个方面。一是参与者能够充分认知个体权利及社群利益客观存在，二是参与者能够找到有效维护个体权益及社群利益的渠道，三是参与者学会依托现有制度框架以理性方式维护权益。在上一节所论及的广东地区 S 大学 A、B 两个学院以"团代会""学代会"提案方式维护权益的案例中，虽然最终两个学院的团学[①]组织并没有通过提案的方式解决学生所反映的各种问题，但在整个权益维护活动进行的过程中，团学组织的主要成员都经历了从学生群体意见的收集整理，到以书面形式将意见提交至学院主管领导，并由学生代表在全体学生代表大会上宣读，最终由学院主管领导对学生意见进行反馈等过程。其间，参与者经历了如何更直接有效地表述权

---

① 共青团和学生会组织的简称。

益维护的内容，学会如何代表学生群体与代表"公共权力"的机构进行平等协商、理性对话，也初步体验了依托"体制内的渠道"进行权益维护的过程。正如笔者与两个学院团学组织负责人交流时其中一位同学所谈到的那样："学院主管领导在会上对学生提案进行反馈，这个过程有时比结果要显得更为重要。"其原因是，学生在这个过程中感受到"自己的权益得到了关注"，也感受到了"一点儿民主的味道"。在笔者对广东地区高校部分学生社团组织成员的访谈中发现，近年来学生群体的权利意识正在逐渐增强，越来越多的学生社团组织敢于维护自身权益，能够与"公共权力"进行平等、理性的对话。这个过程客观上促进了学生社团活动参与者公民权利意识的形成。从这个角度来看，其形式意义往往重于实质结果。

在港澳地区高校中，权益维护类活动主要集中于各高校的学生会之中。与广东地区高校不同，港澳地区高校学生会权益维护的范围不仅涉及校园内部，而且涉及较为广泛的社会政治经济领域，有些权益维护还直接针对特区政府的各项政策法规。在笔者对香港 J 大学 2016 年组织的维权活动统计中，与政府决策、政治民主、个人自由相关联的活动分别占 82.37%、71.46% 和 70.07%。可以看出，港澳地区高校学生会的权益维护活动已经扩展至社会各个领域；在维护权益的渠道方面，学生社团建立了与校方、大众传媒、校外社会团体、政府相关机构沟通平台；在维护权益的方式上，既有较为平和的对话、请愿等形式工，也有较为激烈的集会、示威、游行等方式。多数情况下，参与者能够在法律制度所允许的范围内进行权益维护行动。对于港澳地区高校学生社团组织而言，如果能够将其权益维护活动置于法治框架的约束之下，参与者就能够在这个过程中对个体权益及社群利益产生更为理性的认知。

(三) 公益服务类社团活动与社会责任意识的培养

公益服务类学生社团活动影响范围广、渗透力强，是高校开展公民道德教育的有效载体。高校的志愿服务活动旨在引导学生关注社会弱势群体，并通过个体的积极行动改善社会弱势群体的现实境遇。学生在参与志愿服务活动的过程中常常与社会发生较为频繁的互动，这有利于其社会责任感的逐渐形成；环境保护类活动使学生从对个体利益的关注转向对不同社会、不同国家地区所面临的共同问题的关注。如上文所提到的华南理工大学的"FRESH 环保协会"、华南师范大学的"绿色文明社团"、香港大学的"常绿林"、香港中文大学的"绿色天地"等学生社团所开展的环境保护活动，往往能够在学生的个体行为与社会责任之间建立较为紧密的联系，这同样有助于粤港澳高校学生社会责任感的形成。在笔者对粤港澳三地高校的调查数据显示，分别有 90.12%、77.29% 和 85.87% 的学生认为，参与志愿服务有助于社会责任感的形成。在环境保护类活动与社会责任感培养的相关性调查中，分别有 74.20%、89.60% 和 68.23% 的学生选择"具有较强关联性"。因此，与其他类型的学生社团活动相比，以志愿服务和环境保护为主体的公益服务类社团活动与培养学生社会责任意识之间的关联性更为紧密。在笔者对上述学生社团主要负责人的访谈中深刻体会到，"保护环境、低碳生活"的理念几乎贯穿到此类学生社团成员的日常生活和行为模式之中。在问及参与此类活动最重要收获时，不少学生社团的负责人都谈到了"社会责任感"这一问题。

（四）专业兴趣类活动与规则意识的形成

任何国家和社会组织的运行都离不开法律制度与道德规范，这是国家和社会良性运转的基本保障。从公民道德教育的角度来看，规则意识是指个体在社会活动中能够自觉遵守其所在社群普遍认同和接受的制度规范。从宏观层面来看，规则意识既包括公民对国家法律制度的服从，也包括公民对社会公共道德规范的认同与遵守。在公民道德教育的过程中，规则意识教育的基本目标就是引导公民将国家法律制度和社会公共道德规范所蕴含的核心理念内化为个体的思维方式与行为模式。

一般观点认为，高校学生社团所开展的专业兴趣类活动的目的是为在校学生提供专业学习研究、兴趣爱好培养、各类资源共享的平台，因此，此类活动并不会直接促进学生社团成员规则意识的形成。但在笔者对粤港澳地区高校中此类学生社团的调查中发现，与其他类型的学生社团相比，专业兴趣类学生社团内部有着更为严格的制度规范。此类学生社团为了保证其各项活动能够顺利地进行，对其成员的具体行为都有着较为严格规范和要求。

在笔者对粤港澳地区高校学生社团的调查中发现，专业兴趣类社团十分强调对其成员规则意识的培养，他们在活动中往往能够逐渐形成对社团规则的认知和服从的态度。譬如，多数学生社团在开展活动的过程中都带有一定的"强制性"。专业兴趣类活动带有一定"强制性"的主要原因有以下三个方面。一是部分兴趣爱好类社团所开展的活动有一定的人数要求，为了达到相应的活动效果，必须保证出席人数。如在粤港澳高校中的合唱协会、器乐团、舞蹈协会等，要求其成员必须保证每周有固定的排练时间，否则就无法完成集体的表演。所以，此类社团通常都会对成员的出勤进行登记，多次缺席就会被要求退出。如笔者2015年与香港Z大学合唱团的团长交流时了解到，参加合唱团使许多人都要服从大家所制定的规则，不能够随意缺席，因为组织一次合唱要求每一个人都应当到场，如果有较多人缺席，则无法完成一次合唱。因此，合唱团一般都会强制做出一些规定，如连续两次未参加合唱练习，则会被驱除出合唱团。二是部分兴趣爱好类社团所开展的活动性质要求其成员必须遵守特定的制度规范。如港澳地区高校中的跆拳道协会、咏春拳协会、中国功夫协会等学生社团，都要求其会员遵守习武之道，否则同样会被驱除出去。笔者2016年在香港Z大学与该校魔术协会的会长进行交流时，他谈到魔术协会的成员必须遵守魔术职业的基本规则，譬如，不能够随意将一个魔术公开解谜。他认为，这是任何一个学习魔术的人都应当遵循的职业规则，他也要求每一个协会成员都应当尊重这个职业的基本规则。三是部分兴趣爱好类学生社团在换届时会对其成员做出强制出席要求，以保证换届活动的顺利完成。如香港地区高校的专业兴趣类社团"倾庄"和"上庄"活动常常会强制要求那些投票人至少出席三次候选人的"倾庄"活动，否则不能够享有投票的资格。

通过上述分析可以看出，学生在参与专业兴趣类活动的过程中，由于社团对其内部制度规范的强化，促进了学生社团成员学会遵守相应的制度规则，使得学生社团成员更倾向于在制度规则的框架下行动。最后需要强调的是，虽然不同类型的主题活动能够对学生社团成员公民意识的形成产生不同程度的影响，但任何类型的学生社团活动对其成员公民意识的影响都具有复合性，而不是简单的一一对应的关系，也并不能期望通过某一类型的活动促进学生社团成员某一方面公民意识的形成。

二 经费管理与公民道德教育

高校学生社团组织经费管理贯穿于学生社团活动始终，是学生社团进行自我管理、自我教育、自我服务的有效形式。在高校学生社团组织的现实运行中，经费来源与高校学生社团组织自身决策与运行的独立性密切相关，进而影响着其成员对个体权利及社群利益的认知。经费支出与经费审批都是以个体利益对既定规则的服从为前提，分别与其公共责任意识和规则意识的形成具有相关性。经费监督建立在公开、透明、规范的制度机制之上，其同样与提升参与者的规则意识及政治参与意识具有紧密的相关性。

(一) 经费来源与个体权利及社群意识的形成

经费是高校学生社团组织生存与发展的重要物质保障，经费来源影响着高校学生社团自身决策与运行的独立性，进而影响着其成员对个体权利及社群利益的认知。对于经费来源内部依赖性较强的学生社团，如经费来源于学生社团自有资产的经营、成员交纳的会费、公益类赞助等，其决策与运行的独立性较强，而此类学生社团成员的权利意识较强；相反，对于经费来源外部依赖性较强的学生社团，如经费来源于校方拨款、政府或商业机构的赞助等，其决策与运行的独立性较弱，其成员的权利意识较弱。因此，本书认为，高校学生社团组织经费来源的独立性与参与者权利及社群意识的形成之间具有相关性。

在粤港澳三地的高校中，以兴趣爱好类为代表的学生社团，由于其主要经费来源是其成员所交纳的会费，经费来源的内部依赖性较强。因此，此类学生社团在决策与运行过程中往往表现出较强的独立性，更加倾向于自主地开展各类活动，其成员的权利意识较强。在笔者对广东地区6所高校学生社团的调查中发现，专业兴趣类学生社团成员的权利意识较强，具体表现在三个方面。一是社团成员对自身的权利与义务具有较为明确的认知，他们在加入社团前都会较为认真地阅读相关的章程，较为关心自己在社团中能够享受的基本权利；二是社团成员的社群归属感较强，他们通过缴纳会费的方式形成了主体意识；三是社团成员之间具有较为平等的关系，在社团的重大决策中，往往采取"自下而上"方式。笔者认为，此类"草根社团"所表现出的上述特征，与社团经费完全来自全体会员缴纳会费之间有着一定的相关性。在笔者与部分学生社团成员访谈时了解到，在以收取会费为主要经费来源的学生社团中，其会员一般都会具有相应的"成本—

收益"意识,他们会较为关注自身在社团中能够享受到哪些权利,社团是否做出了有利于其自身的决策,这往往能够使学生社团成员更加倾向于关注个体权利,并逐步形成社群意识。而对于此类学生社团的核心成员而言,在其重大决策中往往必须吸纳更多普通社团成员的意见,从而保障多数社团成员的利益,这一方面促进了其成员社群意识的形成;另一方面,也减轻了社团核心成员的决策压力。因此,对于此类学生社团而言,由于其经费的内部依赖性较强,导致其成员个体权利意识与社群意识就表现得就更为强烈。在笔者对港澳地区此类学生社团的调查中,同样存在上述状况。

对于粤港澳三地高校的学生会而言,对经费来源渠道认知的差异,导致其在决策与运行的独立性上出现相应差异,进而影响其成员权利意识的形成。在笔者对部分高校学生会主席(会长)[①]的访谈中发现,港澳地区高校学生会认为,其主要活动经费并不来自校方,虽然校方每年开学初会向本校学生会拨付一笔款项,但这仅仅是将在校学生所缴纳学费中的"人头费"进行了"转移支付",这是校方应尽的义务。他们认为,学生会的活动经费既然来自全校学生,那么学生会必然要维护全体学生的利益。如香港地区Z大学学生会会长在与笔者进行交流时谈道:"校方并未给过学生会一分钱的资助,除每年来自在校生87港币的'人头费'之外,我们并没有得到学校的任何经费支持。"而香港地区H大学学生会会长也告诉笔者,学校每年拨付到学生会账户中的款项来自学生所缴纳的学费,大约每人每年100元港币,而学校不会给学生会其他经费的支持。所以,对于学生会而言,其经费的管理是完全独立于校方的,校方无权过问或干涉学生会的经费管理。在学生会的经费来源上,香港地区L大学、K大学的学

[①] 广东地区高校的学生会负责人称为"主席",香港地区高校的学生会负责人称为"会长"。

生会负责人也都表达了相同的观点。可以看出，在港澳地区高校中，学生会普遍认为，正是由于其经费来源于全体在校学生，因此，学生会应当在决策与运行中保持其独立性，并积极维护全体在校学生的利益，接受全体在校学生对经费使用情况的监督。

在广东地区高校的学生会中，校院两级学生会主席对于学生会经费来源的认知与港澳地区高校学生会负责人有着明显的差异。在笔者与广东地区高校的学生会主要负责人交流时，对于"学生会的主要经费来源"这一问题的回答中，所有负责人都谈及"来自学校的拨款"。在问及"学校的拨款来自于哪里"这个问题时，有7人认为是"政府给的钱"，有3人回答是"学校的钱"，有2人回答是"不太清楚、不太关心"。在问及"学生会的经费是否部分来源于学生的学费时"，12名学生会负责人均表示出否定或质疑的态度。据笔者所了解，由于学生的学费直接上交国家财政，因此，校方的确没有权力直接从学生每年所交纳学费中扣除"人头费"。但国家财政每年会向各高校拨付一定的经费，其中部分经费是作为学生工作的专项开支，而国家财政则是根据各高校的学生人数对学生工作拨付相应的经费。从另一个角度来看，在国家财政所拨付的学生工作经费中，至少有部分经费来自学生所缴纳的学费。因此，从某种程度上说，广东地区高校学生会的经费同样也是来源于校方对学生所缴纳学费的"转移支付"，而并不是"政府或学校的钱"。对于广东地区高校学生会负责人而言，由于校方从未对这种"复杂"的学费转移支付方式进行过任何的说明，加之学生会负责人及其成员并不关心其经费的实际来源，因此，他们更倾向于认为学生会的经费来自"政府或学校的拨款"。

通过以上分析可以看出，学生社团的经费来源往往影响着其学生社团运行的独立性，进而影响着学生社团成员权利意识的形成。在粤港地区高校中，专业兴趣类社团的经费来源具有较强的内部依赖性，这有利于其成员权利意识的形成；而广东地区高校的共青团、学生会的经费来源具有较强的外部依赖性，在其决策与运行中缺乏独立性，其成员的权利意识较弱；港澳地区高校学生会的经费来源具有较强的内部依赖性，因此学生社团的决策与运行具有较强的独立性，这也有助于其成员权利意识的形成。

(二) 经费支出与公共责任意识的形成

公共责任意识是指公民能够自觉履行维护社会公共利益的职责，积极主动地承担服务社会公共利益的义务。从法律层面来看，公共责任意识要求个体明确意识到其作为公民应享有的基本权利，及其对国家、社会所承担的责任和义务。一般而言，公共责任意识的形成主要表现为两个方面。一是公民能够主动对其个体利益之外的社会公共利益进行关注；二是公民具有积极参与维护社会公共利益的动机。具备公共责任意识是公民在社会实践中学习公民知识、掌握公民技能、培养公民德行的前提和基础。

经费支出是高校学生社团活动的重要内容，高校学生社团经费支出是否合理、规范、透明，不仅影响着学生社团的基本理念与核心目标能否实现，而且也涉及学生社团中每一位成员的利益。在高校学生社团经费支出过程中，其成员应具有经费支出的知情权与建议权。经费支出的知情权是指学生社团成员应当积极主动地了解社团经费支出的目的、范围、金额、明细等内容；经费支出的建议权是指学生社团成员应当根据经费支出的具体方案，从维护社团整体利益的角度提出建议或意见，以提高社团经费支出的效率。对于高校学生社团成员而言，了解学生社团经费的支出状况，对学生社团经费的支出提出合理的意见或建议，这不仅是学生社团成员对其自身利益关注的具体形式，而且是以实际行动维护社团整体利益的表现。因此，引导学生社团成员对经费支出的理性关注，对于其公共责任意识的形成具有一定的促进作用。根据笔者的调查，在广东地区高校学生社团中，一般成员对于社团经费支出状况关注度普遍较低，很少在社团经费支出过程中提出意见或建议。在接受调查的学生社团成员中，对于"您是否了解所在社团组织的经费支出状况"这一问题的回答中，有63.12%的成员反映，他们并不了解所在社团组织的经费支出状况；而在对"您是否了解与本社团相关的经费支出透明、公开的相关制度规范"这一问题的回答中，有62.84%的社团成员表示不了解；有超过二成的学生社团组织成员认为，在开展活动之前活动策划者并未就活动的经费支出征询普通成员的意见。而在笔者对港澳地区高校学生社团的调查中发现，学生社团成员对于经费支出状况的关注度较高。在社团经费支出的知情权方面，有88.9%的学生社团成员表示了解其所在社团的经费支出情况（非常了解的占26.4%，比较了解的占62.5%），经常关注社团经费的实际使用情况。有33.1%的学生社团成员认为非常了解所在社团中与经费支出透明、公开相关的制度规范。

通过对粤港澳三地高校学生社团的调查对比可以发现，港澳地区高校学生社团成员对于经费支出的关注度远远高于广东地区高校学生社团成员。学生社团成员对经费支出的关注度与其公共责任意识的形成具有一定的相关性。在广东地区高校中，学生社团成员对经费支出的关注度较低，则其对学生社团成员公共责任意识形成的影响程度较小；而在港澳地区高校中，学生社团成员对经费支出的关注度较高，则其对学生社团成员公共责任意识形成的影响程度较大。在粤港澳三地高校学生社团成员对影响其公共责任意识形成的6项要素①的排序中，有77.12%的广东地区高校学生社团成员将"社团经费管理"列在了最后两项之内，而在港澳地区高校学生社团成员对同类问题的回答中，仅有21.03%的成员将"社团经费管理"列在了最后两项。从

---

① 媒体与网络、社团制度、公益服务、朋辈交往、社团领袖、社团经费管理。

这一调查结果来看，它也印证了粤港澳三地高校学生社团成员对于经费支出的关注程度与其公共责任意识形成之间具有相关性的判断。

(三) 经费审批与规则意识的形成

规则意识是指个体在社会活动中能够自觉遵守其所在社群普遍认同和接受的制度规范。从宏观层面上来看，规则意识既包括公民对国家法律制度的服从，也包括公民对社会公共道德规范的认同与遵守。在公民道德教育的过程中，规则意识教育的基本目标就是引导公民将国家法律制度和社会公共道德规范所蕴含的核心理念内化为个体的思维方式与行为模式。

学生社团的经费审批是特定机构或部门按照相关制度规定，对高校学生社团经费的支出进行相应的审查和批准，它是以制度化的方式防止学生社团成员滥用经费、促进学生社团经费管理走向规范化的有效手段。从粤港澳三地高校学生社团经费审批的现实运作来看，广东地区高校学生社团采取的是行政主导与独立运作相结合的经费审批模式，行政主导型经费审批模式容易使审批权力过分集中于少数权力主体，而在少数采取独立运作经费审批模式的学生社团中，由于一般学生社团成员不太关心经费的审批程序，加之学生社团自身缺乏相关的制度约束，因此，通过会员大会的形式对经费支出进行审批也往往流于形式。港澳地区高校学生社团采取的是完全独立运作的经费审批模式，无论是一般的专业兴趣类学生社团，还是较为庞大的学生会组织，都十分注重依托于完善的制度和规则对其经费支出进行严格的审批。

通过对粤港澳高校学生社团经费审批的比较研究，可以发现，基于制度化的经费审批过程，往往能够促进学生社团成员规则意识的形成。而基于行政权力主导的经费审批过程，带有较强的"人治"色彩，往往使得学生社团成员形成对权力主体的绝对服从，不利于其对制度规则的认知和接受。譬如，在对广东地区高校学生社团组织的调查中发现，社团组织的经费审批权主要归属于"指导教师（53.4%）"和"上级组织（35.7%）"。可以看出，在广东地区高校中，学生社团经费审批主要还是依托于"人治"。在对部分学生社团负责人的访谈中，对于"学生社团经费审批走向制度化"这一问题，多数学生社团负责人认为，"经费审批的制度化"在现实中遇到的主要困难有两个。一是缺乏具有操作性的制度规范，现有的社团制度缺乏有关经费管理方面的条款，有的也仅仅是较为笼统的规定，许多学生社团的指导教师都不清楚如何操作；二是现有的经费审批模式虽然具有"人治"色彩，但效率比较高，许多学生社团负责人不愿意采取"制度化"的审批方式，也是担心"互相扯皮"，降低了学生社团工作的效率；三是对于学生社团而言，经费审批是一项重要的财政控制权力，能够主导学生社团活动的目标和方向，因此，"上级组织"一般都不会主动交予学生社团成员，这也使得经费审批无法走上制度化的轨道。可以看出，对于广东地区高校学生社团而言，现有的经费审批模式缺乏有效的制度规范，导致学生社团成员缺少直接参与经费审批的机制，不利于学生社团成员规则意识的形成。

对于港澳地区高校学生社团而言，基于制度化的经费审批模式已经在实践中积累了许多成熟的经验。港澳地区高校学生社团成员往往较为重视经费管理，一方面，学生社团成员通过会员大会对经费管理负责人进行多轮质询，提醒其应慎重使用经费；另一方面，学生会评议会作为代表全校学生的最高权力机构，有权对学生会经费进行严格审批。在笔者对香港地区高校学生社团的调查中显示，81.23%的学生社团成员认为经费审批权应当交由学生评议会，60.96%的学生社团成员认为经费审批权应当交由全体会员大会。在对于"您所在学生社团的经费管理是否完全依托有效的制度规范"这一问题的回答中，分别有62.4%和46.3%的香港和澳门高校社团成员选择了肯定的回答；在广东地区高校的调查中，有31.1%的社团成员选择了肯定的回答。从调查数据的对比来看，香港和澳门高校学生社团经费的审批具有较为完善的制度保障，因此，港澳地区高校学生社团成员在参与经费审批的过程中较易形成较为强烈的规则意识，制度化的经费管理机制已经完全取代了带有"人治"色彩的经费审批方式。

(四) 经费监督与政治参与意识的形成

政治参与是指公民个人、群体、社会团体通过"自下而上"的方式直接或间接地影响国家政治生活的行为。政治参与不仅是公民享有的基本权利，而且也是现代民主政治运行的重要内容。它一方面有利于推进国家政治运行机制的民主化，进一步加强社会对公共权力运行的监督和制约，保障公共决策的民主化和科学化。另一方面，公民政治参与的发达程度已成为国家政治民主化和现代化程度的重要标志。因此，政治参与意识的培养是公民道德教育的重要内容之一。

在粤港澳三地高校学生社团中，有效的监督需要学生社团成员具有自觉的监督意识，具备良好的监督能力，做出及时有效的监督行为。对于学生社团成员而言，从监督意识的形成到监督能力的培养，最终到监督行为的实现，就是其未来走出校园参与社会公共政治生活的"预演"。从粤港澳三地高校学生社团经费监督情况来看，广东地区高校学生社团更侧重于依赖"自上而下"的监督形式，即主要是由学生社团的指导教师或上级组织对其经费的使情况进行核查，但这种形式的监督效果往往因人而异，表现出一定的"人治"色彩，缺乏有效的制度保障。同时，由于学生社团经费的监督权力过度集中于指导教师或上级组织，导致学生社团组织往往无法真正参与经费监督。而广东地区高校中部分学生社团采取"自下而上"的监督形式，即在学生社团大会上由学生社团负责人现场宣读经费的管理和使用情况。此种方式由于各种因素①的限制，很少有普通社团成员在大会上对经费的管理和使用情况进行质询或提出异议。因此，对于多数学生社团成员而言，这种监督也仅仅停留在形式层面。在对广东地区高校学生社团组织经费监督状况的调查显示，超过七成的学生认为经费监督权应当归属于学生社团成员。有92.1%的学生认为，"缺乏有效的监督渠道或监督方式"成为制约其对经费进行有效监督的重要因素。有43.98%的学生认为，在社团成员大会上公布经费使用情况并不能使社团成员对经费进行有效监督，这种监督往往会"流于形式"。这说明在广东地区高校中，能够真正参与经费监督过程的学生比例较低。虽然学生社团经费监督与其成员政治参与意识的形成具有一定的相关性，但从广东地区高校学生社团的情况来看，它并未有效促进学生社团成员政治参与意识的形成。

港澳地区高校学生社团采取的是"自下而上"的监督形式。在社团现实运行中，共有三种具体操作方式②，学生社团成员能够通过上述三种方式对社团经费进行有效监督。在港澳地区高校学生社团经费状况调查中，对"如果您发现社团领导者有'贪污'或'滥用'经费的情况，您会做何反应"这一问题的回答中，分别有52.22%和35.1%的学生选择"成员大会质询"，有38.3%和19.2%选择"报警"。与广东地区高校的调查数据相比，上述调查数据反映出港澳高校学生社团成员在经费监督过程中的参与比例较高。学生社团经费监督与其成员政治参与意识的形成具有紧密的相关性。在港澳高校学生社团成员对其经费进行监督的过程中，有效促进了学生社团成员政治参与意识的形成。

综上所述，虽然粤港澳三地高校所处制度文化环境不同，学生社

---

① 见上一节中所提及的若干因素。
② 见上一节中所论述的三种操作方式。

团成员对经费管理的方式也有着较大的差别，但是在促进学生社团成员公民意识的形成方面，两地高校都有着较为相似的目标。粤港澳三地高校学生社团经费管理的各个方面对于培养学生社团成员的权利意识、公共责任意识、规则意识、政治参与意识具有重要的影响作用，也是粤港澳三地高校进行公民道德教育的重要内容。因此，重视高校学生社团组织的经费管理，注重培养学生公民意识的形成，对于引导其以有效的行为方式参与今后的社会公共生活具有十分重要的现实意义。

第四章 学生社团组织心态结构比较

心态结构是指高校学生社团组织成员在特定的制度和文化环境中形成的具有普遍性和代表性的心理特征和行为模式。高校学生社团组织的心态结构能够反映参与活动主体的心理状态和行为表现。本章重点分析了高校学生社团组织心态结构中两个核心内容。一是社团组织成员的参与动机，二是社团组织成员的利益诉求行为。从粤港澳高校学生社团组织的现实情况来看，成员的参与动机和利益诉求行为受到各种因素的影响，并呈现出多样性、复合性的特征。一方面，粤港澳高校学生社团组织的制度与文化环境存在着较大的差异，这就使得不同地区高校学生的参与动机和利益诉求行为呈现出差异性；但另一方面，粤港澳高校学生社团组织又处于相同的时代背景之下，其成员处于相近的年龄阶段，因此，又具有较为相似的心理特征和行为方式。本章比较了粤港澳高校学生社团组织成员的参与动机和利益诉求行为，并探讨了高校学生社团组织的心态结构与公民道德教育之间的相关性。

第一节 参与动机比较

"动机"是管理心理学中的激励理论所探讨的问题，它是指诱发个体行为的心理需求要素。① 一般而言，个体需求诱发动机，而动机则导致个体行为的发生。粤港澳高校学生社团组织参与动机的形成，既与特定的制度与文化环境相关，也受到学生特定成长阶段特征的影响。本书将高校学生社团组织参与动机分为全面发展型动机、责任担负型动机、张扬个性型动机、权益维护类动机和现实需求型动机五种类型。通过研究发现，粤港澳地区高校学生社团组织参与动机既呈现出一些相似点，也具有一定的差异性。

一 全面发展型动机比较

美国高等教育学家帕奇克·特伦兹尼经过近20年的跟踪调查发现："大学时代是用来实验和检测各种新角色、新态度、新观念和新行为的时期，是一个人能够把全部精力用于变化和发展的时期。"② 而美国教育心理学家、学生发展理论的代表人物亚斯丁于1984年提出的学生参与理论也指出，学生在校园中参与有意义活动的时间越多，付出的努力和精力越多，其收获就越大。它要求学生事务管理者要为所有的学生创造参与和学习的机会。譬如，在学生宿舍中开展各类兴趣活动，鼓励大学生参与各类学生社团组织，参与专业教师的科学研究、参与社区服务和职业培训等，这些活动都可以促进大学生个体的成长和发展。不言而喻，促进学生的全面发展不仅是高等教育的终极目标，也是国家和社会长久发展的关键所在。

高校学生社团组织是学生参与各类活动的重要载体，在促进学生全面发展的过程中具有十分重要的作用。因此，部分大学生申请加入学生社团组织的最初动机就是提升个人的综合素质，促进个体的全面

---

① 程正方主编：《管理心理学》，高等教育出版社2011年版，第103页。
② Patrick T. Terenzini, *How College Affects Students: Finding and Insights From twenty years of Research*, Jossey - Bass Pulishers, San Francisco, 1991, p. 45.

发展。在笔者对学生社团组织成员参与动机的调查访谈中发现，广东地区高校学生社团组织成员选择此目标的比例高于港澳地区高校学生群体。广东地区六所高校学生社团组织成员参与动机的调查显示，有67.3%的学生社团组织成员选择了"锻炼个人素质与能力"，香港和澳门高校学生社团组织成员选择该项的比较分别为34.5%和42.3%。这说明，在广东地区高校学生社团组织中，有接近七成的学生是为了得到更为全面的发展，获取课堂专业学习以外的知识和技能，增强个人的综合竞争力。譬如，曾在广东地区J大学新闻学社和新闻网站担任负责人的M同学毕业后，就职于广州一家新闻传媒机构。她告诉笔者，自己当年参加学生社团组织主要是为自己找到一个实践专业能力的平台，使自己能够得到更加全面的发展。M同学在担任学生社团组织负责人期间，常常需要不断地协调和解决各种各样的矛盾冲突，还要学会如何与人沟通，如何运用所学的专业知识处理实践中遇到的各种问题，如何缓解学生社团组织工作与个人专业学习所带来的心理压力等问题。M同学认为，自己在学生社团组织中所得到的锻炼，不仅使个人的综合素质得到了提升，而且使自己很快就适应了毕业后的现实工作环境。

  在港澳地区高校的调查中，分别有34.5%和42.3%的学生社团组织成员选择了"提升综合素质，促进全面发展"。在港澳地区高校中，多数学生社团组织成员认为，参与学生社团组织能够提升与他人交往和沟通的能力，但专业素养对于学生而言应该更为重要。由此可以初步推知，与港澳地区高校学生社团组织相比，广东地区高校学生社团组织成员更倾向于在参与社团组织活动的过程中提升个人能力与素质，促进个体的全面发展。在笔者对部分高校学生社团部门负责人的访谈中发现，与一般学生相比，在社团组织中担任过负责人的学生，其工作责任感、目标意识以及团队合作能力更强。笔者认为，大学生正是在各种不同类型的社团组织中经历着来自各个方面的冲突和矛盾，并在解决和协调各种冲突和矛盾的过程中促进个体的全面发展。同时，对于那些加入到兴趣爱好类或专业研究类学生社团组织的学生而言，他们也希望在学生社团组织的活动中能够学到"一技之长"，从而提升其个体的竞争力。笔者在粤港澳高校中接触过一些诸如书法协会、球类协会、文学社、软件协会等学生社团组织的成员，他们都曾提到，希望自己能够在这些兴趣爱好类社团组织中学习一些在专业堂上接触不到的技能，特别是能够促进自己专业能力提升的学生社团组织。调查数据反映了粤港澳高校学生社团组织成员自身能力与素质的提升状况。在广东地区高校中，学生社团组织成员认为，参与学生社团组织能够提升其沟通协调能力（53.27%）、心理素质（39.60%）与语言表达能力（38.10%）；在港澳地区高校中，比例较高的选项分别为组织策划能力（46.40%）、心理素质（21.10%）与沟通协调能力（20.10%）。这也说明，学生社团组织在提升粤港澳三地高校学生的综合素质与能力方面具有一定的促进作用。

二 责任担负型动机比较

大学生所处的外部环境与其特定的年龄阶段对学生个体的思维模式与行为方式产生了一定的影响。一方面，与中学阶段的学习和生活相比，在大学阶段，学生突然脱离了家庭的呵护，在学习和生活中获得了越来越多的自主决策的空间；另一方面，随着其年龄的增长，学生独立自主的意识更为强烈，并逐渐意识到个体行为与社会责任之间的紧密联系。在大学校园中，参与学生社团组织并在其中担负一定的职责是学生获得自我认同的重要方式。因此，在粤港澳地区高校中，部分学生的参与动机侧重于在其中获取担负责任的机会，以获得自我身份的认同。在对粤港澳地区高校学生社团组织成员参与动机的调查中发现，不同地区学生社团组织成员在"担负社会责任类别"的选项具有较大差异性。在广东地区高校中，"参与公益活动"和"关注弱势群体"两个选项所占比例较高，分别为 77.15% 和 21.27%；在香港高校中，"表达利益诉求"和"推动社会改革"的选择比例较高，别为 63.10% 和 43.20%；在澳门地区高校的调查中，"参与公益活动"与"表达利益诉求"选择比例较高，分别为 37.30% 和 29.14%。

在对粤港澳三地高校学生社团组织负责人的访谈中发现，学生会、公益服务类组织的负责人较倾向于选择"担负社会责任"一项。相比而言，文娱类、体育类、兴趣类、学术类等学生社团组织成员选择此项的比例较低。笔者在港澳地区高校接触到的学生会或公益服务类社团组织的成员普遍认为，参与社团组织活动能够使自己更频繁地接触社会，并切实有效地通过自己的行动服务于国家和社会，这使其获得了心理上的满足感。

在笔者的实地调查中发现，港澳地区高校学生社团组织积极参与社会活动、勇于担负社会责任这一特征，有着较为长久的历史传统和制度氛围。1974 年 3 月，香港专上学生联会第 16 届周年大会提出了高校学生运动的方向是"放眼世界，认识祖国，改革社会"[1]。这种理念一直影响着香港地区高校学生社团组织发展的方向。从这个角度来看，港澳地区高校学生社团组织成员的参与动机与其历史传统和制度环境有着十分密切的联系。以成立于 1975 年 3 月 21 日的香港 Z 大学国是学会为例，20 世纪 90 年代以来，国是学会保持着其关心国家、精研学术的传统，成为一个立足香港、关心大中华事务的学生组织。"国是"二字引自西汉刘向[2]《新序·杂事二》："愿相国与诸侯士大

---

[1] 方骏、熊贤君主编：《香港教育史》，湖南人民出版社 2010 年版，第 537 页。

[2] 刘向（约前 77—前 6）：字子政，西汉经学家、目录学家、文学家。沛县（今属江苏）人。《新序》是刘向采集舜禹以及汉代史实，分类编撰而成的一部书，原书三十卷，记载了相传是宋玉对楚王问的话，列举了楚国流行歌曲《下里巴人》《阳阿》《薤露》等。

夫共定国是，寡人岂敢褊国骄民哉？"国是学会的宗旨是"认祖关社"（认识祖国，关心社会）；学会的一贯传统是"关心国事，讨论国是"，致力于以冷静理性的态度分析国是，并通过举办不同活动，让中大学生更加了解中国内地的情况，加强对中华民族的认同感和归属感。[1] 目前，在香港大学、香港中文大学、香港科技大学、香港理工大学等高校都成立了国是学会。香港Z大学国是学会会长Q同学在《国是特刊》（2010年9月号）中写道："去年（2009年），新中国度过了第六十个年头。为中国急速崛起而喝彩的同时，在太平繁盛背后是否有更多问题值得我们深思？社会的贫富悬殊、城乡差距、民族隔阂，以至官民矛盾、制度不公，中国还有很远的路要走。作为大学生的您，除了打量毕业后如何在中国的崛起中分一杯羹外，是否也应对国家的未来怀有激情和抱负？没有年轻一辈的汗水，没有您的努力，中国哪能在这大时代下走出一条光耀大道？"2010年国庆节期间，笔者在香港Z大学国是学会的办公室与会长Q同学进行了访谈，在谈到学生参与国是学会的原因时，他认为，绝大多数会员都对国内政治和社会问题比较关注，希望能够找到一个空间或一群朋友，通过举办读书会、交流会以及实地考察等活动表达爱国热情，同时也对国内政治与社会问题发表见解。他也谈道，在刚刚发生的中国渔船与日本巡逻舰相撞事件后[2]，国是学会的会员们就在校园内自发组织了抗议活动，并在协会办公室的门上贴出了"抗议日本侵占钓鱼台"的横幅。他还

---

[1] 引自香港Z大学《国是特刊》2010年9月号。
[2] 2010年9月7日上午，中国拖网渔船"闽晋渔5179号"在钓鱼岛附近海域进行捕捞作业，日本海上保安厅巡逻船"与那国"号试图"驱逐"中国渔船，并发生碰撞。日本海上保安厅随后派出两艘巡逻艇"水城"号和"波照间"号，对中国渔船进行追踪。之后，"闽晋渔5179号"与阻止其前行的"水城"号巡逻艇右舷发生碰撞。9月7日下午，日方保安官强行登上中国渔船，并以涉嫌违反《渔业法》为由对"闽晋渔5179号"进行了搜查。9月7日晚，日本海上保安厅与外务省、法务省等相关省厅针对此事召开局长级紧急会议，日本政府决定以涉嫌"妨害公务罪"对41岁的中国渔船船长实施逮捕。

谈道，国是学会每年都会组织会员到内地贫困地区进行社会实践，关注国家发展和社会民生问题。2010年的12月，国是学会计划到广西桂林，因为听说那里发生了水灾和旱灾，所以希望带领会员去实地了解一下。在对港澳地区高校学生社团组织负责人的访谈中，笔者遇到了许多与国是学会相类似的学生社团，这些学生社团组织成员非常关注国家和社会的现实问题，并希望通过在参与社团活动的过程中身体力行，用自己的行动推进国家和社会的发展与变革。

  在广东地区高校的部分学生社团组织中，也有较多的学生将"担负社会责任"作为其参与学生社团组织的最初动机，这些学生社团组织成员同样关注国家和社会的现实问题，并敢于用行动去推进这些问题的解决。譬如2006年在Z大学成立的"彩虹社"就是其中之一。"彩虹社"是一个关注同性恋现象的学术性学生社团组织，其近百名社团组织成员多是关心同性恋现象的学生志愿者，他们希望通过自己的行动引导社会能够用更为理性和平等的眼光看待同性恋现象。据"彩虹社"的指导老师介绍，"彩虹社"的前身是Z大学"酷儿研究小组"，它属于"性别教育论坛"下设的组织。2006年，在"彩虹社"成立后的校园招新中，有近百人报名成为该学生社团组织的干事或社员，这些社团组织成员多是大一、大二的学生志愿者，他们多热衷公益活动，也具有较强的工作能力。据"彩虹社"的前任会长小廖同学介绍，协会每周都会组织一次影展，并穿插一些沙龙、讲座活动，主题多是与同性恋有关，但不是组织同性恋者聚会。"彩虹社"主要是在校内面向师生宣扬"性向平等"观念，引导社会公众理解、接受有不同性取向人群的存在。在笔者对"彩虹社"负责人的访谈中发现，该社团组织成员将参与社团组织活动作为其承担社会责任的重要方式，并希望能够通过自己的行动，使更多的人能够理解同性恋这个"特殊"的群体。

三 张扬个性型动机比较

美国学者汉娜·阿伦特认为，由自发性社团组织所形成的公共领域是"展示个性的地方"，也是"个体证明自己具有不可替代价值的唯一场所"[1]。学者查尔斯·泰勒也指出："一个人只有在社会关系中，在与其他人的参照关系中，才能真正发展和界定自我。"[2] 高校学生社团组织为每一位学生充分展示个性提供了广阔的平台，学生能够在社团组织中自由地选择角色，自主地建构其社会关系，使学生从不同的角度认知自我、展示自我。

从粤港澳三地高校学生社团组织成员参与动机的调查情况来看，广东地区高校学生社团组织成员选择"张扬个性"这一动机的比例较低，仅占到受调查人数的18.27%，其中广东地区高校的共青团和学生会组织成员的选择比例为14.74%，广东地区高校专业兴趣类社团成员比例为21.8%。在港澳地区高校学生社团组织中，成员则更倾向于以"张扬个性"作为其参与动机，占调查总人数的40.73%。与广东地区高校学生社团组织调查的结果相反，港澳地区高校学生会组织成员选择"张扬个性"的比例高于其他小规模的兴趣爱好类社团组织，两者的比例分别为53.60%和27.86%。从这组数据可以看出，港澳地区高校学生更倾向于通过参与学生社团组织展示其个性自由，而该地区高校学生会成员则在此方面表现得更为显著。广东地区高校学生社团组织成员在参与社团组织活动过程中表现得"中规中矩"，而其共青团和学生会由于承担着社会主流价值的引导和各方利益协调的功能，所以，此类学生社团组织成员的参与动机中展示个性自由的成

---

[1] [美]汉娜·阿伦特：《公共领域和私人领域》，刘锋译，生活·读书·新知三联书店2005年版，第73页。

[2] 俞可平：《社群主义》，中国社会科学出版社2005年版，第62页。

分较少。广东地区高校的专业兴趣类社团受到"体制因素"影响较小,因此,其学生社团组织成员更倾向于展示个性自由。

在港澳地区高校中,学生会一向被认为是学生展示自由、彰显个性的重要平台。以香港地区 Z 大学学生会为例,2010 年,笔者曾经与该学生会会长 L 同学和副会长 F 同学进行了较为深入的交流。在交流过程中,他们多次谈到,学生会的成员就是要在大学校园中"出声"[1]。从笔者的角度来看,他们所认为的"出声",就是要"能够发出自己的'声音'",对他们而言,所发出"声音"内容的对与错"并不重要",重要的是"学生应当有'出声'的权利"。在笔者与学生会会长 L 同学的访谈中,他多次谈到刚刚发生的"校方干涉学生自由"的事件。2010 年 4 月初,香港专上学联分会提出将一件带有"政治倾向"的雕塑摆放在香港 Z 大学校园。同年 5 月下旬,Z 大学学生会向校方提出申请。校方认为,这份作品带有一定"政治倾向性",违背了 Z 大学所秉承的"价值中立"原则,拒绝了学生会的申请。学生会会长 L 同学认为,校方提出的所谓"价值中立"只是一种"借口",其行为已经干涉到学生在校园内自由表达诉求的权利,于是展开了一系列的抗议活动。Z 大学校方则对于学生会的"出声"行动给予了相应的活动空间,譬如学生会以"涂鸦"的形式在办公楼前的广场上书写了抗议校方的言论,校方只好在其书写的地方摆放了大量的花盆将其覆盖;学生会在校园拉出横幅进行抗议活动,校方也仅仅安排了相应工作人员维持校园抗议活动的秩序。最终,Z 大学学生会不顾校方的反对,将该塑像强行放置在了大学校园之内。在笔者与 L 同学进行访谈的过程中,他提出了自己的观点,认为学生会最重要的职责就是代表学生"出声",校方没有任何理由剥夺学生展示个性和自由的权利。香港地区高校学生组织张扬自由个性的另一个案例是发生在 2005

---

[1] 自由表达意见。

年的香港 Z 大学学生会带新生考察"红灯区"事件。该届学生会以"性"作为迎新营主题,大谈性知识、同性恋及性工作者,并计划筹备"落区"考察,带领新生深入了解性工作者的工作。香港 Z 大学学生会为宣传"性别·大学生"迎新营,印制以日本男女同性恋为主题的宣传海报。尽管校方为此事件召开紧急会议,警告学生会若继续以该主题进行海报宣传,需要自行承担后果,但时任 Z 大学学生会会长的 H 同学却表示,他们仅是希望新生通过迎新营活动正视性工作、同性恋的议题。

通过以上两个案例可以发现,港澳地区高校学生社团组织,特别是学生会组织成员的参与动机都带着强烈的张扬个性的成分,他们希望在学生社团组织的活动中充分展示个性自由,不愿被现有的制度框架所束缚。正是由于这种参与动机的存在,使得港澳地区高校学生社团组织活动带有较为强烈的"叛逆"色彩。

四 权益维护型动机比较

在粤港澳高校中,部分学生将维护学生群体权益作为其参与社团组织的主要动机,这部分学生主要参与本校的学生会。在广东地区高校中,有 12.5% 的学生将"维护学生的权益"作为其参与学生社团组织的最初动机。与广东地区相比,在港澳地区高校学生社团组织中,以权益维护作为参与动机的学生比例较高,占受调查总人数的 50.22%。笔者认为,产生这种现象的主要原因有以下两个方面。一是受港澳地区特有的法律制度与文化环境的影响,大学生具有较为强烈的权利意识;二是在港澳地区高校中,以学生会为代表的学生社团组织所开展的权益维护活动在校园内外具有强大的影响力,这对于学生参与社团组织的动机具有最为直接的影响。可以看出,对于港澳地区高校的部分学生而言,权益维护是其加入学生社团组织的重要动因之一。

同时，在粤港澳高校的调研中发现，学生会成员选择"维护学生权益"的比例明显高于专业兴趣爱好类社团组织成员。在广东地区高校中，学生会成员选择此项的比例为53.14%，专业兴趣爱好类社团组织成员选择此项的比例为12.11%；在香港地区高校中，两项比例分别为68.46%和15.23%。在粤港澳高校中，学生会成员选择此项比例较高的原因与其职能定位密切相关。在粤港澳高校学生会组织的宗旨表述中，都提及了"代表全体学生的利益"，不少学生会成员都表达了期望在"维护学生权益"方面有所作为。笔者2009年在与广州地区S高校Z学院学生会主席小C同学进行访谈时，他讲述了发生在2007年的一件学生会维权事件。2007年，Z学院决定成立"国防生工作部"，其成员主要由该院国防生①组成。同时，该院要求国防生工作部成立后，其学生成员要到学生会各部门"挂职"副部长职务。此决定引起了院学生会的强烈不满。在决定正式出台前，学生会主席召开了副部级以上的学生会干部会议，对该决定表示强烈反对，并提出了许多意见，整理成文后正式递交给学生会指导老师。从该案例可以看出，一方面，学生会成员已经有较为强烈的主体意识，能够在自身权益受到损害的时候，以较为自由、民主的形式来表达意见，并试图影响上级的决策，并且能够切实以理服众；另一方面，公平、正义等理念已经成为学生会组织维护自身权益的武器，而对"特权"的极端抵触，也说明学生会成员十分崇尚公平、正义的处事原则。在短短的千余字中，"不公平"的字眼出现了五次，"特权""特殊"的字眼出现了四次，这也反映出这个现象。

---

① 国防生培养是高校为部队培养人才的一种方式，国防生在校期间除免除学费、参加军体训练及军事课程外，与普通生接受同样的专业教育，毕业后统一分配到全国各大军区，初任副连级以上军官。

五　现实需求型动机比较

在粤港澳两地的高校中，部分学生是基于个人的现实需求而加入社团组织，他们大多既不希望在学生社团组织中得到所谓的"能力锻炼"，也不希望通过参与学生社团组织活动展示个性。这部分学生参与社团组织的动机较为复杂，但多数都是与外部环境的压力有关。从粤港澳地区高校学生社团组织的调查数据来看，广东地区高校中以满足个体现实需求为动机的学生比例高于港澳地区高校的学生，分别占受调查学生总数的51.62%和44.52%。同时，粤港澳地区高校学生社团组织成员的现实需求在内容上存在一定的差异性。在学生社团组织成员参与动机的调查中，广东地区高校学生的现实需求主要集中在扩大人际圈、评奖评优、就业推荐、入党等方面，分别占受调查学生总数的45.90%、41.33%、33.50%、12.10%。近几年来，对于广东地区高校学生而言，就业是在校大学生比较关注的话题之一，也是与每个学生切身利益密切相关的问题。广东地区高校学生都希望自己能够在激烈的就业竞争中脱颖而出，从而获得更多职业选择的机会。在广东地区高校中，许多学生在专业学习方面之间很难拉开较大的差距，表现出与众不同的特点，因此，不少学生就希望通过加入学生社团组织来提升个人在就业中的竞争力。这就导致不少学生加入学生社团组织之初就将"打酱油"作为自己的目标，仅仅希望获得学生社团组织所颁发的聘书，以证明自己在社团组织中曾担任过何种职务。在广东地区高校学生社团组织中，往往有一些独立于"学年评优"之外的社团组织评优指标，对于学生社团组织成员有着独立的奖励和证书，这也会吸引一些学生加入社团组织。另外，随着越来越多的大学生希望毕业后报考公务员或进入"体制内"，而"入党"则能提升成功的概率，所以也有一些学生为了尽快"入党"，也会加入各级共青团或学生会，希望能够在"入党"时得到指导老师或社团组织成员的支持。笔者在对广东地区部分高校学生社团组织负责人进行访谈的过程中也发现，有不少学生加入社团组织之后工作并不积极，特别是进入高年级之后，变成了"橡皮人"[①]。可以看出，在广东地区高校中，有为数不少的学生仅仅是为了"充实"自己的求职履历，这也导致一些学生在校期间同时参与三四个学生社团组织。

港澳地区高校学生的现实需求则主要集中于享受社团组织福利、扩大人脉、住宿加分等方面，其中香港高校分别占受调查学生总数的42.20%、23.40%、27.90%，澳门高校的相关调查比例为50.50%、35.14%、17.30%。可以看出，在港澳地区高校中，有超过四成的学生认为，社团组织能够给予其相应的福利保障，这成为其参与学生社团组织的重要原因之一。对于港澳地区高校学生而言，参与学生社团组织与促进就业并没有太多直接的联系，学生较为关注在校期间能够在社团组织中所获得福利保障和人脉关系。在一些特定的学生社团组织中，这些特征表现得尤其明显。如笔者在与香港地区Z大学中国内地学生学者联谊会（CSSAHKU[②]）常务副主席L同学交流时了解到，不少内地学生参与一些学生社团组织的主要动机就是可以通过相互交流的形式更多地了解与个人生活、学习密切相关的信息，如购物、租房、学习等方面的信息，这样可以少走弯路，以便于个人更快地融入新的环境。另外，由于近几年港澳地区高校的宿舍较为紧张，一些学生必须要到校外租房，而这样就会提高在校学生的生活成本，这也给学生的学习带来诸多不便，几乎没有学生愿意住在校外。港澳地区高校宿舍管理委员会每年会对入住校内宿舍的学生进行审核，其中积极参与学生社团组织活动的学生能够得到加分，从而会有更多的机会住

---

① 在职场中形容那些对批评表扬无所谓、没有耻辱和荣誉感的人。
② Chinese Student & Scholars Association of Hong Kong University.

在校内宿舍。如笔者在香港大学的马礼逊宿舍（Morrison Hall）住宿时，该校的几位博士研究生告诉笔者，在马礼逊宿舍里，由学生组成的管理委员会要求每个新生都要在第一个学期与40名左右的老师或高年级的学生交流访谈，或者积极参加宿舍所组织的各类活动，这些情况将被记录在案，学生第二年在申请校内宿舍时由评委会酌情考虑。由于该大学只给每位学生提供一年的校内住宿申请，学生在第二年申请的时候，必须要看其是否积极参与了上述活动，并给予相应的加分。那些没有积极参与活动的同学自然缺少此方面的加分，就很有可能在第二年的住宿申请中被淘汰下来。在港澳地区的高校中，学生参与社团组织活动情况都会对其校内住宿的加分产生影响。在这种制度规定下，部分高校学生为了获得校内住宿的机会而参与学生社团组织。

除此之外，粤港澳地区高校学生社团组织也为其会员提供一些专属权利或提供一些仅会员能够享有的服务。有不少学生认为，高校学生社团组织为其成员所提供的这些服务为其在校的学习和生活带来了不少便利，因此，也会主动地加入这些社团组织。如广东地区华南理工大学的"FRESH环保协会"在招募新会员的宣传里对该协会为会员提供的服务进行了如下的描述。

> 我们将会每学期两次到附近的中小学进行环保教育，组织会员到野外活动，举行环保知识培训讲座，环保电影会，每年3月植树节还将带领志愿者植树。每位会员都能获得会员证，每学期费免获取两份协会报纸《绿友绿报》。作为会员的好处可多了：（1）可以获得参加广州以及全国绿色营的机会；（2）不仅能锻炼能力还能认识一群志同道合的朋友；（3）在租借协会野外露营的装备时能享受会员价；（4）特别tips（提示），fresh（新生）的MM（女生）特别多！

在港澳地区的高校中,学生社团组织经常会向其会员发布一些类似的信息,大都要求凭学生社团组织的会员证享受相应的优惠服务,这也吸引了那些具有现实需求的学生参与学生社团组织。

综上所述,高校学生社团组织成员参与动机既有来自外部社会环境的压力推动,也有来自个体的内在需求。需要说明的是,虽然本书从五个方面分别论述了学生参与社团组织的动机,但在现实中,高校学生参与社团组织的动机都不是单一的,而是具有复合性的特征。粤港澳高校的学生之所以参与学生社团组织,是多重动机共同作用的现实结果,只是在这些具有复合性的参与动机之中,必定有一些带有绝对支配性的要素左右着学生参与社团组织的行为。

第二节 社团组织诉求行为比较

利益诉求行为是利益诉求主体内在心理特征的外在表征,因此,利益诉求行为是学生社团组织心态结构的重要内容之一。在对粤港澳三地高校学生社团组织利益诉求行为的研究中发现,其在利益诉求内容与形式上存在较大差异。广东地区高校学生社团组织的利益诉求内容主要集中于校园中与大学生日常学习生活密切相关的事务,在利益诉求方式上更倾向于使用体制内的正式沟通渠道,通过校方与学生社团组织的协商方式进行;港澳地区高校学生社团组织在关注校园内的事务之外,更加关注校园之外的社会公共事务,它们涉及港澳地区的社会事件,以及内地的政治、经济、文化等各方面的事务。在利益诉求方式上,港澳地区高校学生社团组织主要通过公开集会、集体抗争等体制外的形式表达其利益诉求,但大多数利益诉求能够以理性的方式进行。同时,港澳地区高校学生社团组织在利益诉求的集体行动中具有很强的组织和执行能力。

一 诉求内容比较

广东高校学生社团组织利益诉求的主要内容集中在校园内与大学生日常学习生活密切相关的事务，具体体现在两个方面。一是解决学生社团组织自身生存与发展现实问题，二是与在校大学生日常学习、生活密切相关的事项。一般来说，广东高校学生社团组织的利益诉求极少涉及校园之外的社会公共事务。这既与其制度环境相关，也与在校学生个体的利益关注点相关。如前文所述，与广东地区高校学生社团组织相关的法律制度规范，如《中华人民共和国高等教育法》《普通高等学校学生管理规定》《中共中央关于进一步加强和改进大学生思想政治教育的意见》《广东省高校学生社团管理条例》等，严格规定了高校学生社团组织的活动范围和主要功能等。以《普通高等学校学生管理规定》为例，其第二章第5条第2款明确规定，学生在校期间依法享有在校内组织、参加学生团体及文娱体育等活动的权利。同时要求高校学生社团活动范围应主要集中于大学校园之内；在学生社团组织的主要功能定位上，《中共中央关于进一步加强和改进大学生思想政治教育的意见》《广东省高校学生社团管理条例》等制度规范都突出了高校学生社团的政策宣传、思想教育、政治引导的功能，这也决定了高校学生社团组织利益诉求的主要内容。在对广东地区6所高校的调查中发现，兴趣类、学术类、文艺类、体育类学生社团主要任务是为其成员提供学习、交流、娱乐、资源共享的平台，其利益诉求的内容主要集中在两个方面。一是要求校方提供更多的免费活动场地，如课室、会议室、音乐厅、室内外运动场或运动设施，以便顺利开展社团的相关活动；二是要求校方能够提供比较充足的社团活动经费，减少对外来赞助的依赖，从而增加活动的自主性。就广东地区6所高校学生社团的调查发现，目前此类学生社团在开展活动的过程中遇到困难较多，包括缺少活动场地、活动经费不足、缺乏教师指导、学生参与活动积极性不高、校方干预过多等方面。其中较为集中的三个主要困难是社团活动经费不足（占89.63%）、缺少活动场地（占88.69）以及缺乏教师指导（占79.06%）。此类高校学生社团利益诉求的主要内容就是解决自身的生存与发展问题。

与专业兴趣类学生社团不同，广东地区高校学生会[①]利益诉求的主要内容则与在校大学生的日常生活和学习事务密切相关。根据《中华全国学生联合会章程》的相关规定，高校学生会的基本任务主要包括四个方面。一是遵循和贯彻党的教育方针，组织同学开展学习、科技、文体、社会实践、志愿服务等多种活动，促进学生全面发展；二是维护校规校纪，倡导良好的校风、学风，促进同学之间、同学与教职员工之间的团结，协助学校建设良好的教学秩序和学习、生活环境；三是组织同学开展勤工助学、校园公益劳动等自我服务活动，协助学校解决同学在学习和生活中遇到的实际问题；四是沟通学校党政与广大学生的联系，通过学校各种正常渠道，反映同学的建议、意见和要求，参与涉及学生的学校事务的民主管理，维护同学的正当权益。从该章程对高校学生会基本任务的归纳来看，高校学生会利益诉求的范围被划定在"服务于大学生的学习与生活"这一领域之中。从广东地区高校学生会的现实运作来看，它不仅要综合校园内各类学生社团的利益诉求，而且要定期向校方反映学生群体的利益诉求。笔者在2014—2017年期间多次浏览广东地区高校学生会的网站，其中

---

① 《广东省高校学生社团管理条例》对学生社团的界定是："由高校登记管理机构批准成立的，由本校具有正式学籍的全日制学生自愿组成，为发展成员共同兴趣爱好，实现共同志愿，按照其章程开展活动的群众性学生组织。"并将学生社团分为理论学习型社团、学术科技型社团、兴趣爱好型社团、社会公益型社团。并未将高校的共青团和学生会纳入"学生社团"的范围。本文是从广义的角度来探讨"高校学生社团"，因此，粤港澳地区高校的学生会组织以及广东地区高校中的共青团组织也纳入本书的"高校学生社团"。

关于"维护学生权益"内容都放在比较重要的位置，也是点击量较多的版块。如 2015 年 12 月，广东地区 N 高校的学生集体在网络上反映该校课室空调损坏无人维修的问题，该校学生会权益维护部立即将问题反映给学校的教务及后勤部门，使这一问题很快得到了解决。可见，一方面，各高校学生会受学校党委领导及学校共青团的指导，因此，其所开展的主要活动都必须服从和服务于学校教学与管理的中心工作，而较少涉及校园之外的社会公共事务；另一方面，各高校学生会组织又扮演着"学生利益代言人"的角色，因此，维护在校大学生的基本权益也就成为其重要职责之一。

由于制度环境的差异性，在利益诉求的内容上，港澳地区高校学生社团组织与广东地区高校有着较大的差别。与港澳地区高校学生社团组织直接相关的法律制度包括基本法、部门法律规范，以及各高校学生会会章。港澳地区高校学生社团组织与一般社会团体具有相同的法定权利与义务，这使其更倾向于"脱离"校园环境，参与校外的社会公共事务。如香港大学学生会于 1949 年在香港警务处注册成为独立的社会团体，之后香港中文大学、香港城市大学、香港浸会大学等高校学生会相继获得"独立"身份。在这一背景下，港澳地区高校学生社团组织利益诉求的范围不仅仅局限于对校内学生日常学习和生活事务的关注，而是更频繁地参与大学校园之外的社会公共事务活动。在港澳地区高校中，兴趣类、学术类、文娱类、体育类学生社团在利益诉求内容方面与广东高校较为相似，主要涉及为自身争取生存与发展的空间，如吸纳更多社会资金的支持，要求校方提供更多的活动场地。粤港澳地区高校学生会在其利益诉求的内容上存在着较大差异。其利益诉求主要侧重于两个方面。一是从校方争取更多的资源以帮助其下属的学生分会及其他学生社团顺利开展各项活动；二是通过直接参与港澳地区的社会公共事务表达特定的利益诉求。后者在港澳地区高校学生会利益诉求的内容方面所占比例较高。除了关注校园内的公共事务之外，港澳地区高校学生会也十分关注校园之外的维权事务。根据港澳地区社团组织管理的相关法律规定，高校学生会有权注册为社会团体，具有相对独立的法人地位，这就使得香港地区高校学生会在利益诉求内容上更倾向于关注"校园之外"。在对香港 K 大学和澳门 M 大学学生会会长的访谈中了解到，两所大学的学生会都是经常派代表出席所在地区学联的会议，并保持对于本地区社会公共事件的关注。谈及"为何关注校园之外的权益维护事件"这一问题时，两所高校的学生会会长都表示，学生会是在校全体学生利益的代言人，他们需要将学生群体的利益诉求告知政府。从这个角度来看，学生会认为参与校外的利益诉求活动，并非"分外"之事。笔者 2015—2017 年在港澳地区高校调研期间，笔者多次遇到港澳地区高校学生会带领本校学生参与到本地的社会公共事务之中，甚至与社会较为强势的利益集团体进行抗争的案例。

二 诉求方式比较

制度环境不仅影响着粤港澳高校学生社团利益诉求的内容，而且影响着其利益诉求的方式。粤港澳地区不同的制度环境导致其高校学生社团利益诉求的方式呈现出更为明显的差异性。在广东地区高校中，学生社团组织能够通过实际行动维护处自身利益，但对校园之外的社会公共事务却仍停留于"关注"和"讨论"的阶段。在港澳地区特定制度环境的影响下，高校学生社团倾向于相对独立的身份运行，这使得港澳地区高校学生社团更倾向于"脱离"校方控制。

在广东地区高校学生社团组织的隶属关系和基本功能上，《中共中央关于进一步加强和改进大学生思想政治教育的意见》和《广东省高校学生社团管理条例》两个文件都明确规定，高等院校的学生社团应当在学校党委的领导及高校共青团组织的指导下开展活动，要求高校学生社团必须服从高校党委的领导和高校共青团组织的指导。具体来说，各高校学生社团是由校党委统一领导，由校共青团、校社团联合会共同管理。从这种制度安排的实践操作来看，它使得各高校的相关职能部门与高校学生社团之间形成了管制与服从的关系。从广东地区高校学生社团的利益诉求方式来看，学生社团普遍主张以理性的、缓和的方式表达利益诉求，一般通过校园内正式组织（共青团组织、学生会组织、学生社团联合会等）或校园网络（BBS论坛、微博、微信、校长信箱等）渠道。在多数情况下，高校学生社团更倾向于采取"温和倾诉"的方式表达利益诉求；而当其利益诉求无法得到满足时，多数学生社团一般都不会采取更为"激进"的方式。可见，广东地区高校学生社团的利益诉求方式与其所处的制度环境有着较为紧密的联系。

从笔者对广东地区高校学生社团组织的调查来看，对于"您比较倾向于采用哪种方式表达利益诉求"这一问题的回答中，有43.3%的调查对象选择了"向指导老师表达"，有23.5%的调查对象选择了"通过校长信箱表达"，有5.9%的调查对象选择了"校园传媒表达"，有0.78%的调查对象选择了"集会示威表达"。这说明广东地区高校学生社团组织倾向于通过体制内的渠道进行利益表达。在笔者与广东地区部分高校学生社团负责人的访谈中，对于"您是否会采取'示威'、'抗议'等形式来表达利益诉求"这一问题，绝大多数高校学生社团负责人都表示"不会采取这种方式"。其列出的主要原因包括"这样做并不能解决问题""可能会受到学校的处分""好像是违法行为"等。通过以上分析可以看出，由于广东地区高校学生社团承担着政策宣传、思想教育、政治引导功能的发挥，在实际运行过程中突出了学校党委和共青团组织对高校学生社团指导，因此，在利益诉求方式上表现得较为"温和"。

与广东地区高校不同，港澳地区高校与学生社团组织之间并不存在直接的隶属关系，校方与高校学生社团具有对等的法律地位，双方的权利与义务关系由相关的法律制度规范加以明确界定。从这个意义上讲，港澳地区高校学生社团的现实运行并不受校方控制，因此，其利益表达方式呈现出"多样性"的特征。一般而言，港澳高校学生社团普遍倾向于采用理性的方式表达利益诉求，如采取向政府或校方递交书面报告，或在校园内外进行和平游行、示威的方式表达其利益诉求。同时，港澳高校学生社团组织普遍反对使用"占领建筑物""拥堵交通""与警员对抗"等暴力手段表达利益诉求。对港澳高校学生社团成员的问卷调查显示，分别有66.3%和23.7%的调查对象表示会选择集会示威的形式表达利益诉求，分别有53.1%和35.3%的调查对象表示倾向于通过校园传媒（如校园电台、电视台、校报等）表达利益诉求。在与港澳地区高校学生社团组织负责人的访谈中，超过九成以上的学生社团组织负责人认为，应选择"理性方式"表达利益诉求，不赞成诉诸任何形式的暴力行为。在笔者对港澳地区高校学生社团组织的调查访谈中发现，在不同类型的学生社团组织中，其成员的社群意识也表现出一定的差异性。譬如，对于小规模的兴趣类、文娱类、学术类、体育类学生社团组织的成员而言，其对"社群"的理解往往限定于本社团之内，他们更为关注如何扩大其在大学校园中的影响力，如何向校方争取更多的政策或财政支持等。如2011年，笔者在香港地区L大学调查的过程中，与该校的动漫协会、壁球协会、话剧社等6个学生社团组织负责人及普通成员进行了交流。笔者发现，此类学生社团组织成员往往较为关注其所属社团自身的权益，并能够采取一定的方式维护自身利益。同时，他们也会经常关注校内所发生的与学生群体利益相关的事件，但往往不轻易介入与本社团无关的利益诉求行动。

在对学生社团组织负责人的访谈中,他们普遍认为,按照其所在社团的章程规定,其"权力"的获取主要来自社团内部成员的民主选举。因此,作为学生社团组织负责人,主要应对自己的"学生选民"负责,他们并不愿关注学生社团组织之外的事务。也有部分学生社团组织成员表示,学生会作为全体学生选举产生的组织,才应当承担维护全体学生利益的职责,而不应该由小规模的学生社团组织承担这些责任。

与此类小规模的学生社团组织相比,港澳地区高校的学生会往往承担了大量的校园内外的维权事件。一方面,由于学生会采取全体"学生选民"民主选举的形式确立其权威,因此,学生会所获得的是完全自主的"权力";另一方面,港澳地区高校的学生会都具有强大的财政资源,它可以相对独立的运行,因此,此类学生社团组织与校方之间并不存在隶属关系。在港澳地区高校学生会的机构设置中,分别专设了主管内务及外部的岗位,其主要职责就是分别处理校园内与校园外的学生权益维护事件。由于学生会组织权威来源于全体学生的授权,因此,在港澳地区高校中,学生会往往具有较大的影响力。学生会核心成员常常就其所关注的议题与学校进行交涉,甚至不惜以直接对抗的形式向校方表明自身的立场与态度。

第三节 心态结构与公民道德教育

高校学生社团组织的心态结构包含个体参与动机与利益诉求行为两个方面的内容,粤港澳高校学生社团组织的心态结构既有一些共同特征,也表现出较为明显的差异性。从公民道德教育的视角来看,社团组织心态结构与个体权利意识、责任意识、道德规范意识、规则意识具有相关性。

一 参与动机与公民道德教育

(一) 参与动机与权利意识的相关性

权利意识是国家构建法治社会的基础，也是民主政治发展的推动力之一。权利意识是指公民对于法律所赋予社会成员的一切权利的认知、理解和态度的总称。它是个体对于实现其权利方式的选择，以及当其权利受到损害时，以何种手段予以补偿的一种心理反应，它构成了公民道德教育的核心内容。一般而言，权利意识包含两个方面的内容。一是个体对权利本身及其价值的认知、理解和态度，二是个体对有效行使及捍卫权利方式的认知、理解和态度。

一方面，从粤港澳高校学生群体的特点来看，受其所处社会环境、制度环境、文化环境的影响，这一群体大都具有较为明确的主体意识。他们不仅能够充分关注和认知个体权利，而且能够运用各种方式维护个体或社群权利。另一方面，在粤港澳高校中，学生与校方具有各自不同的责任、权利、义务关系，校方有时并不能够完全代表不同类型学生群体的现实利益。在这一背景下，高校学生群体便借助学生社团组织这一载体表达利益诉求，这也逐渐成为高校学生参与校园公共生活的基本趋势。正如特瑞茨尼等人在描述21世纪大学的模式时所指出的那样："21世纪大学的趋势是要改变对学生在大学校园中地位的认识。不仅新的课程体系需要有学习者的参与，而且学校事务同样需要有学生的参与。"[①] 对于粤港澳高校学生社团而言，引导学生认知和维护个体及社群权利，这是公民道德教育的重要内容之一。

在对权益维护类动机和张扬个性型动机的分析中发现，此类学生群体期望通过学生社团组织表达其利益诉求，并以实际行动维护个人

[①] Johnson Cynthia S., Cheatham Harold E., *Higher Education Trends for the Next Century: A Research for Student Success*, ACPA, 1999, p. 70.

权利及社群权益。在粤港澳高校学生参与动机的调查中发现，以权益维护或张扬个性作为参与动机的学生群体往往倾向于参与特定类型的学生社团组织，以便能够在学生社团活动中实现其预期目标。这一事实说明，学生的参与动机在一定程度上影响着其对学生社团类型的选择。在笔者进一步的调查和访谈中发现，此类学生群体往往能够通过参与满足其动机的社团活动强化其权利意识；相反，若此类学生群体在社团活动中没有参与满足其动机的活动，则其权利意识有可能逐渐弱化。换言之，学生权利意识的形成受到学生最初的参与动机和满足其动机的社团活动这两个因素的影响。

在高校学生社团的现实运行中，以权益维护或张扬个性作为主要参与动机的学生群体往往以各种独特的方式表达其"自主"与"独立"，他们或是表达各种利益诉求，或是展现与"权威"相悖的思想与行为。对于学生社团成员而言，其行为无论是受到外部环境的压制还是褒奖，客观上都强化了其个体权利意识的形成。从这个角度来看，具有此类参与动机的学生更为关注个体权利表达的过程，而非其最终的结果。如在上一节所提及的香港Z大学学生会关于放置雕塑作品的案例，以及广东地区S大学Z学院学生会反对国防生在学生会挂职副部长的案例中，笔者在与其负责人交流的过程中深刻感受到他们对于"个体权利""自由公平"等理念的执着和坚持。广东地区S大学Z学院学生会主席认为，他向指导老师写抗议信也仅仅是想"表达合理的利益诉求"，即使这种权利诉求被压制，他们也必须要充分表达出来，因为这是其"基本权利"。可以看出，以维护权益和张扬个性作为参与动机的学生往往在社团活动中表现出较为强烈的权利意识。然而，由于制度环境等多种因素的制约，广东地区高校学生社团所提供的满足此类参与动机的活动较少，客观上制约了学生社团成员权利意识的形成。在对粤港澳高校学生参与动机的调查中，针对"利益诉求动机是否与预期相符"这一问题的回答中,广东地区高校仅有15.20%的学生社团成员认为其完全符合,28.05%的学生选择了部分符合;香港地区高校有40.70%的学生社团成员认为其完全符合,31.23%的学生选择了部分符合,此两项的比例则达到71.93%;澳门地区高校有28.10%的学生社团成员认为其完全符合,55.40%的学生选择了部分符合,此两项的比例则达到83.50%。可以看出,粤港澳高校学生权利意识的形成受其最初参与动机和社团所开展的活动这两个因素的影响。以权益维护或张扬个性为参与动机的学生群体,往往能够在参与社团活动的过程中进一步强化其权利意识。

(二) 参与动机与公共责任意识的相关性

公共责任意识是社会意识的一种存在形式,是在现代法治背景下所形成的一种公民道德意识。它表现为人们对"公民"作为国家政治、经济、法律等活动主体的一种心理认同与理性自觉。公共责任意识具体体现为视自己和他人为拥有自由权利、有尊严、有价值的人,并勇于自觉维护自己和他人的自由权利、尊严和价值。[①] 从公民道德教育的角度来看,公共责任意识在实践中体现为公民自觉履行其对社会或所属组织的承诺,并承担其作为社会或组织成员的责任。具体来说主要包括两个方面。一是履行宪法和法律所规定的公民义务,二是承担其在所属社区、族群及各类社会组织中应尽的职责。作为高校的青年学生,积极参与学生社团组织并在其中担负一定的职责,这对于其公共责任意识的形成具有重要的现实意义。

在粤港澳地区高校中,以责任担负作为参与动机的学生群体更倾向于选择具有公益服务性质的社团。笔者认为,以担负责任为参与动机的学生群体之所以倾向于选择具有公益服务性质的社团,其主要原

---

① 蒋传光:《公民社会与社会转型中法治秩序的构建:以公民责任意识为视角》,《求是学刊》2009 年第 1 期。

因在于，此类社团能够为其提供参与公益活动或志愿服务的平台，学生能够在参与活动的过程中获得心理上的满足感，这恰恰与其参与社团的动机相吻合。除公益服务类学生社团之外，部分专业兴趣爱好类社团也能够为其成员提供参与社会公共生活、培养社会责任感的平台。如上节提到的香港中文大学国是学会，其成员关心内地政治、经济和社会的发展，经常利用每年的暑假组织会员到内地开展各种帮扶、义教等体验考察活动。因此，以责任担负作为参与动机的学生群体往往会在社团中更积极地寻求服务社会的机会，这对于其公民责任意识的形成具有一定的促进作用。从粤港澳高校学生参与社团动机的调查来看，多数学生认为参与学生社团有助于增强其责任意识，分别占粤港澳高校中受调查学生总数的61.20%、52.30%和47.43%。

在笔者对粤港澳地区高校学生社团成员参与动机的调查中也发现，部分学生群体参与社团的动机并非担负社会责任，他们通常仅仅是通过参与学生社团满足个体的"功利化"需求。此类现象在广东地区高校学生社团中表现得较为突出。如笔者在广东地区高校学生参与动机的调查中发现，不少学生将"入党""评优""就业"作为其参与社团的唯一目标。此类学生群体往往希望获得学年社团评优指标，或者希望能够在"入党"时得到上级组织的支持，以便在报考公务员时能够以"中共党员"的身份获得报名资格，或者仅仅是为了在自己的求职履历上能够多填写一些任职经历等。在粤港澳高校中，认为参与学生社团强化了其功利意识的学生社团成员分别占受调查总人数的26.90%、8.20%和6.12%。然而，由于粤港澳高校学生社团都具有自身的制度规范，要求社团成员必须严格履行其中所包含的责任、义务、承诺等内容，担负其作为社团成员的基本职责。因此，如果学生在社团中承担着较为重要的职责，并且能够自觉履行其职责，那么，客观上也有助于学生社团成员公共责任意识的形成。从这个角度来看，参与动机与公共责任意识的形成之间又呈现出较弱的相关性。

但在笔者对粤港澳高校学生社团的调查中发现，那些缺乏明确参与动机或具有较强"功利性"动机的学生往往较难形成其责任意识，不愿遵守制度规范、履行其工作职责。在对"您的最初参与动机是否会影响您的工作责任心"这一问题的回答中，粤港澳地高校学生选择了具有"较大影响"的分别占受调查学生总数的84.30%、74.27%和69.40%。选择"没有任何影响"的比例较低，分别为3.30%、8.50%和10.50%。一些兴趣爱好类的学生社团的负责人常常报怨其部分成员的责任意识较弱，从而影响整个社团活动的正常运行。譬如，香港K大学和香港Z大学的合唱团目前所面临的最大的挑战就是合唱团成员的非正常性退出问题。因为合唱团一般要求其成员每周有2—3个晚上要出席合唱排练活动，但有一些学生由于经常请假而无法参加，以后就更没有办法坚持下来，而每一次合唱团排练都需要各个声部的成员进行配合才能够达到相应的效果。如果其成员总是请假，就无法提升排练的效果。在笔者与两所大学合唱团团长的交流中了解到，其主要原因是学生不太乐意付出太多的时间和精力，缺乏团队责任意识，这是导致部分学生社团成员退出的重要原因。他们认为，合唱团比较注重团队精神、责任心以及纪律观念的培养，要求每一名成员都能够坚持定期排练。然而，在合唱团录用新成员的时候，他们很少将责任意识等方面的内容纳入考核的范围。

在广东地区高校的学生社团中也同样存在相类似的问题，即学生参与社团的动机并不明确，导致学生社团成员不愿主动承担工作责任，这也不利于其公民责任意识的形成。譬如，在笔者对广东地区高校学生社团的调查中发现，各个高校学生社团每年12月份都会出现成员流失的高峰状态，其主要原因就是，由于部分新加入学生社团的成员缺乏责任感，不愿从事较为琐碎的事务性工作，感觉到在社团中

"收获不大""锻炼不到能力"。其实，从笔者与高校学生社团负责人和指导教师的交流过程中发现，学生参与社团的初衷往往较为现实，而对于责任意识、团队意识的培养却不十分强烈。因此，学生不太愿意承担更为基层的工作，认为无法发挥其个人能力。近年来，这种现象在广东地区高校学生社团中体现得更为明显。

因此，明确的参与动机与学生社团成员责任意识的形成具有一定的相关性。如果学生社团能够为其成员提供有效的活动平台，并满足其担负责任的参与动机时，往往有助于其责任意识的形成；相反，如果学生社团缺乏满足其参与动机的活动时，则有可能抑制或弱化其责任意识的形成。而对于参与动机不够明确或具有较强"功利性"动机的学生群体而言，则很难在各类学生社团中形成相应的责任意识。

(三) 参与动机与道德规范意识的形成

道德规范是调整个人与个人之间及个人与社会之间关系的原则的总和。它以善恶为评价尺度，依靠人们的内心信念、社会舆论和传统习惯来维系的。公民道德规范是一个国家所有公民应当遵守和履行的各种道德规范的总和，它包括道德核心、道德原则、道德要求等内容。2001年，中共中央颁布出台了《公民道德建设实施纲要》，提出"爱国守法、明礼诚信、团结友善、勤俭自强、敬业奉献"为核心内容的公民道德规范，同时将公民道德规范细化为社会公德、职业道德、家庭美德三个部分。社会公德的主要规范包括"文明礼貌、助人为乐、爱护公物、保护环境、遵纪守法"；职业道德的主要规范包括"爱岗敬业、诚实守信、办事公道、服务群众、奉献社会"；家庭美德的主要规范包括"尊老爱幼、男女平等、夫妻和睦、勤俭持家、邻里团结"。2002年，广东省委印发了《关于贯彻〈公民道德建设实施纲要〉的意见》，并结合广东地区的实际，提出了"爱国守法、明礼诚信、团结友善、勤俭自强、敬业奉献、开放兼容、科学理性、环保惜物"的公民道德规范要求。培养公民的道德规范意识,一是要引导个体认知公民道德规范的基本内容,特别是要把握那些与国家、社会、个人成长发展密切相关的核心价值观,如爱国、诚信、守法等基本道德规范;二是要培养个体的同情、友爱、宽容等道德情感,在自我发展的同时,尊重他人的价值选择,引导学生建立其所在社群的归属感。公民道德规范意识培养的基本目标就是将公民道德规范内化为公民思想与行为的自觉状态。

以美国学者罗尔斯为代表的社群主义者认为,责任、宽容、诚信、公正等美德只能在社会组织或集体生活中形成,善和美德的意义与标准也只有通过特定的组织生活才能得以实现。他同时指出,个人在公平的原则下作出选择的过程也就是人与人之间相互协作的过程。[①] 德国社会学家哈贝马斯也强调以"沟通理性"为基础的行为取向,它不仅仅要达成"理解"或"共识",更重要的是应当形成社会成员共同遵守的"道德或制度规范"。[②] 当然,在粤港地区高校学生社团中,那些以促进个体全面发展作为参与动机的学生群体与普通在校学生并无两样,他们都具特定年龄阶段所表现出的共同特征,具有较强的自主意识和独立个性,同时也期望得到外界的认可与肯定。在传统的道德教育理念看来,社会个体的自主意识和独立个性可能带来社会的失序状态。因此,传统的道德教育强调了集体主义在个体全面发展中的重要性。但从现代道德教育的理念来看,"私人自主性与公共自主性之间存在着内在的、必要的联系"[③]。只有个体人格得到尊重,才有可能形成个体共同遵守的社会公共道德规范和准则。这种建立在个

---

① 俞可平:《社群主义》,中国社会科学出版社2005年版,第57页。
② [德]马克斯·韦伯:《社会学的基本概念》,顾忠华译,广西师范大学出版社2005年版,第4页。
③ 汪晖、陈燕谷主编:《文化与公共性》,生活·读书·新知三联书店2005年版,第21页。

性自由发展和沟通理解基础上的道德准则不再是外在强制性的，也不应成为个人自由发展的限制条件，而是个人更加自由发展的前提和基础。正如社会学家涂尔干对转型成功的复杂社会的描述，更自由的个人与更团结的社会不仅是相容的，而且是相辅相成的，这种社会就是"有机团结"的社会。① 从这个角度来看，学生群体在参与社团活动的过程中，促进个体全面发展的动机与促进其公民道德规范意识的形成之间并不存在矛盾，它们之间同样是相互促进、相辅相成的关系。

从一定程度上说，学生以个体身份参与社团，客观上将学生置于社会群体生活之中，他们不得不面对如何处理个人与他人、个人与社会的关系问题，这一过程有助于促进学生对道德规范的认知、理解和实践。从粤港澳高校学生参与动机的类型来看，以全面发展作为参与动机的学生群体更倾向于在学生社团中学习和认知处理人际关系的基本规范，这对于个体道德规范意识的形成具有一定的促进作用。在笔者对高校学生社团的调查中发现，以促进个体全面发展作为参与动机的学生群体在加入学生社团后，往往有意识地营造个体在社团内部的良性互动关系，注重人际沟通能力、组织协调能力、个人道德品格的塑造，从而获得其在学生社团中的认同感和归属感，并得到他人的尊重。对于学生社团成员而言，这是其获得社团身份认同的重要方式。当然，以个体全面发展作为参与动机，仅仅是公民道德意识形成的前提条件。学生在社团中的各种经历往往能够强化或削弱其对公民道德规范重要性的认知。包括校园环境、社会环境、大众传媒、同辈群体在内的各种要素，对于学生社团成员公民道德规范意识的形成同样具有十分重要的影响作用。在这一点上，粤港澳高校学生社团表现出较高的一致性。在对"参与学生社团有助于强化您的哪些意识"这一问

---

① 高丙中：《社团合作与中国公民社会的有机团结》，《中国社会科学》2006年第3期。

题的回答中，多数学生认为社团在一定程度上强化了其权利意识、责任意识、规则意识、诚信意识的形成，但其具体程度在粤港澳地区高校中存在一定的差异。在广东地区高校中，选择强化其规则意识和责任意识的比例较高，分别为 65.3% 和 64.4%；在港澳地区高校中，选择强化其权利意识、责任意识的比例均较高，香港地区分别为 77.3% 和 58.18%，在澳门地区高校中，其比例分别为 45.9% 和 43.8%。

综上所述，学生的参与动机与其公民意识的形成具有一定的相关性，不同类型的参与动机往往影响着学生加入社团后的思想与行为模式，使学生社团成员的自我期望产生差异，这都直接影响着学生群体公民意识的形成。同时，也应该看到，学生社团成员参与动机并不必然与其公民道德素养的提升形成直接的因果关系，学生社团所开展的满足学生群体参与动机的各类活动、家庭环境、校园环境、社会环境、大众传媒、同辈群体等因素，都影响着公民道德教育的效果。

二　诉求行为与公民道德教育

培养公民的法治意识是公民道德教育的重要内容，其基本目标是引导个体尊重法律权威，培养法治思维，形成尊法、守法、学法、用法的良好氛围。对于高校而言，培养大学生的法治思维，重点应从两个方面着手。一是引导学生形成规则意识，遵守校园内外的法律制度规范及行为守则；二是引导学生能够运用法律手段有效保护个人合法权益。第一个方面强调了尊法与守法，第二个方面强调了学法与用法。一方面，高校学生参与合法的利益诉求活动，有助于学生对公民法律权利与义务的认知。学生社团组织诉求行为本身，既是对个人或群体法律权利的彰显，也是对公民应承担的法律义务的确认和强化。另一方面，高校学生在参与社团组织的利益活动中，获得运用合法手段、理性方式、制度渠道进行权利维护的真实体验，这本身也是最为有效的法治教育手段。从这个意义上说，高校学生社团组织利益诉求行为与大学生法治意识的培养具有较强的相关性。

从广东地区高校的调查来看，高校学生社团组织诉求行为的总体数量不多，且多数诉求行为集中在校园之中，与学生的学习、生活密切相关。其诉求行为往往依托校方所提供的正式沟通渠道，如校长信箱、学生会提案、指导教师反馈等。也有部分诉求行为通过非正式渠道进行，如通过微博、微信等社交媒体。在笔者的调查中发现，无论通过何种沟通渠道，学生社团组织诉求行为都能够以遵守国家法律法规作为基本前提。例如前文所述，广东地区 Z 大学曾经于 2008 年举行过学生会主席全校范围内直选，从整个竞选筹备过程来看，多名候选人大的"竞选政纲"重点内容都放在"维护学生权益"方面。如其中一位候选人 Q 同学在其 2008 年 11 月 3 日的"博客"中展示了其"维护学生权益"的主张，其"博客"开篇写道："我是第四十届学生会主席候选人，现在你所填写的这份问卷是为了更细致地了解你对下一届学生会有什么样的期待，你对下一届的学生会主席有什么样的要求。通过仔细聆听你声音，我会使自己的竞选活动和竞选的政策更加符合同学们的要求和期待，让我更好地服务同学们，打造全新的学生会！"在问卷的第四部分"关于学生会"中共有 10 个问题，其中有 7 个问题涉及学生权益保护。在其 2008 年 10 月 23 日公布的施政纲领共三个部分的内容中，第二部分"明确学生会定位，让学生会更靠近学生，维护学生的正当利益"和第三部分"主要解决各校区同学们广泛关注的问题"[①]都是直接指向了学生权益的维

[①] 南校区，协调解决餐饮、体育设施收费问题；东校区，协助解决人性化的完善交通的措施；珠海校区，协调解决餐饮问题，在"水电费收取新标准"中维护学生的正当利益；北校区，协调解餐饮、校外人员霸位、吃饭排队问题。

护。从此案例可以看出,在广东地区高校中,学生社团组织诉求行为在一定程度上促进了学生群体对自身权益的认知,并能够通过合法渠道加以表达,这对于学生法治意识的培养具有较为重要的价值。在广东地区高校的调查中,针对"当您在校园中个人权益受损时,您是否会向团学组织求助"这一问题的回答中,仅有 17.3% 的学生选了"是",接近七成(67.12%)的学生倾向于向家人或朋友倾诉,接近 5 成(49.21%)的学生倾向于通过网络表达。笔者 2016 年 5 月在广东地区 S 大学学生宿舍进行随机走访,向一年级的学生询问对于校内共青团组织的亲和力和认同度问题时,有七成学生认为对团组织具有认同感,但认为团组织的亲和力不足,作为团员也缺乏归属感。因此,笔者建议,对于广东地区高校而言,一方面,校方可以适当"放权"给共青团、学生会,使其获得更多独立的运行空间;另一方面,引导共青团、学生会等"半官方"组织加强与普通学生之间的联系,从而建构起学生与校方之间常态化的利益诉求渠道。这不仅有助于学生群体权利意识和法治意识的培养,而且有利于高校全面了解学生群体利益诉求,及时有效化解校园内外潜在的风险和矛盾。

在港澳地区高校,学生会是各类权益诉求行为的主体。如前文所述,一方面,基于不同的制度环境,港澳地区高校学生会是相对独立的法人组织,有独立的经费来源,能够有效调配社团活动资源,这就使得诉求动机能够迅速转化为诉求行为。另一方面,由于港澳地区高校学生社团组织权威合法性的来源单一,主要是维护"学生选民"的权益,其利益指向明确,且诉求行为基本不受校方的制约,这就使得学生社团组织形成较为强烈的社群意识。与此同时,港澳地区高校学生会的权益诉求行为并不仅仅局限在校园内部,而是经常拓展到大学校园之外的社会公共事务之中。从近年来港澳地区高校学生社团组织权益诉求行为实践来看，一方面，相关部门应进一步厘清学生社团组织权益诉求行为的合法性边界，避免由于边界不清导致出现"无法可依"的局面；另一方面，校方也应依托学生社团组织开展与国家安全相关的法律普及活动，进一步提升学生群体，特别是学生社团组织负责人的尊法、守法意识。

第五章　学生社团组织生态结构比较

　　学生社团组织既是大学校园环境的重要组成部分，也是校园社会生态系统的构成要素之一。从宏观层面来看，生态结构主要指学生社团组织所处的校园文化环境的总称，一般包括物质文化环境和精神文化环境两个方面。高校学生社团组织文化是其所处校园文化环境的子系统，其所塑造的亚文化环境与校园文化环境共同构成了高校学生社团组织的生态结构。从微观层面来看，生态结构主要是指学生社团组织与外部环境之间的互动关系，具体包括其与外部环境之间所发生的各种信息资源、行为观念等要素的沟通与交流。对于高校学生社团组织而言，它包括学生社团组织与政府及社会的互动、学生社团组织与校方的互动，以及校园内外不同类型学生社团组织之间的互动。这种互动关系具体表现为学生社团组织的合作、对抗、妥协、服从等形式。高校学生社团组织所处的生态结构，以潜移默化的方式影响着其成员的价值理念与道德判断。特别是在网络信息时代，以网络社交媒体为主要形式的信息资源共享方式的存在，使高校学生社团组织的互动带有"瞬时无限扩散"的特征，这就使得学生社团组织互动的频率更高、范围更广、成本更低。高校学生社团组织的生态结构与公民道德教育具有较强的相关性，本章分析了生态结构对公民道德教育的影响问题。

第一节 文化环境比较

学生社团组织文化是其所处校园文化环境的子系统，其所塑造的亚文化环境与校园文化环境共同构成了高校学生社团组织的生态结构。不同的制度环境塑造了不同类型的校园文化环境，并以潜移默化的方式影响着高校学生社团组织文化。[①] 根据高校学生社团组织文化环境的外在表现形式，可以将其分为物质文化环境和精神文化环境两个方面。物质文化环境是指可以通过感官直接感知到的、与学生社团组织形成和发展具有高度相关性的物质性对象的总称，如校园中的建筑、人文雕塑、历史遗迹、社团组织标志等；精神文化环境是高校学生社团组织内在的文化传统和价值追求的总称，如大学的校风、校训，以及学生社团组织的口号、宗旨等。高校学生社团组织文化环境与其所处的社会制度与文化传统密切相关，它们之间既有相同点，也表现出较大的差异性。

一 物质文化环境

如上文所述，物质文化环境与高校学生社团组织生存与发展相关，且可以通过感官直接感知。物质文化环境主要包括两个层面。一是以校园风景绿化为主要呈现形式，如校园中的花草树木、山林河流等自然风貌；二是以校园中的各类标志性建筑规划布局为主的人造环境，如教学楼、图书馆、宿舍等。物质文化环境是高校学生社团组织生存与发展的外部生态结构，是其"在校园空间上的分布和共同存在

---

① 北京化工大学全国大学生思想政治教育发展研究中心：《中国大学生思想政治教育年度质量报告（2016）》，人民日报出版社2018年版，第21页。

的空间舞台形式和物质载体"①。物质文化环境区别于其他文化环境的最鲜明特征就是其直观性，它能够传递特定的价值观念和审美意向。对于高校学生社团组织而言，校园物质文化环境能够以"无形的"形式建构其特定的文化育人内涵。以粤港澳高校中的标志性建筑或雕塑为例，它们往往能够成为学生社团组织物质文化环境的重要部分。这些物质文化环境载体不仅烘托着高校特定的文化内涵，而且能够成为高校学生社团组织运行的文化象征和特定的精神符号。

在粤港澳地区高校中，具有标志性的校园建筑、人文雕塑、历史遗迹都成为学生社团组织物质文化环境的重要组成部分，也是高校学生社团组织文化得以传承的物质载体。如广东地区的中山大学，矗立在校园中的雕塑"孙中山塑像"和标志性建筑"怀士堂"都是该校校园物质文化的重要组成部分，与其校训"博学、审问、慎思、明辨、笃行"所体现的大学人文精神形成内在的统一；华南理工大学土木工程系办公楼是该校的标志性建筑，该楼是一座中西合璧的二层宫殿式建筑，整个建筑气势恢宏，体现了以工科为特色的校园文化；在广东地区的师范类院中，通常以中国古代教育家孔子或近代教育家陶行知的塑像作为精神符号，体现了中国自古以来教育机构所遵循的有教无类、因材施教、知行统一的教育理念，这也成为此类高校物质文化环境的重要呈现形式。如华南师范大学校园中的"孔子群雕"，其基座上刻有"学而不厌，诲人不倦"，既是对教师承担教书育人职责的要求，也是对学生刻苦勤奋学习的勉励。从广东地区高校的校园物质文化环境来看，这些自然环境或人文建筑孕育了中华优秀传统文化，并将各自高校的发展历程融入其中，成为影响高校学生社团组织文化的重要因素。在广东地区高校中，中华传统文化中所强调的重视整体利益、强调责任奉献、重视道德义务、追求精神境、强调道德修

---

① 冯刚、柯文进：《高校校园文化研究》，中国书籍出版社2011年版，第100页。

养等往往通过校园物质文化环境的熏陶作用,对高校学生社团组织产生潜移默化的影响。

在港澳地区高校中,校园中的建筑和雕塑同样成为其校园物质文化的有机组成部分,有些建筑和雕塑本身就与高校学生社团组织历史发展密切相关,其重要活动往往都可能聚集在这些地方,并借助这些物质载体传递学生社团组织的价值观念。以香港大学为例,其本部教学大楼是香港大学历史最悠久的建筑,它具有典型的西方建筑风格,香港大学的学生社团组织的重要活动经常聚集于此。同时,香港大学的"舍堂"[①] 文化也极具西方高等教育的特色,"舍堂"不仅为学生提供了住宿环境,也是学生社团组织开展活动、交流学习的场所,体现了近代以来西方高等教育强调学习与生活、理论与实践相统一的传统。与广东地区高校不同的是,香港地区高校长期以来所奉行的"民主"传统也体现在其校园建筑或雕塑等物质文化载体上。以香港中文大学、香港大学为例,"民主广场"或"民主墙"往往是学生社团组织进行校园"示威"活动的重要场所,每逢香港社会有重大事件发生,这些高校的学生会往往在此进行所谓的"抗议示威"活动。因此,在香港地区高校中,这些具有特殊政治意味的建筑标志或特定场所就成为学生会组织进行"民主抗争"的精神符号。相比之下,澳门地区高校学生社团组织"抗争文化"并不明显,在校园环境中也鲜有与这种文化相关的标志性建筑。以澳门大学为例,其校园的标志性建筑包括行政大楼外的毕业生铜像,它象征澳门大学在学术上所要求的认真和严谨,并期望学生皆以此为目标,努力进取,学有所成,奉献社会;澳门大学的"九龙壁"则是中央人民政府于20世纪80年代赠

[①] "舍堂"英文被称为 Hall,是指以住宿为主的学生公寓。目前香港大学共有13所住宿舍堂和3所非住宿舍堂,住宿舍堂包括何东夫人纪念堂、利希慎堂、利铭泽堂、利玛窦宿舍、李国贤堂、圣约翰学院、施德堂、太古堂、大学堂、伟伦堂、马礼逊堂、李兆基堂及孙志新堂。3所非住宿舍堂分别为康宁堂、根德公爵夫人堂、李志雄纪念堂。

予澳门大学的礼物，它体现了中华民族同根同源的血脉。

综上所述，高校的校园物质文化环境的共同点体现在，它们都是各自高校人文历史文化的传承，而且以潜移默化的方式影响着其高校学生社团组织的基本理念和现实运行方式。从其差异性来看，广东地区高校的校园物质文化环境，一方面较为注重通过校园建筑、雕塑等传承中华优秀传统文化，强化中华民族共同体意识；另一方面，高校也常常将校史、校训、校友作为典型的校园文化标志，以其强化在校师生对学校的认同感。相对而言，由于历史和社会制度的差异性，在港澳地区高校，其建筑标志、校园雕塑、道路名称、学生社团标志等往往呈现出较强的近代西方文化的特质，而"中国元素"相对缺乏，这显然不利于在校师生对"国家"的认知与认同。港澳地区高校的校园物质文化环境也呈现出一些差异，譬如，在香港地区高校中，物质文化环境中的"民主"元素呈现出较强的渗透性，这对于香港高校的学生社团组织而言，这些直观性的建筑标志往往能够成为其社团宗旨及活动理念的具体承载物。

二 精神文化环境

精神文化环境是高校学生社团组织实际运行所遵循的价值理念与价值追求，它以"非物化"的形态存在。对于高校而言，其精神文化环境可以从广义和狭义两个方面去理解。广义的精神文化环境是指高校学生社团组织所处的校园总体文化环境，体现为校园内的制度环境和文化环境。从广义上来理解，高校的办学理念与宗旨、校风和校训构成了高校学生社团组织精神文化环境的核心要素。狭义的精神文化环境则是指高校学生社团组织自身运行所遵循的原则、理念及宗旨等。

由于粤港澳地区高校有着各自不同的历史发展轨迹，主权回归后，港澳地区高校依然延续着原有的治校理念与运行方式，因此，不同地区高校的精神文化环境也有着不同的特点。尽管粤港澳地区高校的校园文化环境存在不少差异，但我们也能够发现处于不同制度文化环境中的高校所具有的文化同质性要素。譬如，如果从粤港澳三地高校的校训来看，它们都与中华优秀传统文化有着十分紧密的联系，并以潜移默化的方式影响着高校学生社团组织的宗旨及理念。以广东地区的中山大学为例，该校由孙中山先生创立，其办学目标是致力于培养"德才兼备、领袖气质、家国情怀"的优秀人才，以"博学、审问、慎思、明辨、笃行"为校训，倡导"学在中大、追求卓越"的学风、校风；广东地区的华南理工大学的校训为"博学慎思，明辨笃行"，其校训源自《礼记·中庸》中的"博学之，审问之，慎思之，明辨之，笃行之"；暨南大学的校训为"忠、信、笃、敬"，它高度概括了中国优秀传统文化所蕴含的为人、为学、处事之道，更隐含着个体的道德品行与其安身立命之间的关系；华南师范大学的校训概括为"艰苦奋斗、严谨治学、求实创新、为人师表"，体现了中华优秀传统文化对教育者的治学态度、职业道德、个人品格等方面的要求。与广东地区高校相似，港澳地区高校的建立与发展也离不开中国优秀传统文化的长期滋养，其校训也充分体现着中华优秀传统文化与近代西方文明之间的融合之美。如香港中文大学校训为"博文约礼"，在创校之初，其校长就明确了高等教育必须立足于本国和本民族的办学宗旨——"凡是大学都不可能脱离本身民族的背景"，香港中文大学特殊的地方在于它是"专门为了一个特殊的使命而努力，把中国文化的境界融合到各学科的大学"。香港大学的校训为"明德格物"，香港城市大学的校训为"敬业乐群"，香港浸会大学的校训为"笃信力行"，香港理工大学的校训为"开物成务，励学利民"。可以看出，香港地区的高等院校，在其创办之初，在办学理念与宗旨方面，都与中华优秀传统文化发生着十分紧密的联系。澳门地区的高等院校同样体现着这一特质，如澳门大学的"仁、义、礼、知、信"，澳门科技大学的"意诚格物"、澳门城市大学的"明德、博学、尚行"、澳门理工学院的"普专兼擅，中西融通"等校训，都体现了中华优秀传统文化与现代大学精神的有机融合。

　　从狭义层面理解，高校学生社团组织的精神文化环境主要是指其自身运行所遵循的原则、理念及宗旨。在对粤港澳地区高校学生社团组织进行比较研究中发现，不同地区高校学生社团组织的精神文化环境既有一些共同点，也表现出较大的差异性。以广东地区高校学生会为例，其基本宗旨较为统一，即"全心全意为同学服务"，这主要体现在各高校学生社团组织的章程中。如《中山大学学生会章程》将其基本宗旨归纳为"全心全意为同学服务"，其主要任务包括活跃校园文化，倡导良好校风、学风，促进大学生学术科技和文化艺术活动的繁荣发展，倡导和组织自我服务、自我管理、自我教育，大力推进素质教育，以培养学生的创新精神和实践能力为重点，促进学生的全面发展和健康成长。华南师范大学学生会同样以"全心全意为同学服务"为宗旨，秉承"自我教育，自我管理，自我服务，自我监督"的工作原则和"团结、务实、创新"的服务精神。以"服务"为宗旨的理念，成为广东地区高校学生社团组织精神文化的重要内容。

　　与广东地区高校相比，港澳地区高校学生社团组织同样遵循着"服务全体学生"这一宗旨，但其表现出不同于广东地区高校的特质。譬如，在港澳地区高校中，学生社团组织特别强调了"自主性"，而在其许多高校学生会的章程中，都包括了"自由""民主""自治"等的字眼，这成为港澳地区高校学生社团组织精神文化的重要指向。譬如，香港城市大学学生会的基本宗旨包括："发扬自由民主、独立自治、团结互助之精神，致力于培养会员的社会意识、公民意识及社会责任感。"其主要任务包括："带领会员服务社群，正视社会问题，参与促进社会发展；谋求会员福利，保障会员权益，并希望扩展会员于学术、文化及思想上之领域；在校方邀请下，参与校方政策之制定及协助校方政策之推行。"香港浸会大学学生会的宗旨是："本着民主自治精神，促进同学德、智、体、群四育；鼓励同学关心社会、认识世界，谋求同学福利、争取同学应得权益等。"与香港地区高校学生社团组织相似，澳门地区高校学生会章程中同样涉及"民主""自由""自治"等理念，但同时也强调了"服务"和"国家"作为其运行宗旨。例如，澳门大学学生会的宗旨包括三个方面。一是本着民主自治精神，促进同学"仁、义、礼、知、信"之发展；二是培养同学的团结精神及对澳门大学生之归属感，促进同学与大学生的沟通和了解；三是培养同学爱国、爱澳精神，促进同学对国家及澳门的认识和关注。澳门科技大学学生会的宗旨强调了"服务"的理念，具体表述为："在学习、文化、修养和体育发展等各方面，为全校学生提供服务。"学生会的主要内容包括："团结全校学生，成为学生与学校之间联系的桥梁；加强与国内外大专院校的沟通和交流，积极为母校对外宣传；开展学生文娱康乐活动，团结并带领属会举办迎新活动、讲座、展览、科研调查、出版大学生刊物等。"通过对澳门地区高校学生社团组织章程的研究发现，其精神文化既强调了与其资本主义社会制度相适应的民主、自由、法治的观念，同时，也把爱国、爱澳、服务、社群等理念融入学生社团组织的运行过程，从而构建起具有澳门地区高校特点的精神文化环境。

第二节 社团组织互动比较

学生社团组织互动是其与外部环境进行信息资源交换的重要方式。一方面，学生社团组织不断地接收着来自其外部环境的各类信息资源；另一方面，它也通过各种方式对所接收的信息资源进行分析、判断，并及时做出反馈，从而形成了学生社团组织的互动过程。根据学生社团组织互动主客体间的差异性，可以将粤港澳高校学生社团组织互动划分为三种类型。一是学生社团组织与政府及社会的互动，二是学生社团组织与校方的互动，三是校园内外不同类型学生社团组织之间的互动。高校学生社团组织互动的外在表现形式包括合作、对抗、妥协、服从等。

一 与政府及社会的互动比较

近年来，高校学生社团组织与政府及社会的互动越来越频繁。一方面，高校学生社团组织正在不断强化自身的利益诉求，并通过有效的方式加以表达；另一方面，政府及社会也逐步认识到，高校学生社团组织涉及学生人数较多，活动影响范围较广，正在成为一股重要的社会力量。因此，政府及社会也开始有意识地、积极主动地与高校学生社团组织进行互动。从高校学生社团组织与政府及社会互动的现实情况来看，可以划分为三种模式。一是"指令—服从"模式；二是"诉求—对抗"模式；三是"合作—共赢"模式。

在"指令—服从"模式中，政府及社会往往通过学校权威机构发布各种政策信息，学生社团组织根据上述政策信息制定学生社团组织的活动主题。在"指令—服从"互动模式中，政府及社会是互动行为的主体，它们借助学校权威机构传递各种政策信息，而学生社团组织则负责具体落实。在此种互动模式下，校方权威机构——一般为高校共青团组织——成为沟通学生社团组织与政府及社会的中介，学生社团组织并不直接与政府及社会发生联系，双方的互动是间接性的。在广东地区高校的共青团、学生会组织中，"指令—服从"互动模式较为常见。其主要原因是，广东地区高校的共青团、学生会组织往往承担着宣传党和国家政策主张的职能，它们必须服从上级共青团组织、省（市）学生联合会组织所制定的各项政策，并通过各种活动的方式宣传和落实这些政策。近几年来，广东地区高校的共青团组织就成为将共青团中央、团广东省委、广东省委省政府的指导方针与校园内学生社团组织相联系的枢纽。如2009年，根据上级共青团组织的要求，广东省各高校共青团组织将"纪念中华人民共和国成立60周年"作为学生社团组织活动的主题，激发青年学生的爱国热情；2011年年初，广东省委省政府提出"建设幸福广东""加快产业转型升级"的发展思路后，各高校共青团组织也要求各基层共青团、学生会组织制定相应的活动方案加以落实；2012年是中国共产主义青年团成立90周年，各高校共青团组织也要求学习胡锦涛同志在纪念建团90周年大会上的讲话内容，各高校的学生社团组织就围绕着相应的主题开展各类社团活动；党的十八大以来，根据团中央的部署，在地方团组织的指导下，各高校的学生社团组织围绕"新时代""中国梦"等主题，开展了丰富多彩的学生社团活动。可以看出，在"指令—服从"互动模式中，各高校的共青团组织作为重要的政策导向的枢纽，使政府与校园内的学生社团组织发生着间接的互动。

"诉求—对抗"模式是指高校学生社团组织主动向政府及社会提出其利益诉求，并通过对抗的方式获得利益诉求的满足。此类互动模式在港澳地区高校的学生会中较为常见，其主要原因有两个方面。一是港澳地区高校学生会的影响力较广，具有较为雄厚的财力支持；二是港澳地区高校学生会具有向政府及社会争取利益诉求的传统。笔者在港澳地区高校的调查访谈中发现，高校学生会与特区政府及社会有着直接的、经常性的沟通，它们常常主动向政府或社会提出各种利益诉求，并通过对抗的方式与政府及社会发生互动。自2015

年以来，香港地区各高校学生会"退联"事件，也反映了香港地区高校学生社团组织利益诉求的范围常常超越了校园之内，它们通过"诉求—对抗"模式与政府及社会发生着经常性的互动。据笔者在香港地区高校学生社团组织的调查发现，香港地区高校学生社团组织常常主动提出利益诉求，并通过直接对抗的方式与政府及社会形成互动。这种"诉求—对抗"模式多发生于香港地区高校学生社团组织之中，通常情况下，广东地区高校学生社团组织较少采用此种"极端"的互动模式。

"合作—共赢"模式是指学生社团组织与政府、社会机构或其他社团在平等协商的基础上相互协作，共同实现各方的利益诉求。由于港澳地区的社会公益组织及各种类型的基金会相对发达，并具有完善的制度保障，因此，"合作—共赢"模式在港澳地区高校学生社团组织中已经发展得较为成熟。近年来，随着广东地区将"创新社会管理"作为政府改革治理方式的基本方向，在广东地区高校学生社团组织中，"合作—共赢"的互动模式正在悄然兴起，它推进了政府、社会机构或其他社团与高校学生社团组织之间的交流。此种互动模式具体表现为两种形式。一是政府机构直接与高校学生社团组织合作，共同完成社会管理目标。如在广东地区，政府正在依托包括高校共青团在内的各类社会团体建立"枢纽型社会组织"，主要由地区政府提供财政支持，依托高校的共青团组织实现社会管理目标。二是社会组织与高校学生组织合作共赢，完成双方的组织目标。此类互动模式的主体为带有公益性质的各类社团。如狮子会香港分会、广东分会等社会公益组织与广东地区各高校的青年志愿者协会之间的合作，红十字会广东分会与各高校红十字会的合作等，都属于合作共赢型互动模式。以广东地区S、J、G三所高校的暑期"三下乡"社会实践为例，狮子会广东分会每年都会向其所属共青团组织提供10万余元的经费及物资捐助。笔者在2011年带领学院青年志愿者协会赴广东某地区中学进行"三下乡"活动时，就得到狮子会广东分会近2万元的资助。

二 与校方的互动比较

在高校学生社团组织的现实运行中，校方与这些学生社团组织发生着各种各样的互动。由于粤港澳地区高校学生社团组织处于不同的管理体制之下，因此，学生社团组织与校方的互动形式也就有所差别。

总体来看，广东地区高校学生社团组织与校方的互动频率较低，外在表现形式较为缓和，较少采取"过激"的方式。在利益诉求方面，学生社团组织较多诉诸其指导教师，个别通过"微博"等网络途径。其原因主要是，广东地区高校学生社团组织一般受校方的领导或指导，在此种体制下，校方就成为各种权威性信息发布的主渠道和各种资源配置的"裁决者"。因此，在一般情况下，广东地区高校学生社团组织通常不会与校方发生直接的"利益冲突"，学生社团组织更倾向于以"和平共处"的方式建立与校方的良性互动关系。当高校学生社团组织与校方的现实利益发生冲突时，在多数情况下，解决双方利益冲突的方式是学生社团组织服从校方"权威"。在笔者对广东地区高校学生社团组织负责人的访谈中发现，若高校学生社团组织与校方发生利益冲突时，仅有不到一成的学生社团组织负责人会选择用"对抗"方式解决冲突。多数学生社团组织负责人基于各个方面的考虑，会选择"放弃利益诉求"。笔者在广东地区A大学调查访谈时所了解到的一个较为特殊的案例，其中的学生社团组织与校方发生了较为"激烈"的冲突。在该事件发展过程中，该校团委负责人表示，此次事件主要是校团委老师与学生之间沟通不畅导致，并非校方不尊重学生。对于学生的"抗议",校方会进一步与学生编辑们协商解决,只要不违法,学生有在一定范围内表达自己意见的自由,这也代表了学校对学生的宽容。今后校方还会继续支持该报,给学生们一定的自由度。同时,也会加强对办刊的指导。

笔者在此事件结束后也与相关学生负责人进行了交流,他们对于这次与校方发生的冲突表达了个人的看法,认为在这次事件的处理上,学生的行为有些过激。但他们也指出,此事件对于校内学生社团组织整体利益的维护及今后的长远发展具有重要意义。该报负责人对于校方最终通过协商的方式解决这一问题及结果表示满意。在笔者看来,站在一个客观的立场上去审视这场冲突,我们会发现,学生们对于涉及"自由表达"的理念非常重视,因为这不仅涉及学生社团组织的决策目标、决策内容、决策方法,在更深层次上也影响着学生社团组织能否主动地关注自身利益、以怎样的方式维护自身利益等问题。而在解决冲突的过程中,校方与学生社团组织能够以理性的方式进行平等的对话和沟通,也是问题得到有效解决的关键。从广东地区高校的学生社团组织与校方的互动来看,广东地区高校学生社团组织已经逐渐形成明确的权利意识,并愿意通过更为理性的方式去思考如何维护自身的权利,并在特定情况下能够用实际行动去维护学生社团组织自身的权利。

与广东地区高校相比,港澳地区高校学生社团组织独立性较强,并不直接隶属于校方。特别是香港地区高校的学生会组织,由于其可以直接申请成为独立的法人组织,因此,它们更多是与校方形成了较为平等的关系。对于香港地区高校学生社团组织,特别是学生会组织而言,其与校方的互动较为频繁。通常情况下,香港地区高校学生组织与校方之间多表现为"冲突型互动"。用香港地区 K 大学学生会会长的话讲,学生会天生就是"与学校作对"的。在笔者所调查的香港地区高校的学生会组织中，超过九成的学生会组织常常会首先向校方发出各种各样的"挑战"，主动地"制造"各种各样的"冲突"，以影响校方的各项决策。在笔者对粤港澳地区高校学生社团组织主要负责人的访谈中发现，香港地区高校学生社团组织对"民主"与"自由"的诉求与校方出台的相关制度之间的矛盾，往往可能成为双方发生冲突的关键性诱因。而在香港地区高校学生社团组织与校方互动的过程中，双方更倾向于采取平等对话的方式解决带有争议性的问题。2010年9月17日，香港地区Z大学学生会负责人参加校长办公会议，就校方与学生会之间的各类争议事件进行平等对话。校方出席人员有该校校长、常务副校长、副校长、大学辅导长、学生事务处处长，该校学生会出席人员有会长、副会长、内（外）务秘书、财务秘书、福利干事、常务干事，主要讨论事项包括校方与学生沟通方式、教务会改组、校园发展计划、颁发荣誉博士学位、建立深化分校五个方面的问题。

香港Z大学校方与该校学生会负责人就校园内外各种决策问题的对话，反映了香港地区高校学生社团组织与校方互动的四个特征。一是互动内容广泛。上述对话涉及校方与普通学生的沟通、教务委员会成员改组、校园发展规划、荣誉博士授予等方面的问题。可见，在港澳地区高校中，学生社团组织与校方之间互动的信息基本不涉任何禁忌，校方允许学生社团组织参与事关学校的任何问题的讨论。二是互动双方的平等性。在校方与学生社团组织交流沟通的过程中，双方都得到了表达各方意见的权利，学生社团组织成员咨询用时与校方对该问题的解释用时基本持平，保持了双方在平等的前提下进行对话。三是互动过程的理性化。在学生社团组织与校方进行互动的过程中，双方都坚持以事实为依据，没有在主观臆断的基础上夸大或歪曲事实，没有过激的言辞，双方都通过较为理性的方式进行对话。四是互动结果的非确定性。学生社团组织与校方的互动多是信息沟通或建议咨询，双方并没有试图通过一至两次互动强行要求对方接受其观点，这种非确定性的互动，仅仅给互动双方提供更多的信息资源，以利于校方更为科学理性地决策。

三 社团组织间的互动比较

在粤港澳地区的高校中，每个学生社团组织都是一个相对独立的利益群体，这些利益群体在自身的运行中，与其他学生社团组织发生着这样或那样的联系，这种校园范围内所存在的学生社团组织之间的信息资源的交流沟通，就是学生社团组织之间的互动。在粤港澳地区高校中，校园内不同学生社团组织之间的互动较为频繁，互动形式趋于多样化。一方面不同类型的学生社团组织之间常常需要相互支持、共享资源、共同合作；另一方面，在校园范围内，各类型的学生社团组织也会展开各种各样的竞争。

一是基于竞争的社团间互动模式。学生社团组织间的竞争是其运行过程中客观存在的现象，也是任何学生社团组织都不能回避的过程。高校学生社团组织之间的竞争主要源于三个方面的原因。第一是对学生社团组织的评价机制，第二是通过竞争获取更多资源，第三是社团成员自身的成就感。当然，在粤港澳地区高校学生社团组织的现实运行中，学生社团组织之间产生竞争的原因都未必具有单一性，往往是上述三重因素共同作用的结果。在港澳地区高校中，学生社团组织之间同样存在着各种类型的竞争。对于专业兴趣类社团而言，其竞争的主要目标是获得更多的参与者，从而扩大其在校园中的影响力。对于各二级学院的学生会组织而言，它们之间的竞争关系就显得较为缓和。在学生社团组织的实际运行中，学生社团组织之间总是在暗自"较劲儿"，特别是在一些力量对比相当的学生社团组织之间，这种

"较劲儿"就更加明显。以下案例描述了在广东地区 L 大学学生社团组织之间在"招新"①过程中的竞争。

广东地区 L 大学某二级学院的团委与学生会是该院的"半官方"社团。2009 年 9 月 7 日为该校新生报到时间,按照往年惯例,由该学院的团委与学生会共同负责迎接新生的工作。当天,团委下属的"青年志愿者协会"也在新生报到的"休息处"开设了服务点(往年是没有这个服务的),为新生及其家长看管和运送行李,提供饮水服务,并且在这个过程中向新生及其家长派发"青年志愿者协会"的相关资料及负责人的联系方式。同年 9 月 8 日,该学院学生会主席 Y 将青年志愿者协会会长 H 单独叫出,并训斥 H "破坏迎新工作""将向学院领导投诉""取消青年志愿者协会在军训期间与学生会一齐送凉茶的资格""给予 H 处分"等言辞。据 H 后来反映,Y 所针对的主要是"青年志愿者协会"以"派发资料""留联系方式"的形式提前向新生推介社团,有吸引其入会之嫌。

据笔者与广东地区高校部分二级院共青团及学生会组织的主要负责人的交流中发现,二级学院层面的共青团与学生会之间的主要竞争都集中于"招新"过程。一般来说,新生入校后,校园内的各类学生社团组织就开始"抢人",特别是同一个学院的共青团与学生会更是积极筹备,都希望提早介入新生的日常生活,从而吸纳更多的参与者。在广东地区高校中,学生社团组织"招新"仅仅是各种竞争的开始,在学生社团组织开展各项日常活动的过程中,学生社团组织间存在着各种类型的竞争。譬如,如何获得更多的经费支持,如何在各类

---

① 招募学生社团新成员的活动,一般时间为每年 9 月新生开学后。

社团评奖中获得优秀，如何争取更多的学生参与本社团所开展的活动，如何获得更广泛的社会影响力，等等。这些因素都加剧了各类学生社团组织之间的竞争，如果此类竞争缺乏有效的制度规范加以约束，或是学生社团组织之间力量对比悬殊，那么，很容易引起学生社团组织之间的恶性竞争或出现以"大"欺"小"的现象。上述案例就充分说明了这一点。

二是"竞争—合作"互动模式。与单纯的竞争互动模式相比，"竞争—合作"互动模式在高校学生社团组织中更为普遍。"竞争—合作"互动模式是指学生社团组织为了完成共同的目标和使命，在竞争的过程中促成社团之间的良性互动，以达到共同协作的状态。对于高校学生社团组织而言，"竞争—合作"互动模式的存在是围绕着如何更好地平衡互动双方的利益关系。一般情况下，双方在利益问题上的相互妥协，往往能够促成学生社团组织协作目标的达成，从而实现双方的合作。

另一个案例是广东地区 G 大学某二级学院学生会组织与青年志愿者协会之间关于宣传海报"落款问题"的争论。该学院青年志愿者协会会长（由学生担任）在新生入校后私下里找到指导教师，反映学生会生活部要求在军训期间为新生派凉茶时能够在宣传海报中将"某学院学生会"字样写在"某学院团委青年志愿者协会"字样的前面。青年志愿者协会副会长 L 与学生会生活部同学 J 在 QQ 聊天时就此问题进行了争论。通过双方负责人之间的交流沟通，最终达成了一致的意见。在此案例中，两个学生社团组织虽然发生了较为激烈的争执，但其基本目标还是希望能够促成双方的合作。该学院团委所属的青年志愿者协会与学生会在关于派送凉茶宣传横幅究竟应该怎样落款的问题上，"青协"是站在"制度"的立场上，强调了传统、规范，并提出这是一个原则性的问题，是不能够妥协退让的。而学生会则从合作共赢的角度出发，认为学生会生活部与团委的青协同属服务型组织，在服务中应该本着平等的理念，因此，在落款时也应该以轮流的方式进行。可以说，学生会生活部干部几乎是用"抗争"的方式来争取这一利益诉求。最终双方还是按照惯例排列了两个学生社团组织落款的顺序。此案例体现了学生社团组织之间的互动往往倾向于通过理性的方式进行。一方面，它要求学生社团组织具有开放的心态，愿意听取不同的意见，善于表达其利益诉求；另一方面，它也要求学生社团组织能够做到"以理服人"，不采取压制的方式，而是以平等的姿态进行对话和交流。

在港澳地区，高校学生社团组织之间的交流互动也较为频繁。如2018年，在澳门高等教育辅助办公室的协调下，于2月、4月和6月举办了四场"高校学生活动分享会"，19个来自澳门、内地、台湾地区的澳门高校学生社团组织的80余名学生进行了学生活动经验交流，让不同的学生社团相互交流学习。通过播放影片、活动相片和短片，分享社团活动中遇到的困难及改善方法等。

第三节　生态结构与公民道德教育

学生社团组织既是大学校园环境的重要组成部分，同时也是校园社会生态系统的构成要素之一。粤港澳高校学生社团组织文化是其所处校园文化环境的子系统，其所塑造的亚文化环境与校园文化环境共同构成了高校学生社团组织的生态结构；高校学生社团组织的生态结构与公民道德教育具有相关性，对公民意识的形成产生一定的影响。粤港澳高校学生社团组织互动发生在大学校园内外的诸多领域，在学生社团组织与政府、社会、校方，以及校园内其他学生社团组织进行信息资源的交流与沟通时，必然对其成员公民意识的形成产生相应的影响。从个体与国家的关系、个体与社会的关系这两个层面来看，粤港澳高校学生社团组织互动影响着其成员政治参与意识、社群权利意识、规则意识的形成。

一 社团组织文化与公民道德教育

高校学生社团组织文化环境是隐性教育发生的重要场所，发挥着价值引领、道德培育、行为规范的功能，对于高校公民道德教育的推进具有重要的作用。高校学生社团组织文化对于社会核心价值的引领、公共道德的培育、法治规范意识的形成具有相关性，并通过物质文化与精神文化两个维度对公民道德教育产生相应的影响。

（一）社团组织文化的价值引领功能

价值引领是高校学生社团组织文化的核心功能，高校学生社团组织所传递的世界观、人生观和价值观，以及其自身所具有的精神和文化要素，对于大学生的理想信念、人生态度、人生价值产生重要的影响。大学是青年从学校跨入社会的桥梁，大学生面临着一系列人生的选择，选择什么样的人生，走什么样的人生道路，如何处理个人与社会、理想与现实、得与失、苦与乐、荣与辱等矛盾，都与青年对人生价值的认识、判断和选择有关。引领大学生树立正确的人生价值观、端正人生态度、创造人生价值，既是高校思想政治工作的出发点，更是落脚点。在广东地区高校中，学生社团组织文化是社会主义文化的一部分，集中体现了社会主义国家主流文化的精神价值取向，蕴含着党、国家以及社会对大学生成长成才的殷切期望，对大学生有重要的价值引领作用。因此，广东地区高校学生社团组织文化围绕着大学生的理想信念教育这一主题，着力宣传和践行社会主义核心价值观，弘扬主旋律，传播正能量，以校园的物质文化和精神文化为载体，实现其价值引领功能。在香港和澳门地区高校中，学生社团组织文化同样具有价值引领功能，对于学生的世界观、人生观、价值观产生重要的影响。

(二) 社团组织文化的道德塑造功能

高校并不是与世隔绝的世外桃源，随着市场经济进一步深化发展、经济全球化影响日益密切，一些诸如享乐主义、功利主义、个人主义等不良思潮涌入校园，一旦青年大学生缺乏足够的判断和辨别能力，则有可能深受其害。青年大学生处于"扣好人生第一粒扣子"的关键时期，具有较强的可塑性，高校学生社团组织文化是道德教育的重要手段，能够提高学生的道德认识、陶冶学生的道德情感、磨砺学生的道德意志。蕴藏于高校社团组织文化中的隐性思想政治教育资源通过人文性、感染性的教育情境创设，对学生的道德培育具有更为深刻稳定的效用。校园里形态各异的物质美、精神美、行为美是隐性思想政治教育的重要资源，能够寓道德内容于美的情境，使学生在耳濡目染中受到感染和启发，在情感共鸣中实现道德的陶冶和教化。一所高校的校园人文环境是培养和塑造大学生精神世界的重要氛围，它对大学生精神品质的塑造具有潜移默化的作用，也是大学生道德观念和行为规范养成的重要场所。显然，价值导向不同，必然使生活在其中的大学生做出不同的道德选择，并呈现出不同的精神面貌和精神气质。

(三) 社团组织文化的约束规范功能

高校学生社团组织文化渗透于大学生学习和生活的方方面面，对大学生的行为表现进行约束和规范，以达到学校、社会的期望值，主要体现在以下两个方面。一是表层的教学管理、科学研究、生活服务等对外在行为的规范，二是深层的心理、意识、态度等内在方面的规范。外在的行为规范是学校正常教学与生活秩序的必要保障，这些规范体系为大学生的思想观念和行为提供参考尺度，是对学生行为的规范和制约，假若个体违反相应的规章、条例、准则，必然使教学生活变得无序，违背集体的共同原则和规范。内在的规范是更为深刻的要求，要使行为失范的学生感受到外在压力的谴责，必须有强大的示范和辐射，这样学生则会主动地遵循规范的引导和塑造，对自身思想与行为进行调节以符合社会和学校的期待。

二 社团组织互动与公民道德教育

(一) 社团组织互动与政治参与意识

政治参与是指公民个人或社会团体通过自下而上的方式直接或间接地影响政府决策的行为。政治参与不仅是公民享有的基本权利，而且也是国家治理良性运转的重要标志。政治参与有利于推进国家政治运行机制的科学化与民主化，进一步加强社会对公共权力运行程序的监督和制约。学生社团组织是培养学生以理性方式进行政治参与的"训练场"，在学生社团组织互动对于参与主体政治参与意识的提升具有显著的影响。

从个体与国家关系角度来看，政治参与意识主要涉及以下两个层面的问题。一是社团组织成员是否经常性地关注与政府及校方相关的公共事件，它反映了参与主体对公共生活的关注程度，这是政治参与意识形成的基本前提。在粤港澳高校学生社团组织的调查中发现，三地高校学生社团组织成员普遍关注公共事务，但对于不同类型的公共事务关注的侧重点有所差别。例如，在对"您是否经常关注国内外发生的社会公共事件"这一问题的回答中，广东地区高校有25.72%的学生社团组织成员选择了"经常关注"，41.60%的学生社团组织成员选择了"偶尔关注"，即超过六成的学生对于社会公共事件表示"关注"；在对同一问题的调查中，港澳地区高校分别有35.20%和18.77%的学生社团组织成员表示"经常关注"，分别有42.2%和37.8%的学生社团组织成员表示"偶尔关注",即在港澳地区高校中,对于社会公共事件表示"关注"的比例均超过了五成。对于选择"经常关注"和"偶尔关注"的学生社团组织成员"关注社会公共事件的原因"这一问题的调查中,结果具有较大的差异性。在广东地区高校中,仅有5.1%的受访者选择了"期望影响政府决策";在香港地区高校中,选择此项的比例为66.3%;澳门地区高校为37.7%。通过对这组数据的比较可以看出,与广东地区高校相比,香港和澳门高校学生社团组织成员关注社会公共事件的最初动机与其后期可能产生的行动之间具有一定的相关性,并能够形成政治参与意识。可见,港澳地区高校学生社团组织与政府及社会的频繁互动与其关注社会公共事件之间同样形成了一定的相关性。在对"您是否经常关注校方所制定的关涉学生利益的重要决策"这一问题的回答中,广东地区高校有51.5%的学生社团组织成员表示"经常关注",28.9%的学生社团组织成员表示"偶尔关注";在对同一问题的回答中,港澳地区高校分别有67.7%和53.2%的学生社团组织成员表示"经常关注",有20.1%和17.8%的学生社团组织成员表示"偶尔关注"。

从学生社团组织成员对此问题回答的比对中可以发现,其对校方的决策都十分关注,均有超过七成的学生社团组织成员表示"关注"。在对于此问题的回答中,选择"经常关注"和"偶尔关注"的学生社团组织成员需要回答的另一个问题是"您关注校方所制定的关涉学生利益的决策的原因"。在广东地区高校中,有56.1%的学生选择了"担心决策损害自身利益",有61.4%的学生选择了"知情权的体现",有32.9%的学生选择了"表达利益诉求",有11.1%的学生选择了"影响校方决策";香港地区高校学生社团组织对上述问题的选择比例分别为63.1%、20.3%、41%和59.4%;澳门地区高校学生社团组织对上述问题的选择比例分别为 50.3%、30.3%、50.2% 和 32.2%。通过对数据的比较可以看出，在粤港澳高校学生社团组织成员对此问题的回答中，"担心决策损害自身利益"在三地高校学生社团组织中的选择比例均超过五成，这说明学生比较关注个人利益与公共政策之间的关系。而在"影响校方决策"的选项中，广东高校与港澳地区高校的反差较大。这说明，与广东地区高校相比，港澳地区高校学生社团组织更期望通过与校方的互动表达其自身的利益诉求，进而影响校方的决策。这与港澳地区高校学生社团组织与校方的频繁互动具有一定的相关性。

从学生社团组织互动的角度对数据进行深入分析可以发现，粤港澳高校学生社团组织成员对于与政府社会及校方相关的公共生活事件的关注度普遍较高，这与两个重要因素密切相关。一是高校学生社团组织与政府、校方互动的频繁程度，二是高校学生社团组织对政府、校方公共政策的影响程度。从学生社团组织与政府、校方互动的频繁程度来看，经常与政府、学校进行信息资源交流和沟通的学生社团组织，其成员对公共生活的关注度较强，二者存在正向关系。如在港澳地区高校中，校级学生会组织经常性地与政府、社会、学校进行互动，他们也往往最为关注发生在校园内外的社会公共生活事件。如上一节所提及的香港中文大学校方与该校学生会负责人就校园内外各种决策问题的对话实录就可以反映出港澳地区高校学生会组织与校方的互动较为频繁；相对而言，在广东地区高校中，公益服务类学生社团组织与政府、校方进行经常的互动，此类学生社团组织成员较为关注社会公共生活。从高校学生社团组织对政府、校方公共政策的影响程度来看，对政府、校方公共政策影响度较强的学生社团组织，其成员对公共生活的关注度较强，二者同样存在着正向关系。在港澳地区高校中，校级学生会组织、学生报、校园电台在校内外都具有较强的号召力，他们常常能够通过其自身的活动影响政府、校方的决策。因此，这些学生社团组织成员就更倾向于关注社会公共生活。在广东地区高校中，由于学生社团组织对政府、校方决策的影响力较小，因此，该因素与学生社团组织成员关注社会公共生活的程度并没有相关性。

二是学生社团组织成员能否以平等的方式与政府、校方等掌握公共权力的机构进行互动，它影响着学生社团组织成员能否理性认知公民个体与公共权力之间的关系，这是公民政治参与意识形成的重要标志。在笔者对粤港澳高校学生社团组织的调查访谈中发现，倾向于以平等的方式与政府、校方等掌握公共权力的机构进行互动的学生社团组织成员，往往能够理性认知公共权力的本质，更愿意积极主动地与政府、校方等掌握公共权力的主体进行互动，其政治参与意识会显著增强；相反，如果学生社团组织成员与政府、校方进行互动时，无法得到较为平等的对待时，他们往往会对公共权力主体产生怀疑、厌恶、抵触的情绪，并不愿再积极主动地与政府、校方进行互动，其政治参与意识也会随之减弱。而在广东地区的部分高校中，如果学生社团组织与校方之间建立了相对平等的关系，则有利于双方之间的互动，进而有助于其政治参与意识的形成。如上节所描述的"合作—共赢"模式就是学生社团组织与政府在平等协商的基础上相互协作，共同实现各方的利益诉求。近年来，广东地方政府依托高校推动建立"枢纽型社会组织"，由地区政府提供财政支持，依托高校的共青团组织，实现社会管理的现实目标。这种模式对于学生社团组织成员理性认知公共权力具有重要的现实意义。而上文所提及的广东地区 A 大学学生报与该校团委关于人事任命发生冲突后，由于校方采取了平等协商的方式积极主动地与该学生组织进行沟通，也使得问题得到有效的解决。在此过程中，该学生社团组织成员对于校方所代表的公共权力本质的认知就更为清晰。而香港地区高校学生会组织对于公共权力的理性认知，也正是在其与政府、校方的互动过程中逐渐形成的。

(二) 社团组织互动与社群意识的形成

社群意识是指一国公民对其所处的社区、族群、社团或其他社会组织所具有的认同感、归属感，以及在此基础上形成的主动维护本社区、本族群、本社团权利的态度与价值倾向。因此，培养大学生具有社群意识是公民道德教育的重要内容之一。从学生社团组织互动与其成员社群意识形成的视角来看，一方面，粤港澳高校学生社团组织互动涉及其与政府、社会、校方及校园内其他学生社团组织的关系，客观上使得学生社团组织能够以相对"独立"的身份与外界环境发生互动关系，这种"独立"的"主体身份"是促进学生社团组织成员社群意识形成的物质基础；另一方面，粤港澳高校学生社团组织互动一般都具有特定的目标，而其核心目标就是通过与外界环境进行信息交流或资源共享，实现学生社团组织自身的利益诉求，这种基于一定目标的利益诉求是学生社团组织成员社群意识形成的精神基础。

与此同时，近年来通信技术的快速发展推动了互联网的普及，高校学生社团组织的互动开始越来越多地借助于互联网与政府、社会、校方及其他学生社团组织进行信息交流与资源互享。这使得传统官僚制组织模式中的多层级垂直沟通，逐渐转变为平面化、多点式、网络型沟通模式，这种互动方式使得公共权力主体不得不以更为平等的姿态与学生社团组织进行理性对话。而互联网交流群体增长的几何倍增效应，也使得不同文化地域间的群体在短时间内形成利益共同体成为可能。在这一背景下，一方面使得沟通主客体间的地位日趋平等；另一方面，为处于不同文化域间的群体形成利益共同体创造了条件，这些因素成为学生社团组织成员社群意识形成的技术基础。基于上述因素，在学生社团组织互动过程中，对其成员社群意识的形成必然产生各种各样的影响。

高校学生社团组织的互动对其成员社群意识的影响主要表现在两个方面。一是促使学生社团组织成员关注自身利益，二是改变着学生社团组织成员维护自身利益的方式。在广东地区高校中，学生社团组织的互动对象主要集中于校方职能部门、校园内其他学生社团组织等。在学生社团组织互动的过程中，一方面可以使学生社团组织逐渐意识到互动主客体之间都有着较为明确的利益边界；另一方面，也使得学生社团组织成员去反思以何种方式来维护本组织利益边界之内的权益，并尊重其他互动主体的权益。

如上一节案例中所提及的关于L大学青年志愿者协会与学生会关于宣传横幅落款先后问题的争执，就反映出双方对各社团的利益边界有着不同的理解，在双方进行信息互动的过程中，逐渐明确了各自社团的利益边界；而在上一节所论述的广东地区A大学学生报与校团委关于人事任免问题所发生冲突的案例里，在学生社团组织与校方相关职能部门互动的过程中，一方面，互动双方通过频繁的信息交流明确了各自利益的边界在哪里；另一方面，该校学生报编委成员也在不断地调整着其维护自身权益的方式，将利益诉求的方式控制在理性范围之内。相对而言，港澳地区高校学生社团组织则更多地与政府、社会、校方发生着较为激进的互动。在此类激进型互动中，学生社团组织成员一方面宣扬其价值主张或利益诉求；另一方面，则不断地尝试着各种不同的方式维护其所声称代表的其他社群组织或社会团体的利益。

从广东地区高校学生社团组织互动的影响来看，它促进了学生社团组织成员逐渐认知个人及社团权利的现实价值，进而倾向于以较为理性的方式表达利益诉求、维护自身权益。但从广东地区高校学生社团组织成员参与权益维护活动的情况来看，有96.02%的学生"没有参与过"权益维护活动，有3.66%的学生表示"偶尔参与"，仅有0.31%的学生表示"经常参与"此类活动；而港澳地区高校学生社团组织成员在上述三项内容上的选择比例依次为22.09%、58.97%和18.94%。而港澳地区高校学生社团组织则没有将利益诉求的范围局限于其内部，而是倾向于将香港地区看作一个"大社群"，旨在通过自身的行为维护这个"大社群"的利益。通过上述分析可以看出，粤港澳高校学生社团组织的互动过程，对其成员社群意识的形成具有重要的影响作用。

(三) 社团组织互动与规则意识的形成

从社会结构层面来看，市民社会应该由社会群体之间的关系以及维系这种关系的制度规范这两个关键要素组成。正如黑格尔所说："市民社会必须有权威国家之法律结构作为其辩证转化之关键，否则便没有再造自身的可能。"[①] 可见，市民社会建构的基础，除了那些具有自主权利意识的各种社团之外，维系社团之间互动的制度规范显得尤为重要。对于高校学生社团组织的互动而言，特定的制度规范既是社团得以正常运行的有效保障，也是引导学生社团组织成员形成规则意识的重要途径。从公民道德教育的视角来看，培养学生的规则意识，主要包括两个方面的内容。一是引导学生主动认知规则。任何国家和社会的良性运作，都必须依托有效的法律制度规范。作为一个国家合格的公民，要认识到以《宪法》为基础的各种法律规范对于国家及社会的重要意义。公民应对国家的基本性质、运行制度、个体的权利义务等方面的内容有基本的认知。从某种程度上说，公民主动认知规则可以有效对避免公民对国家法律制度规

---

① 许纪霖主编：《共和、社群与公民》，苏州人民出版社2004年版，第179页。

范的漠视，是有效保障公民个体权益的前提。二是引导学生严格遵守规则。国家与社会的良性运作，不仅仅停留在文本层面的制度规范，更为重要的是该国的公民、政府、其他社会组织是否能够在实践中严格遵守相关的制度规范，并对其自身的行为承担相应的责任。这是规则意识从理论走向实践的重要标志。从这个角度来看，有效地促进学生社团组织成员规则意识的形成，是学生社团组织良性互动的重要保障。

在对高校学生社团组织的调查中发现，学生社团组织互动过程中产生各种矛盾的主要原因包括利益协调困难、缺乏有效沟通、社团间的恶性竞争、缺乏有效的制度规范等四个方面。在广东地区高校中，有43.6%的学生社团组织选择了"缺乏有效的制度规范"这一选项，而在港澳地区高校中，选择此项的学生社团组织比例分别为11.7%和24%。在对"您认为解决学生社团组织之间矛盾冲突的关键要素"这一问题的回答中，有57.1%的广东地区高校学生社团组织选择了"有效的制度规范"，在香港和澳门地区高校中，选择此项的比例分别为27.8%和26.5%。通过对两组数据的对比分析可以发现，制度规范对于高校学生社团组织的互动具有较为重要的现实意义，在社团互动过程中进一步完善相应的制度规范有助于学生规则意识的形成。从高校学生社团组织互动的实践来看，它主要通过三种途径影响学生社团组织成员规则意识的形成。

一是在互动形式上强调学生社团必须遵循相应的程序。它要求学生社团组织在与政府、社会、校方及校园内其他社会组织以较为"正式"的形式进行互动的过程中，应依照申请、审批、备案等程序，以确保高校学生社团组织互动得到有效的管理和控制。在广东地区高校中，对于学生社团组织以较为"正式"的方式进行互动的程序有着较为严格的要求。如2006年共青团广东省委学校部和广东省学生联合会制定了《广东省高校学生组织校际活动管理办法（试行）》，该办法主要是对广东地区高校的学生会、研究生会、社团联合会、学生社团组织所开展的校际活动进行更为规范化的管理。该办法规定，3所以上高校学生社团组织或学生个人开展校际活动，应经各有关高校团委同意后，提前10个工作日向省学联提出书面申请，经批准后方可实施。省学联在收到申请后，5个工作日内予以书面批复。活动结束后，承办单位应向省学联提交活动开展情况的报告。该办法的出台进一步强化了上级教育行政机构对高校学生社团组织跨校区活动的审批和监督。同时，国家和广东地区层面的法律规范对于高校学生社团组织参与集会、游行、示威及与境外组织的交流，都在程序上做了较为严格的规定。如《中华人民共和国集会游行示威法》中规定，以机关、社会团体、企事业组织名义申请组织或参加集会、游行、示威的，必须经单位负责人批准，并由单位负责人在申请书上签名、加盖公章。以口头、信件、电报、电话等形式提出集会、游行、示威申请的，主管机关不予受理。主管机关接到申请书后，应当在申请举行日期的2日前，将许可或不许可决定书面通知其负责人。而关于学生社团组织与校方互动的程序相对简单，仅仅通过书面邀约即可。

二是在互动内容上强调学生社团组织必须遵守国家的法律法规及大学的制度规范。它要求学生社团组织在信息资源交流与沟通的过程中，不能涉及违反本国或本地区法律规范的行为。对于广东地区高校学生社团组织而言，其活动内容主题一般都需要经过校方或指导教师的审批，其基本底线为，学生社团组织的互动内容应遵循"四项基本原则"[①]。在上节所论述的广东地区L大学学生社团组织

[①] 即"四个坚持"，分别为必须坚持社会主义道路，必须坚持无产阶级专政，必须坚持共产党的领导，必须坚持马列主义、毛泽东思想。

关于"宣传横幅案落款问题争论"的案例中,双方虽然进行了较为激烈的争论,但最终还是以遵循学生会章程的相关规定,从而使问题得到了解决。这个案例也反映出,广东地区高校学生社团组织互动过程中,规则意识对其成员产生了较大的影响。在香港地区,《香港特别行政区基本法》对于包括学生社团组织在内的各种社会组织的互动进行了明确的规定。基本法第23条规定:"香港特别行政区应自行立法禁止任何叛国、分裂国家、煽动叛乱、颠覆中央人民政府及窃取国家机密的行为,禁止外国的政治性组织或团体在香港特别行政区进行政治活动,禁止香港特别行政区的政治性组织或团体与外国的政治性组织或团体建立联系。"因此,对于粤港澳高校学生社团组织而言,其在互动内容上必须遵守本国或本地区的法律制度规范,这对于学生社团组织成员规则意识的形成同样具有潜在的影响力。

三是在互动结果上强调学生社团组织若违反规则必须承担相应责任。从某种程度上说,任何一种法律制度规范的严肃性和权威性,最终都来源于其惩罚效应,即要求违反规则者必须付出相应的代价,承担相应的责任。对于高校学生社团组织而言,促使学生社团组织成员规则意识的形成,不完全是通过惩罚的手段。但任何一项制度规范,若缺乏责任约束的话,则很难维护其严肃性和权威性。因此,学生社团组织互动对其成员规则意识形成的影响,往往更需要通过学生社团组织成员承担相应的责任去实现。

对于高校学生社团组织而言,这三个"必须"是具有刚性约束力的,也是塑造学生社团组织成员形成规则意识的有效途径。应该说,高校学生社团组织成员形成良好的规则意识,不仅有助于其更顺利地进行学生社团组织的互动,而且也为其今后走入社会成为合格公民打下了坚实的基础。

第六章　学生社团组织比较研究的启示

　　通过对高校学生社团组织的静态结构、动态结构、心态结构、生态结构四个维度的比较研究可以发现以下两点。一方面，粤港澳地区高校的学生社团组织表现出一些共同特质。譬如，在权力结构的分布上，三地高校学生社团组织都在从传统的直线式垂直结构向网络化的扁平结构转型；在社团组织文化的价值取向上，它们都折射出不同制度文化的核心价值理念。另一方面，基于不同的制度文化背景，粤港澳高校学生社团组织在某些方面也表现出较大的差异。譬如，基于不同制度环境，高校学生社团组织的自主性有强有弱，学生参与社团组织的动机和行为也各有特点，从而形成了不同制度文化背景下的自我教育、自我管理、自我服务模式；同时，在学生社团组织互动中，不同地区高校的学生社团组织也存在着较大的差异。但无论怎样，高校学生社团组织已经成为影响在校大学生思想与行为的重要因素之一，也成为三地高校推进公民道德教育的重要平台。本章在比较研究的基础上，研究和探讨了如何在不同的制度文化环境中依托高校学生社团组织开展德育工作，努力实现全程育人、全员育人、全方位育人的目标。

第一节　社团组织育人工作的目标定位

由于粤港澳地区在制度文化环境上存在着较大的差异性，因此，三地高校学生社团组织育人工作的目标定位也有所不同。在广东地区高校中，学生社团组织育人工作目标定位是在新时代中国特色社会主义的背景下，实现社会主义国家的意识形态教育功能。具体内容包括理想信念教育、爱国主义教育、公民道德教育、素质教育四个基本方面；香港和澳门长期实行"一国两制"，在这一背景下，港澳地区高校学生社团组织育人工作的目标定位是推进以增强国家认同感为核心的国民教育。具体内容包括国家认同意识、法治观念、社群观念、公民道德教育四个方面。不同的目标定位决定着三地高校学生社团组织育人工作的具体内容，因此，必须在"一国两制"的制度框架下，充分考虑不同地区的特点，充分发挥高校学生社团组织育人工作的优势，提升粤港澳高校学生的公民道德教育的实效性和感染力。

一　广东高校育人工作的目标定位

由于粤港澳地区在制度文化环境上存在着较大的差异，因此，三地高校学生社团组织育人工作的目标定位具有较大差异性。在广东地区的高校中，学生社团组织育人工作的目标定位是在新时代中国特色社会主义的背景下，实现社会主义国家的意识形态教育功能。这一定位是由中国特色社会主义高等教育的本质属性所决定的，也体现了中华人民共和国成立以来特别是改革开放以后，我国高校思想政治工作的意识形态功能。2004年，中共中央、国务院颁布的《关于进一步加强和改进大学生思想政治教育的意见》指出，大学生思想政治教育要"以理想信念教育为核心,深入进行树立正确的世界观、人生观、价值观教育","以爱国主义教育为重点,深入进行弘扬和培育民族精神教育","以基本道德规范为基础,深入进行公民道德教育","以大学生全面发展为目标,深入进行素质教育"。根据该文件的要求,大学生思想政治教育的内容可概括为理想信念教育、爱国主义教育、公民道德教育、素质教育四个基本方面。[①]这就决定了广东地区高校学生社团组织育人工作必须围绕着上述四个方面的内容加以推进。

理想信念教育是大学生思想政治教育的核心,其最突出的特点就是它所具有的鲜明的政治性,即以什么样的理想信念去教育人、引导人。[②]我国是社会主义性质的国家,这就决定了我国高校学生社团组织必须以马克思主义、社会主义的理想信念去教育和引导学生,使大学生具备合格的政治素质,树立坚定的马克思主义理想信念。对于广东地区高校而言,学生社团组织承担着理想信念教育的重要职责,通过学生社团组织所开展的各类活动,使学生对党的基本路线、方针、政策产生高度的认同感,引导学生形成正确的世界观、人生观、价值观,确立在中国共产党的领导下走中国特色社会主义道路,实现中华民族伟大复兴的共同理想和坚定信念,成为中国特色社会主义事业的合格建设者和可靠接班人。

爱国主义教育是大学生思想政治教育的重点,它既是一种崇高的道德情操和道德规范,也是一项重要的政治原则。[③] 2019 年 9 月,中

[①] 王宏维、郑永廷主编:《大学生思想政治教育与管理比较研究》,高等教育出版社 2010 年版,第 71 页。

[②] 王宏维、郑永廷主编:《大学生思想政治教育与管理比较研究》,高等教育出版社 2010 年版,第 72 页。

[③] 王宏维、郑永廷主编:《大学生思想政治教育与管理比较研究》,高等教育出版社 2010 年版,第 72 页。

共中央政治局审议了《新时代爱国主义教育实施纲要》，进一步指出，爱国主义是中华民族精神的核心。中国特色社会主义进入新时代，必须大力弘扬爱国主义精神，把爱国主义教育贯穿国民教育和精神文明建设全过程。同时指出，加强新时代爱国主义教育，要增强"四个意识"、坚定"四个自信"、做到"两个维护"，使爱国主义成为全体中国人民的坚定信念、精神力量和自觉行动。要把握时代主题，引导人们深刻认识中国梦的本质是国家富强、民族振兴、人民幸福，激发全体人民爱党、爱国、爱社会主义的巨大热情。强调坚持全员全过程全方位育人，在广大青少年中开展深入、持久、生动的爱国主义教育，让爱国主义精神牢牢扎根。高校学生社团组织是开展爱国主义教育的重要载体，通过各种类型的社团活动，使大学生认知中华民族悠久的历史和灿烂的文化，树立民族自尊心、自信心和自豪感。

公民道德教育是加强和改进大学生思想政治教育的重要任务。2001年颁布的《公民道德建设实施纲要》指出，公民道德规范的基本内容包括爱国守法、明礼诚信、团结友善、勤俭自强、敬业奉献。2019年10月，中共中央、国务院印发的《新时代公民道德建设实施纲要》指出，加强公民道德建设是一项长期而紧迫、艰巨而复杂的任务，要适应新时代新要求，推动全民道德素质和社会文明程度达到一个新高度。从党的执政方略和高校思想政治工作的中心任务来看，推进以道德建设为核心的公民道德教育是落实"立德树人"根本任务的重要举措。高校学生社团组织所开展的各类社会实践活动，对于引导大学不断追求更高的道德境界，努力做到全心全意为人民服务，正确认识和处理集体与个人的关系方面具有重要的现实意义。

素质教育是促进大学生全面发展的有效途径，它包括对大学生进行科学文化素质教育、思想道德素质教育、身体健康素质教育等方面。党的十九大报告在优先发展教育事业部分中明确指出："要全面贯彻党的教育方针，落实立德树人根本任务，发展素质教育，推进教育公平，培养德智体美全面发展的社会主义建设者和接班人。"高校学生社团组织是高校第二课堂的重要组成部分，是提升大学生科学文化素质、思想道德素质、身体健康素质的重要平台。高校学生社团组织在开展各种学术研究、兴趣爱好、专业体育、思想政治等类型的活动中，促进了大学生牢固系统地掌握现代科学文化知识，树立坚定的政治方向、形成良好的道德品质、具备健康的身心素质。

二 港澳地区高校育人工作的目标定位

香港和澳门地区长期实行"一国两制"，在这一背景下，高校学生社团组织育人工作的目标定位是推进以增强国家认同感为核心的国民教育。具体内容包括国家认同意识、法治观念、社群观念、公民道德教育四个方面。这就要求港澳地区高校学生社团组织在"一国两制"的制度框架下，积极倡导本地区的主流价值观念。从香港和澳门回归前后的历史发展来看，在港澳两地特区政府的积极倡导下，相关教育部门及民间组织都围绕着国家认同意识、法治观念、社群观念、公民道德教育四个方面的内容，先后出台了一系列的指导性文件，明确了港澳地区高校学生社团组织育人工作的基本定位。

香港在回归前已经开始在公民道德教育中融入了国家认同意识、法治观念、社群观念、道德教育的内容。如前文所述，香港课程发展委员会提出，学校应当从宏观的角度理解德育及公民教育，将性教育、环境教育、传媒教育、宗教教育、伦理及健康生活等，都涵盖在德育及公民教育之内。① 1986年，香港成立了公民教育委员会②；1989年，香港设立公民教育资料中心，其目的是确立国民身份的认同及建立归属感，承担国民责任，以维护香港社会发展的长远利益。1996年，香港政府颁布了《香港学校公民教育指引》，指出公民道德教育的重点是，理解个人的权利与义务，明确个人与社会的各种关系，要求课程设置"个人""个人与社群""个人与社会（香港）""个人与国家（中国）""个人与世界"方面的内容。③ 其目的是期望公民教育全面发展，尤其是民主教育与国民教育齐步发展，希望未来香港公民成为热爱国家、具备国际视野、追求自由民主和具有一定公民参与能力的国民。香港课程发展委员会就教育目标和学校课程宗旨，制定了七条学习宗旨，其中第一、二两条就明确提出了学校教育应培养学生了解个体与家庭、社会及国家的关系。即明白自己在家庭、社会和国家中所担当的角色和应履行的责任，并关注本身的福祉；认识自己的国民身份，致力贡献国家和社会。④ 同时，提出了五项德育要求，以及公民教育应首先培育学生的价值观和态度，即国民身份的认同、积极、坚毅、尊重他人、对社会和国家的责任承担。香港主权回归后，在中央政府的主导下，香港地区公民道德教育进一步强化了国家（民族）认同感的培养，并在公民道德教育的理论与实践

---

① 何景安主编：《香港二十年来教育关键词和热点话题（1989—2008）：香港教育小百科》，（香港）高龄教育工作联谊会2009年版，第98页。

② 公民教育委员会成立的目的是联络有关政府部门及社会团体，推广校外公民教育活动，并鼓励市民积极参与社会事务。其职权范围包括如下。第一，研究及讨论公民教育的目的、范畴及推行方法，并提出建议，包括制订推广国民教育的策略及计划，促进政府、志愿机构、青少年组织、地区及社会团体间在推广国民教育方面的合作；第二，联络并协助政府各部门和社区组织提高市民对公民教育的认识和实践；第三，鼓励社会各阶层人士积极推广公民及国民意识，并提供指引和协助。

③ 香港教育署课程发展委员会编：《学校公民教育指引》，（香港）香港教育署1996年版，第103页。

④ 何景安主编：《香港二十年来教育关键词和热点话题（1989—2008）：香港教育小百科》，（香港）高龄教育工作联谊会2009年版，第63页。

层面进行了初步探索。2000年,香港教育统筹委员会在其教育改革咨询文件中把推动道德及公民道德教育的发展确定为关键项目,并作为九年基础教育改革的重点。2004年,在香港教育工作者联合会的倡议下,香港国民教育中心正式成立,其主要工作内容包括:"(1)使学生了解国情、提升国民素质;(2)国情教育及国民身份认同;(3)培养学生优良品德;(4)开发学生的潜能。"[1] 2012年3月,由香港教育局资助、香港浸会大学当代中国研究所编制的《中国模式国情专题教学手册》印刷出版,于当年6月由香港国民教育服务中心陆续向全港中小学派发,并计划在2012年9月在香港中小学设立国民教育科。《中国模式国情专题教学手册》的多半内容涉及中国政治体制,与香港地区传统的公民道德教育所侧重强调的民主教育、道德教育、环保教育、性教育等方面不同,国民教育科主要强调了香港公民对于国家的认同感和归属感方面。对于高校学生社团组织而言,政府相关职能部门及民间组织对于公民道德教育的相关政策成为其开展育人工作重要指引,明确了高校学生社团组织必须在"一国两制"的制度框架内运行,而不能脱离这一轨道开展所谓的"自治运动"。

与香港相比,澳门在主权回归前,在中央政府的指导下,地方政府已经有意识地强化了公民道德教育,制定了道德及公民教育课程框架,倡导由各类教育机构自行决定公民道德教育的课程,但至少应开设一科。[2] 澳门主权回归后,在公民道德教育方面遵循了"社会主导,政府引导"的原则,并将国家认同和国民身份认同教育作为公民道德教育的重要内容。澳门特区政府在回归初期,不断强化以文化认同为基础的国家认同教育,将"去殖民化"作为回归初期学校公民道德教

---

[1] 何景安主编:《香港二十年来教育关键词和热点话题(1989—2008):香港教育小百科》,(香港)高龄教育工作联谊会2009年版,第113—114页。

[2] 根据第38/94/M法令(Governo de Macau, 1994)的相关内容,规定了澳门幼儿及小学课程框架,在"道德教育、公民教育、宗教教育"三个科目中任选其一。

育的重要内容，提出"爱国主义和公民意识"应在各级各类学校教育中得到切实推行。[1] 强调了"致力弘扬中华文化，培养市民爱国爱澳的情怀"，在公民道德教育中着力推进"有关国家民族观念的教育，有关权利和义务、自由和责任的教育"[2]。同时，提升了伦理道德教育在公民道德教育中的比重。2006年，政府施政报告提及公民道德教育议题，强调"道德教育已经成为一个异常突出的课题"[3]，公民道德教育议题已经逐渐纳入学校教育和家庭教育。在学校教育方面，政府施政报告提出"加速中小学品德与公民教育的规范化"，"培养青少年正确的道德观念；同时，让他们深入了解社会，提高道德判断力"。[4] 2005年，提出大力培养青少年的爱国爱澳情操，加强"一国两制"和基本法，以及中国历史文化的教育，增进他们的国家民族身份认同。[5] 强调了公民道德教育，一是要注重公民意识与文化素养的关系，二是要注重爱国爱澳、国家民族身份、公民素养与民主的关系。与香港地区相比，澳门地区的国家认同教育在高等院校推进得更为顺利，这与其校方的基本立场密切相关。在澳门地区高校的主导下，学生社团组织的基本运行都严格在"一国两制"的制度框架内，推进了以国家认同意识、法治观念、社群观念、公民道德教育为主体内容的育人工作，取得了显著的效果。

---

[1] 《澳门特区政府施政报告》（2000年），澳门特别行政区政府官网，2022年11月10日，https://www.gov.mo/zh-hant/wp-content/uploads/sites/4/2017/11/cn2000_policy.pdf。
[2] 《澳门特区政府施政报告》（2001年），澳门特别行政区政府官网，2022年11月10日，https://www.gov.mo/zh-hant/wp-content/uploads/sites/4/2017/11/cn2001_policy.pdf。
[3] 《澳门特区政府施政报告》（2006年），澳门特别行政区政府官网，2022年11月10日，https://www.gov.mo/zh-hans/wp-content/uploads/sites/5/2017/11/cn2006_policy2.pdf。
[4] 《澳门特区政府施政报告》（2006年），澳门特别行政区政府官网，2022年11月10日，https://www.gov.mo/zh-hans/wp-content/uploads/sites/5/2017/11/cn2006_policy2.pdf。
[5] 《澳门特区政府施政报告》（2005年），澳门特别行政区政府官网，2022年11月10日，https://www.gov.mo/zh-hans/wp-content/uploads/sites/5/2017/11/policy05_cn.pdf。

三 粤港澳高校育人工作的异同点

由于粤港澳地区在制度和文化环境上存在较大的差异，因此，三地高校学生社团组织育人工作在内容和形式上也具有不同的侧重点。但粤港澳高校学生社团组织可以充分发挥各地区的制度文化优势，弥补自身不足，提升高校学生社团组织育人工作的实效性和感染力。

从国家认同感教育来看，尽管粤港澳高校处于不同的制度文化环境之中，但三地高校学生社团组织的运行及其日常活动都对其学生群体产生了一定程度的影响。如上文所述，广东高校学生社团组织育人工作突显了以爱国主义教育为核心的国家意识形态灌输模式，提出新时代开展爱国主义教育过程中，要增强"四个意识"、坚定"四个自信"、做到"两个维护"，使爱国主义成为全体中国人民的坚定信念、精神力量和自觉行动。在公民与国家、公民与社会关系层面，重点强调了公民的道德责任与法律义务。从这个意义上讲，广东地区高校学生社团组织育人工作的重心，就是如何将国家意识形态的理论转化为当代青年大学生喜闻乐见、易于接受的文化感染和精神洗礼，从而实现其重要的政治引导和政策倡导功能。

对于港澳地区高校而言，国家认同感教育是回归以来学生社团组织育人工作的重要目标，即要求高校学生社团组织围绕着国家认同意识、法治观念、社群观念、公民道德教育四个方面推进公民道德教育。在强调国家认同感教育的过程中，同样强调尊重香港和澳门社会的固有价值观念。在法治理念的培养上，强调用各种法律制度规范来协调公民与国家、公民与社会的关系。在权利意识的培养上，强调公民应具备政治参与能力；在社群观念的培养上，强调公民对社会的认同感与归属感。虽然自回归以来，香港和澳门地区高校学生社团组织围绕着公民道德教育的基本定位开展了相应的活动,但其在国家认同感教育中所发挥的正面引导功能尚未完全体现。这种功能缺位在香港地区高校学生社团组织中体现得尤为明显,上文中提及的 2012 年 "反国教风波"[①] 中,香港地区部分高校学生会组织参与其中,就反映了这一问题。这一方面是由于香港地区长期在英国政府的管辖之下,20 世纪 80 年代中期之前,港英政府在其国民教育中推行着 "去国家(中国)化" 的理念。港英政府对学校教育实行严格控制,禁止学校的教师、学生参与各类政治活动,而国家、民族等概念也被有意识地淡化。因此,在香港地区的高校中,学生社团组织长期以来往往缺乏增强大学生国家认同感的教育和引导。另一方面,虽然 1996 年以来,香港政府颁布了《香港学校公民教育指引》,其中涉及处理 "个人与国家(中国)" 关系的内容,[②] 其目的是期望民主教育与国民教育同步发展,希望未来香港公民成为热爱国家、具备国际视野、追求自由民主和具有一定公民参与能力的国民。同时,2004 年,在香港教育工作者联合会的倡议下,国民教育中心正式成立,其主要的内容也包括了 "认识国情教育及国民身份认同" 的内容,[③] 但这些政策的实际效果却未能达到预期目标。正如中国外交部驻香港副特派员姜瑜在 2012 年 8 月 7 日答记者问时表示:"中国是一个有五千年历史、人口占世

---

① 2012 年 3 月,香港教育局资助香港浸会大学当代中国研究所编制出版了《中国模式国情专题教学手册》,与香港传统的公民教育所侧重强调的民主教育、道德教育、环保教育、性教育等方面不同,该手册主要强调了香港公民的国家的认同感和归属感方面的内容。这一政策导致香港部分市民(包括青年群体)的反对。2012 年 9 月 8 日,香港特首梁振英表示,政府决定修改有关国民教育科的政策,大学团体及学校可自行决定接受开展德育以及国民教育科,自行决定是否独立成科、科目方式以及时间。最终推进国民教育的政策被迫撤回。

② 香港教育署课程发展委员会编:《学校公民教育指引》,香港教育署 1996 年版,第 103 页。

③ 何景安主编:《香港二十年来教育关键词和热点话题(1989—2008):香港教育小百科》,(香港)高龄教育工作联谊会 2009 年版,第 113—114 页。

界近四分之一、经济总量居世界第二的发展中大国,外国人都在关注中国、了解中国。我觉得香港青年多了解国家、了解世界,是一件好事。"[1] 这也说明,在"一国两制"的制度背景下,港澳地区高校学生社团组织育人工作在目标定位上还需要进行相应调整,应当进一步强化高校学生社团组织在国家认同意识方面的宣传和引导。2012 年 3 月,香港教育局资助香港浸会大学当代中国研究所编制出版了《中国模式国情专题教学手册》,同样强调了香港公民的国家的认同感和归属感方面的内容。因此,从实践层面来看,对于港澳地区高校学生社团组织而言,一方面,建议其围绕着"国情认知"这一主题开展各种类型的实践交流活动,通过与内地高校学生社团的互动交流,增强港澳地区高校学生对国家历史、民族文化的认同;另一方面,以高校学生社团活动为载体,引导大学生理性分析和看待中国社会发展和前进过程中所出现的各种问题,并能够以积极的行动促进这些问题的逐步解决。

对于广东地区高校学生社团组织而言,在推进公民道德教育的过程中,应重点围绕提升公民权利意识与法律规范意识这两个主题开展育人工作。这既是广东地区高校学生社团组织育人工作的薄弱环节,也是公民道德教育的重要方向。从中国社会现实发展的视角来看,个体的权利意识与法律规范意识的形成是其成为现代公民的重要标志之一,对于推动中国特色社会主义的民主进程具有十分重要的现实意义。"如果一个国家的国民缺乏能够赋予先进制度以生命力的广泛的现代的心理基础,如果掌握和运用先进制度的人本身在心理、思想、态度和行为上还没有经历一场现代性的转变,那么失败和畸形的发展

---

[1] 《外交部副特派员姜瑜:香港国民教育非洗脑》,网易新闻,2012 年 8 月 8 日(链接日期), http: //news.163.com/12/0808/15/88D6E77E00014JB6.html (2014 年 9 月 13 日)。

就是不可避免的。"① 如果说政治体制改革是从国家层面自上而下地推进社会主义民主建设的话，那么，公民道德教育则是从"社会底层"自下而上地为社会主义民主建设积累精神资源。提升公民的权利意识，是强化"人"在社会发展过程中的基本价值的体现，也是中国特色社会主义民主的本质要求。2011年6月27日，温家宝在英国皇家学会发表题为《未来中国的走向》演讲时，谈及未来中国的政治体制改革问题，说道："人民民主是社会主义的生命，没有民主就没有社会主义。真正的民主离不开自由。真正的自由离不开经济权利和政治权利的保障。"② 提升公民的法律规范意识，则是强化运用法治的理念对国家的政党、政府、社会、公民个体进行有效的约束，这也是保障公民权利的重要途径。可以看出，对于现代民主社会而言，公民不仅仅意味着单纯的道德服从，而是一个将政治民主、法治建构、人格平等、公平正义等诸多要素紧密联系在一起的集合概念。

从实践层面来看，广东地区高校应当以更为平等、理性的方式看待学生社团组织的权益维护行为，以更为开放、包容的心态处理可能出现的"混乱"。正如蒋梦麟先生所言："与其（学生）在学校里无自治，将来在社会上捣乱，不如在学校中经过这个试验，比较的少费些时。"③ 同时，高校学生社团组织也应当有意识地培养学生的法律规范意识。一是引导学生主动认知规则。一方面要认同以《宪法》为基础的各种法律规范对于国家及社会的重要意义；另一方面，也应当了解《宪法》所体现出的基本理念与法治精神。二是引导学生严格遵守

---

① 白安然：《试析经典现代化理论中"人的现代化"理论》，《天津社会科学》2000年第5期。

② 《温家宝在英国皇家学会的演讲》新华网，2011年6月28日（链接日期），http://news.xinhuanet.com/world/2011-06/28/c_121592031.htm（2013年5月11日）。

③ 蒋梦麟：《什么是教育的出产品》，《新教育》1919年第11期（第二卷第3期），转引自杨立德《西南联大的斯芬克司之谜》，云南人民出版社2005年版，第228页。

规则，对其自身的行为承担相应的责任。

第二节 社团组织研究的基本理念及其育人功能

高校学生社团组织是大学生思想政治教育的有效载体，必须在思想政治教育学科的背景下，推进相关的理论研究与实践探索。因此，思想政治教育的基本原理和基本方法，既是进行高校学生社团组织理论研究的重要学科依托，也是高校学生社团组织实现育人功能的最终落脚点。从思想政治教育的视角分析，高校学生社团组织育人功能的实现主要有两个重要方向。一是在对高校学生社团组织的理论研究中坚持科学标准、整合相关资源，二是在实践中提升高校学生社团组织思想动态把握功能、利益诉求反馈功能、思想问题疏导功能。

一 社团组织研究的基本理念[①]

（一）在高校学生社团组织研究中坚持科学标准

科学标准是人类以理性解决现实问题的工具与方法。高校学生社团组织研究既是大学生思想政治教育理论研究的重要切入点，同时，其研究本身也综合了不同学科的研究成果与分析方法。因此，针对高校学生社团组织进行研究，必须遵循严格的科学标准。

一方面，在高校学生社团组织研究中突出问题意识。科学的首要任务之一就是探寻事物发展的一般规律，在遵循事物发展的规律中寻求解决问题的方法。因此，没有现实中的问题，则无法形成理论研究的目标和进路。在高校学生社团组织研究中遵循严格的科学标准，首先应该具有明确的问题意识，即研究者力求解决什么问题。高校思想

[①] 此部分内容转引自笔者发表在《思想教育研究》（2012年第3期）中的《论高校学生社团研究的现状、基本理念及现实目标》一文。

政治教育学科确立至今，已历经近三十年的时间。改革开放初期，中国社会处于相对封闭状态，高校思想政治教育采取课程化模式，并辅之以集中的理论学习、个别谈心等形式；然而，20世纪90年代中后期以来，社会资讯渠道迅速扩张，社会利益分化极度加剧，这些"新鲜"因素既使大学生的思维逐渐"活跃"，同时也向大学生思想政治教育的传统模式提出了挑战。这不仅影响着高校思想政治教育学科理论的推进，也在实践中提出了一些新的理论问题，如高校思想政治教育如何在现代社会转型过程中寻求新的路径？传统的课程化模式是否能够应对这场冲击？高校学生社团组织的任何活动都有其基本的价值体系、道德观念、诉求表达，校方在社团活动中的主导性体现在其怎样倡导主流的价值体系、怎样强化正确的道德观念、怎样保障合理的诉求表达。校方对这些问题的处理，本身就是对大学生思想政治教育诸多问题的现实回应。因此，高校学生社团组织研究必须寻找到理论与现实问题的对接点，建构起以高校学生社团组织为载体的大学生思想政治教育的新模式。

另一方面，在高校学生社团组织的研究中强化学科意识。学科是区分研究领域的标准，也是确立研究对象、研究目标、建构理论框架的基础。从学科分类的角度来看，高校学生社团组织研究立足于马克思主义理论与思想理论教育这一学科基础之上。高校学生社团组织作为大学生思想政治教育的重要载体，其制度结构、运行机制、人员心态、政策环境等方面都会以各种隐性的、潜在的形式影响着学生的道德判断与价值选择。这一过程通过社团成员之间的互动，逐渐形成了社团的亚文化环境，进而促成了学生对特定文化思潮的认同。因此，这类研究有着明确的研究对象、基本目标及理论架构。笔者认为，高校学生社团组织的研究对象是高校中由大学生群体组成的各种类型的学生组织，主要包括国内高校中的共青团、学生会组织，以及其所指导的各类学生社团组织；高校学生社团组织研究的基本目标是探寻高校学生社团组织运行的一般规律，并基于高校学生社团组织的运行规律，以高校学生社团组织活动为载体开展大学生思想政治教育工作；高校学生社团组织研究的理论架构由以下四个方面构成。一是社团静态结构研究，它包括对高校学生社团组织内部的制度规范、组织机构、基本功能、类型划分、重要特征等方面的研究；二是社团动态结构研究，包括对高校学生社团组织的建立、运行、决策、评估等方面的研究；三是社团心态结构研究，包括对高校学生社团组织成员的参与、激励、退出，以及社团内部的人际互动方面的研究；四是社团生态结构研究，包括高校学生社团组织所受制的政策环境、制度环境、文化环境以及各个社团间互动等方面的研究。

（二）在高校学生社团组织研究中整合相关资源

高校学生社团组织研究的基本目标是探寻高校学生社团组织运行的一般规律，并基于高校学生社团组织的运行规律，以高校学生社团组织活动为载体开展大学生思想政治教育工作。这个基本目标决定了高校学生社团组织研究是一个综合性过程，它应当围绕着与学生社团组织运行相关的诸多要素开展研究。

一方面，注重整合不同学科的相关理论与方法。高校学生社团组织研究不同于在纯粹的政治学、社会学、人类学、管理学、心理学等学科层面上对一般社会组织或群体进行的研究。高校学生社团组织研究是在马克思主义理论与思想政治教育学科的理论框架的指导下开展的规范性研究。但同时，高校学生社团组织研究在坚持中国特色社会主义主导意识形态的前提下，又必须借助政治学、社会学、人类学、管理学、心理学等学科的理论基础和研究方法，否则，其研究也容易走入空谈理论的境地。如高校学生社团组织研究的证实部分需要运用到社会学的调查和统计方法，而在高校学生社团组织成员的价值观分析中，也会运用到政治学中的行为分析方法。因此，高校学生社团组织研究应当注重整合不同学科的相关理论与方法，在马克思主义理论与思想政治教育学科的理论框架下，借助相关学科的研究成果，从高校学生社团组织的现实运行机制切入，分析和解决当前高校大学生思想政治教育所面临的问题。

另一方面，注重整合与学生社团组织现实运行密切相关的各类资源。高校学生社团组织是大学思想政治教育的新平台，学生社团组织活动具有趣味性、交互性、渗透性的特点。学生社团组织的趣味性决定了高校学生社团组织的种类繁杂，参与社团活动的学生涉及不同的专业、不同的兴趣爱好、不同的性格特征；学生社团组织的交互性决定了高校学生社团组织始终处于动态之中，如社团成员之间的互动，学生社团组织与校方的互动，以及不同高校学生社团组织之间的互动。这些互动，既包括信息的沟通与共享，也包括主客体之间的协调与冲突；学生社团组织的渗透性决定了它能够在较短的时间内将各类信息和价值观念渗透课堂、宿舍、网络空间、微博、大众传媒等。高校学生社团组织所表现出来的这些特点，从一定程度上表明高校学生社团组织自身运行的开放性、系统性和复杂性。因此，对高校学生社团组织的研究就不能仅仅局限于社团活动本身，而要从与学生社团组织发生联系的所有要素中提取数据信息，如国家的法律制度环境、校园文化环境、大学的地域环境、校际社团之间的互动、社会文化环境等，对这些信息资源的整合能够更客观地反映高校学生社团组织的真实状况，从而更客观地把握和分析大学生群体的道德判断与价值选择的发生机制和未来趋势。

二　社团组织育人的关键点把控

（一）依托学生社团组织对大学生群体的思想动态进行全时关注

高校思想政治教育工作有效开展的前提是准确把握大学生的思想

状况，这是高校思想政治教育工作的现实基础。目前，越来越多的思想理论教育者和实践工作者意识到，高校学生社团组织不仅是能够发挥政策舆论导向、伦理道德培养、理想信念塑造、法律法规认知的功能，而且已经成为反映大学生群体思想动态的"晴雨表"。近年来，高校学生社团组织发展态势迅猛，数量上的递增趋势和类型上的差异化倾向，从时间延续性来看，超过六成的大学生在校期间都有过参与社团活动的经历。从笔者对广东地区S、Z两所高校的调查情况来看，有87.3%的学生有参与过社团活动，有63.5%的学生有超过一年作为社团成员的经历；从空间延伸性来看，大学生社团组织活动分布面广，包括课室、宿舍、饭堂、图书馆、网络、校园传媒等领域，部分社团还开展跨院系、跨校区、跨学校的交流活动。高校学生社团组织涉及人数多、影响范围广、渗透层面深的特点，使得大学生群体的思想动态都会及时地反映在学生社团组织的现实运行之中。因此，高校学生社团组织研究的目标之一就是对大学生群体的思想动态进行全时关注，并通过对学生社团组织所反映出的各类信息进行全面收集、科学分类，客观分析大学生群体价值取向形成的一般规律。

（二）依托学生社团组织对大学生群体的利益表达和利益诉求进行瞬时反馈

一般而言，大学生群体的利益诉求通过两种途径加以表达。一是通过校方所提供的正式组织渠道，如校长信箱、部门机构、专业教师、辅导员等；二是通过学生社团组织中的非正式渠道，如学生社团组织内部的非正式会议、社团活动、聚餐、网络"微博"等。由于前者的形式较为正规，且一般处理时限较长、反馈速度较慢、影响范围较小。因此，大学生群体更乐于在学生社团组织内部进行利益表达，并在一定条件下形成大学生群体的利益诉求。当前，高校学生社团组织不仅是学生课外活动的平台，也是学生群体利益诉求的重要窗口。

特别是近一两年，随着国内高校学生社团组织普遍使用"微博"的即时通信模式，大学生群体的利益表达和利益诉求能够通过更为迅速和直接的方式形成"群体呼声"，更容易在大学生群体中形成瞬时共鸣。这就要求高校学生社团组织的指导机构能够在最短的时间内对大学生群体的利益表达和利益诉求进行有效回应，及时掌握信息沟通的主动权，从而采取及时行动满足相关利益群体的合理诉求。高校学生社团组织研究应当在对大学生群体的利益表达和利益诉求进行瞬时反馈的基础上，建构起基于学生社团组织的利益诉求回应机制。

（三）依托学生社团组织对大学生群体的思想行为进行及时疏导

任何组织都是处于其所属组织生态圈中的基本单元，其组织文化也与组织生态圈的文化有着千丝万缕的联系。大学生群体是整个社会系统的组成部分之一，现实社会系统中存在的"偏激"思想与行为也极易通过学生社团组织的亚文化圈传播开来。随着大学生参与社团活动频度的增加，学生社团组织所传递的价值理念、道德观念，所反映出的利益诉求、社会思潮等，以更为隐性的方式影响甚至支配着大学生世界观、人生观、价值观的形成。因此，高校学生社团组织研究应当注重对大学生群体的思想行为进行及时疏导。具体应包括四个方面的内容。一是注重对学生社团组织价值体系的正向引导，对学生社团组织活动中的政治误判进行及时纠偏；二是强化对学生社团组织的过程管理，从建立、运行、运行、评估等多方面进行指导；三是促进学生社团组织与高校教育资源（如教学、科研、管理等领域）的高度整合；四是建立学生社团组织成员分类培养、分层管理的长效育人机制。

（四）依托学生社团组织塑造以大学精神为核心的社团文化

高校学生社团组织文化是校园文化的有机组成部分。从某种意义上说，没有学生社团组织文化，就没有大学真正意义上的校园文化。

在塑造大学精神和校园文化的过程中，学生社团组织文化发挥着不可替代的作用。广义的学生社团组织文化泛指社团组织内的各种非物质形态，包括社团组织的规章制度、组织机构、心理行为、社团活动等要素；狭义的学生社团组织文化主要是指贯穿于社团组织和社团活动之中的各种观念和精神。高校学生社团组织文化秉承与弘扬的就是现代大学精神。以大学精神为指引，进行高校学生社团组织文化的培育，能够促进校园文化与大学精神地融入，为公民道德教育营造良好的氛围和环境。大学精神在内容应包括爱国爱校、继承发扬中华优秀文化传统、开拓创新、为中华民族的伟大复兴贡献力量等时代特征。从这个意义上讲，高校学生社团组织文化的培育应以贯彻大学精神为首要向度。[①] 在学生社团组织文化培育中真正贯彻大学精神，需要有足够的重视和明确的指引，以及对大学教育的深度探究。不仅高校大学生社团组织的主管部门要予以高度重视，高校所有的教师和其他部门也必须重视并担负起这方面的责任。因此，为了进一步促进大学生社团组织的健康发展，使其在思想政治教育和促进大学生全面发展中发挥作用，就必须在加强管理和引导的同时，充分重视对大学生社团组织文化的培育。

三　社团组织育人工作的四个意识

（一）坚定政治意识与大局意识

新时代背景下，高校学生社团组织育人工作之根就是坚持正确的政治方向。习近平总书记在全国高校思想政治工作会议上明确指出："高校思想政治工作关系高校培养什么样的人、如何培养人以及为谁培养人这个根本问题。要坚持把立德树人作为中心环节，把思想政治

---

① 此部分观点引自华南师范大学王宏维教授《论大学生社团文化培育的三个基本向度》，《思想教育研究》2013 年第 1 期。

工作贯穿教育教学全过程，实现全程育人、全方位育人，努力开创我国高等教育事业发展新局面。"[①] 对于内地高校而言，高等教育肩负着培养德智体美全面发展的社会主义事业建设者和接班人的重大任务。习近平总书记在全国高校思想政治工作会议上的讲话进一步明确了中国特色社会主义高校的办学方向必须坚持以马克思主义为指导，全面贯彻党的教育方针，坚持不懈地传播马克思主义科学理论，抓好马克思主义理论教育，为学生一生成长奠定科学的思想基础。高校要坚持办好中国特色社会主义高校，在高校学生社团组织育人工作中做好意识形态工作，坚持马克思列宁主义、毛泽东思想和中国特色社会主义体系的指导，保证高校的社会主义发展方向，以培养社会主义事业的建设者和接班人为根本目标。

对于港澳地区而言，高等教育不仅担负着培养各专业学科领域人才的重要职责，而且面临着如何在更为复杂的政治与社会环境中更好地服务于国家发展的战略全局问题。首先，在错综复杂的意识形态工作中，港澳地区的高等教育机构应与特区政府形成良性协作关系。一方面，牢牢把握校园意识形态工作的主导权，避免长期以来存在的政府或校方"权威缺位"的现象；另一方面，校方应通过形式多样的学生社团组织活动引导正确的舆论导向，帮助学生树立正确的意识形态价值观。其次，要从国家发展大局着眼，从"一国两制"行稳致远的大局着眼，从推进粤港澳大湾区建设的战略高度着眼，牢牢把握高校人才培养的方向性问题，坚决反对以"全盘西化"的思维进行港澳地区的教育。

(二) 强化核心价值引领意识

高校学生社团组织是校园文化的重要组成部分，其所传递的世界

[①] 习近平：《全国高校思想政治工作会议上的讲话》，《人民日报》2016年12月9日第1版。

观、人生观和价值观，以及其自身所具有的精神和文化要素，对大学生的理想信念、人生态度、人生价值产生重要的影响。《高校学生社团建设管理办法》指出："高校学生社团是落实立德树人根本任务、推进素质教育的重要载体。"进一步明确了高校学生社团组织所承担的价值引领功能。高校学生社团组织是高校实现"全程育人"和"全方位育人"的重要平台。近十年来，高校学生社团在校园内外表现出极强的影响力和渗透力，其活动几乎遍及大学校园的各个领域，部分高校学生社团组织还进行着跨校区、跨学校，甚至跨境、跨国的活动。当前在个别高校存在着一些"意识形态"偏差的现象，这些现象企图以新的价值观灌输给学生，动摇马克思主义理论在学生中的地位，阻碍了主旋律的教育。面对高校存在的种种"意识形态"偏差的现象，应当在高校思想政治教育工作中坚持方向性、主导性、渗透性原则来纠正"意识形态"偏差。高校学生社团所开展的各项活动已经成为高等教育实现"立德树人"核心目标的重要平台，其所传递的价值理念和道德观念以潜移默化的方式影响甚至支配着大学生的世界观、人生观和价值观。对于广东地区高校而言，学生社团组织的主要功能定位就是围绕着大学生的理想信念教育这一主题，通过着力宣传和践行社会主义核心价值观、弘扬主旋律、传播社会"正能量"，实现其价值引领功能。

在"一国两制"的制度背景下，港澳地区保持着原有的政治运行机制及社会价值标准。主权回归以来，港澳地区的人心回归问题成为"一国两制"行稳致远的重要内容之一。在香港地区，解决从"主权回归"向"人心回归"这一问题显得更为迫切。然而，由于香港地区复杂的制度环境与社会生态，高等教育被裹挟其中，始终无法真正将国家意识和爱国精神的培育作为其价值主张。香港地区高校中的少数学生社团组织也同样受到各种政治势力的影响，不断以各种形式介入社会运动，出现了不少扰乱正常社会秩序，甚至违反法律的行为。因此，对于港澳地区高校学生社团组织而言，其主要功能定位就是依托学生社团组织活动推进国家意识与爱国精神的培育。

(三) 坚守法律底线意识

高校学生社团组织是大学生规则意识养成的重要载体，它不仅为学生提供依据法律制度规范开展各类社团活动的平台，而且使学生在社团活动中直接与各种法律制度规范进行有效互动，逐渐形成规则意识与法治精神。对于广东地区高校而言，应当不断完善学生社团组织自身的制度规范，突出高校党委及共青团组织依法依规对社团组织进行严格管理的功能定位。在此过程中，引导大学生逐渐形成规则意识与法治精神，将"遵法守法学法用法"融入高校学生社团活动。与此同时，校方应及时纠正违反高校社团组织自身制度规范的行为，坚持底线思维，避免学生社团组织活动触犯国家的法律规范。

就港澳地区而言，近年来个别高校的学生社团组织不断介入社会运动，有些学生在参与社会运动过程中出现了违法行为。针对这一问题，校方应当依托高校学生社团组织开展国家宪法、基本法、国家安全法的宣传教育活动，引导青年形成国家观念，提升国家认同感。近年来，在反对国民教育运动、"占领中环"运动、"修例风波"等事件中，都发现有高校学生社团组织成员参与其中。因此，中央和香港特区政府应当重点对高校学生进行宪法、基本法、国家安全法的宣传教育，帮助他们构建起对中央、内地和香港特区政府的完整认知，进而树立正确的国家观念。具体而言，可以借助高校学生社团活动宣传宪法、基本法、国家安全法，在开展的社会服务工作和文化活动中融入相关法律知识的宣传，营造从初步认知到深刻理解的氛围。与此同时，港澳地区高校学生社团组织还可以利用各种实践交流活动来提升教育效果。譬如，根据《港澳青少年赴内地交流活动实施规范》，高校可以组织学生社团成员到内地参观交流，更深入地了解内地在推进依法治国方面的发展进程。

（四）强化管理与服务意识

如果说坚持正确的办学方向是高校思想政治工作之根，那么坚持正确的服务面向就是高校学生社团育人工作之本。从某种程度上说，办学方向决定了服务面向。习近平总书记在讲话中指出，中国特色社会主义高校的服务面向聚焦于四个维度。一是为广大人民服务，而不是为少数精英阶层服务；二是为中国共产党治国理政服务，而不是为其他政治社会组织服务；三是为巩固和发展中国特色社会主义制度服务，而不是为照搬照抄别国的社会制度服务；四是为中国改革开放和现代化建设服务，而不是为自我封闭和阶级斗争服务。因此，高校学生社团管理工作必须坚持正确的服务面向，从实现"两个一百年"的历史维度着眼，围绕学校和本单位的中心工作全面推进立德树人工作目标。对于广东地区高校而言，一方面，高校可挖掘思想端正、政治立场坚定、综合素质较好的学生进行宣传，充分发挥榜样的力量，引导学生自我教育、自我管理、自我服务；另一方面，高校可积极组织和开展健康向上的校内外文化活动，例如暑期社会实践活动以及红色文化实践活动，在学生实践活动中培养他们的文化品格、服务意识，增强他们的社会责任感。

对于港澳地区高校而言，校方应进一步转变治理方式，从过去的"无为而治"转向有针对性的"积极作为"。一是进一步理顺校方与学生社团组织的法律关系，明确双方的法律权利与法律义务；二是进一步明确与学生社团组织相关的法律制度规范，明确学生社团组织行为的"红线"与"底线"；三是加强与学生社团组织的沟通，更充分地了解学生社团组织的现实利益诉求。

第三节　社团组织管理存在的问题及应对

为深入学习贯彻习近平新时代中国特色社会主义思想，特别是习近平总书记关于高校思想政治工作和青年工作的重要论述，切实加强高校学生社团建设管理，充分发挥学生社团育人功能，支持高校学生社团健康有序发展，2020年年初，教育部党组、共青团中央出台《高校学生社团建设管理办法》。一方面，这是教育部、共青团中央结合新时代特点，根据高等教育发展面临的新形势、新任务、新机遇和新挑战，总结全国各高校学生社团管理经验的基础上，制定和颁布的针对高校学生社团规范化管理的指导性文件；另一方面，也标志着当前高校学生社团建设与管理的侧重点开始从单纯的"规范管理"逐渐转向"规范管理"与"支持发展"相结合的新阶段。

一　规范化管理仍存在短板

高校学生社团是由高校学生依据兴趣爱好自愿组成，按照章程自主开展活动的学生组织，是高校推进公民道德教育的重要平台。近十年来，粤港澳地区高校的学生社团组织增长速度较快，发展态势迅猛。从总体数量上看，不同地区、不同类型、不同层次高校的学生社团组织均呈现递增趋势；从学生社团组织活动的覆盖面来看，超过七成的大学生在校期间都直接或间接参与过不同类型的社团组织活动；从渗透力来看，学生社团组织活动形成了线上线下同步推进的态势，广泛渗透课室、宿舍、饭堂、图书馆、社交网络、校园传媒等领域。部分学生社团组织还开展跨院系、跨校区、跨学校的交流活动。随着粤港澳地区高校学生社团组织的迅猛发展，对高校学生社团组织的规范化管理逐渐提上议事日程。在高校学生社团组织全面扩张、快速发展的过程中，笔者发现，校方对不同地区、不同类型学生社团组织的规范化管理仍存在一些问题。

(一) 学生社团组织管理机制体制不顺畅

粤港澳高校学生社团组织规范管理的领导机制、管理机制、联动机制仍存在不健全和不完善的地方，导致管理主体责任不明确、权责关系不清晰、沟通交流不顺畅。虽然粤港澳地区高校都存在此类问题，但其具体表现形式存在较大差异。

根据相关法律制度规范的要求，在广东地区，校、院（系）党委（总支）是校内学生社团组织的领导机构，校院（系）两级的共青团是学生社团组织的直接指导机构。因此，就理论上而言，各高校的党团机构是作为校内学生社团组织的"挂靠机构"，学生社团组织对其负责、受其监督。然而，在实践层面，过去一直存在着学生社团组织与学校的党团组织之间"虚挂"的现象。譬如，在笔者调查过程中发现，有些高校对校内学生社团的建立缺乏严格的审核机制，特别是对院（系）一级的学生社团组织的建立，往往存在"重形式、轻内容""重数量、轻质量"的现象。有些高校对于校内已有的学生社团组织的日常管理存在"重结果、轻过程"的现象，往往重视年底的总结汇报材料的收集，而缺乏对学生社团组织日常活动的实地跟踪管理。有些高校党团机构缺乏制度化的协调联动机制，在应对与学生社团组织的突发性事件中，不善于整合学工、教学、后勤、宣传、保卫等部门机构的资源，导致学生社团组织的管理机构单一、管理方式单调，应对校园突发事件的能力不足、办法不多、效果不好。

在港澳地区高校中，影响校方对学生社团组织进行规范化管理的主要障碍是缺乏有效的法律制度依据。笔者在第二章关于粤港澳高校学生社团组织静态结构比较部分的阐述中提及，由于港澳地区的法律制度不同于内地，因此，港澳地区高校学生社团组织在法律地位上也不同于内地高校。在港澳地区高校中，学生社团组织多属于"独立法人"，与校方存在着"相对独立"的法律关系。换言之，校方与校内学生社团组织之间并不存在严格的管理与被管理的关系，这就导致校方作为管理主体的权威性缺失，而作为管理客体的学生社团组织则能够依据相关的法律制度规范"摆脱"校方对其实施的"约束"。譬如，在笔者对香港 Z 大学、H 大学、L 大学的实地调研中发现，校方对其校内的学生传媒和刊物都缺乏审核的"权力"，甚至在其内容违反相关法律规范后，校方也缺乏有效的制止手段，而只能依靠香港地区的司法机关介入其中。与此同时，由于校方缺乏对校内学生社团组织直接进行规范管理的制度依据，而有些学生社团组织活动虽然突破了道德底线，但并未触及法律制裁的层面，司法机关也无权管辖，这就导致学生社团组织管理中出现"真空"。长期如此，势必会带来各种道德危机，以及价值引导的失序状态。

（二）对学生社团组织的具体指导存在缺位或错位

由于高校相关部门对学生社团组织指导缺乏专业性，导致学生社团活动数量多，但整体质量不高；种类杂，但精品项目不足；形式新，但育人效果不佳。长期以来，上述现象在粤港澳地区高校中都或多或少地存在，但其表现形式及原因都具有一定的差异性。对于广东地区高校而言，有些学生社团组织缺乏专业的指导教师，特别是对于一些依托学术类、专业研究类的社团，如果缺乏专业指导，往往很难开展专业类的社团活动；有些学生社团组织的指导教师仅仅是"挂名"，由于指导教师日常教学科研或行政工作繁忙，他们并不会实际参与社团活动，这就导致学生社团组织指导教师有名无实；也有一些学生社团组织的指导教师虽然能够积极投入指导，但对于学生社团组织管理的制度规范不熟悉，对与学生社团组织管理相关的法律、法规、政策不清楚,导致个别高校的学生社团组织活动的价值引导出现"方向性的错误",甚至带有"政治风险",可能导致学生在参与活动过程中出现违法违规的风险。笔者在调研中发现,虽然各高校都明确规定共青团组织负责学生社团的指导工作,但高校团委多采用个人分工负责的形式,一般是指定团委副书记分管学生社团工作。由于许多高校学生社团的数量众多、种类繁杂、活动众多,加之专职团干本身工作任务繁重,可能导致对学生社团的指导不到位的情况。

在港澳地区高校,学生社团组织运行更为独立自主。一方面,许多学生社团组织完全独立运行,在社团注册成立过程中,并不需要有指导教师作为前置条件。因此,在实践中,港澳地区学生社团并不需要配备专业指导教师,校方更无权为其指定专人负责。另一方面,港澳地区高校的学生社团组织往往活跃于校内外各个社交领域,与政府、社会发生着较为频繁的互动,特别在政界、传媒界、商界等领域。而这些领域中,不少所谓"精英"往往能够成为高校学生社团组织的"隐性导师"。他们能够通过各种资金支持和政治运作,实际控制学生社团组织参与不同类型的社会运动。从某种意义上来看,如果学生社团组织的活动缺乏有效指导,往往会导致学生社团组织活动呈现"失控"状态,并成为各种社会政治势力操纵的工具。而校方往往对此类现象束手无策,这成为港澳地区近年来形成的社会政治运动与校内学生社团组织交相呼应格局的重要原因之一。

(三)高校对学生社团组织发展的扶持力度有待进一步加强

在笔者调研过程中发现,超过七成的受访者表示学生社团在发展过程中面临着诸多困难。对广东地区高校而言,主要困难集中在社团活动经费不足、场地受限、设备陈旧、缺乏专业指导等方面。受访者期待校方能够在社团组织发展过程中给予更为有力的支持。与此同时,随着近年来校方对于学生社团组织的管理日趋规范和严格,也在一定程度上导致高校学生社团组织增长趋缓、师生参与社团活动积极性下降等潜在问题。对于港澳地区高校而言，学生社团组织发展面临的主要困难集中在如何建立校方与学生社团组织之间的良性沟通机制，包括如何对学生社团组织的利益诉求进行及时有效的反馈、如何引导不同类型的学生社团组织更好地开展社团活动等。为了应对和解决上述问题，相关教育行政机构和高校必须对着眼于推进高校学生社团组织的规范化管理。

二 规范管理机制的建构

（一）进一步突出校方对学生社团组织规范管理的权威性

对于内地高校而言，各类学生社团组织不同于一般类型的社会团体，其责任主体是各高校党委。因此，广东地区高校学生社团组织必须在高校党委的领导和团委的指导下开展活动，这是由中国特色社会主义高校的基本属性和功能定位决定的。正如上文所提及的那样，在高校学生社团组织管理的实践中，个别高校存在党委对学生社团组织领导权威"虚化"、主体责任落实不到位的现象。具体表现在三个方面。一是党委领导机制不健全，缺乏有效的管理协调平台，导致党委领导不能"落地生根"；二是党委领导权限不明晰，权力范围边界模糊，导致不同高校党委领导力度差异较大；三是党委领导的权责对等关系相对弱化，缺乏对高校党委领导责任的问责机制，导致党委领导的责任追究机制虚化。上述问题虽然存在于个别地区、个别高校和个别事件上，但如果不加以重视并及时纠正，必然会削弱高校党委对学生社团组织的规范管理，甚至引发不良的社会后果。新出台的《高校学生社团管理建设办法》进一步强调了学校党委对高校学生社团的领导责任，在此基础上明确规定了高校党委的领导运行机制、领导权限范围、领导责任追究等方面的内容，主要包括三个方面。一是学校党委必须压实主体责任,把学生社团工作纳入学校思想政治工作和群团工作整体格局并进行谋划部署,定期听取学生社团工作汇报,及时研究解决有关问题。二是学校党委要构建党委统一领导、各职能部门分工协作的领导机制。《高校学生社团建设管理办法》要求,在学校党委的统一领导下,形成由党委学生工作部门牵头负责,团委、组织、宣传、保卫、人事、教务等相关职能部门共同参与的学生社团工作机制。三是学校党委要推进党的领导具体化。这就要求党委学生工作部门要切实承担起学生社团建设发展、统筹管理的相关职责,对全校学生社团建设发展进行研究规划,制度性研究学生社团注册登记及年审、骨干遴选及考核等重要工作和重大事项,推进党的领导具体化。

对于港澳地区高校而言,由于制度文化的差异性,学生社团组织常常作为独立法人进行运作,校方并不具有对校内学生社团组织的直接管辖权。这就导致长期以来,校方缺乏对校内学生社团组织实施规范的法律制度依据,其权威性呈现出过度弱化的状态。作为管理主体,如果缺乏法律制度所赋予的权威,则校方就无法在实践中履行其职责。主权回归以来,港澳地区高校基本沿袭了原有的高等教育运行机制,对于学生社团组织的运行基本奉行着"不干预"政策,这种政策走向必然会导致校方在对学生社团组织进行管理的过程中举步维艰。这一问题在香港地区高校表现得更为突出。譬如,近年来在香港地区发生的"反国教"运动、"占中"运动、"修例"风波等事件中,都可以看到个别香港高校学生社团组织成员参与其中,而校方却由于缺乏相应的法律依据而无法实施相应的管理手段。笔者认为,进一步强化港澳地区高校对学生社团组织规范管理的权威性势在必行。提升校方权威性的具体实施可以从三个方面着手。一是要依托中央政府和特区政府的有效立法,理顺校方与校内学生社团组织之间的法律关系,包括二者的法律定位、权利义务、职责规范等;二是完善港澳地区高校内部的管理及运行机制，依据相关的法律制度规范赋予校方在学生社团组织建立、运行过程中的监管权力，明确各高校学生社团组织运行的"法律红线"，对于学生社团组织活动可能存在的违法风险给予提前警示，避免违法事实的产生；三是建立相应的学生社团组织违规惩戒机制，对于尚未违反法律但已触及社会基本道德良知规范和核心价值理念的行为，且造成较为严重的社会影响，校方应用权力对该行为进行相应的惩戒。

（二）确保高校学生社团组织的专业化指导

专业化指导是高校坚持正确政治方向、落实"立德树人"目标、提升社团组织活动质量的重要保障。根据《高校学生社团建设管理办法》的相关规定，高校学生社团在学校团委的指导下进行组织建设和社团活动。依据相关规定，从高校学生社团的注册成立、制度规范、年度审核，到社团活动的审批、场地、经费等方面，都需要高校团委进行具体指导。然而，近年来，部分高校团委也存在对学生社团的组织建设和社团活动的指导缺位现象，特别是对于未纳入校级层面管理的"自组织型社团"的指导力度更为缺乏。粤港澳高校中的学生社团组织数量多、种类多、差异性大，因此，专业化的指导是学生社团组织良性运行的基础。如前文所述，在粤港澳高校中，许多学生社团组织缺乏专业化的指导这一问题却长期存在。主要原因可以归纳为两个方面。一是指导社团活动的师资缺乏。譬如，在广东地区高校中，受制于单位编制限制，专职团干数量较少。相对而言，各个高校学生社团组织的数量庞大，少则几十个，多则上百个。显然无法达到每个社团组织都配备一名专职指导教师的标准。而在港澳地区高校中，为学生社团组织配备指导教师并非必需选项。换言之，学生社团组织可以在无指导教师的条件下进行运作，这也可能会带来一系列的问题。二是缺乏专业化的指导，这方面在广东地区高校体现得较为突出。虽然目前各高校都要求配备至少一名专业教师作为学生社团的指导老师，负责指导学生社团活动的开展。但由于学生社团种类繁多，有些学术科技类、创新创业类学生社团具有较强的专业性，一些非专业的指导教师根本无法胜任指导工作。与此同时，多数学校的团委干部日常工作繁重，一些专业教师本身就承担着较多的教学和科研工作，因此，也无暇抽出更多时间对学生社团进行专门指导。

对于广东地区高校而言，为了确保高校学生社团组织能够更好地团结凝聚广大青年学生，坚持学生社团活动的政治方向正确、内容健康向上、形式格调高雅，必须为高校学生社团提供专业化的指导。具体措施主要包括两个方面。一是在确保学校党委领导和团委指导的前提下，建立专门的学生社团活动专业指导机构。新出台的《高校学生社团建设管理办法》要求，在学校党委的领导下，由党委学生工作部门牵头组织各相关部门负责人及学生社团业务相关领域专家成立学生社团建设管理评议委员会，对学生社团活动进行指导。专业指导机构必须承担起对学生社团组织监管的主体责任，并负责对学生社团组织的注册登记及年审进行评议审核，在把控质量的前提下促进学生社团组织精品项目的培育。二是优化专业教师对学生社团组织的指导。由学校党委学生工作部门牵头建立学生社团组织指导教师选聘机制，会同团委、组织、宣传、人事、教务等部门，注重发挥院（系）依托作用，按照个人申请、组织推荐、双向选择的原则建立指导教师库，并在教师库内选聘指导教师。选拔具备较强思想政治素质、组织管理能力和专业理论知识的教师指导高校学生社团。主要职责包括指导学生社团发展建设，把握社团发展正确方向，加强社团成员思想政治教育，规范学生社团日常管理，参加学生社团相关活动，开展学生社团骨干培训，定期对所指导社团工作进行总结，及时发现掌握、指导整改社团建设、活动中存在的突出问题，并向学校党委学生工作部门报告等。

对于港澳地区高校而言，重点应从两个方面着手强化对学生社团组织的专业化指导。一是通过有效的法律规范机制明确负责学生社团组织监管和指导的部门或机构。长期以来，港澳地区高校学生社团组织缺乏专门的指导部门或机构，主要原因之一就是缺乏相应的法律制度依据，导致学生社团组织的日常活动和运行由哪个部门进行直接指导并不明确。因此，如果能够对现有法律制度的相关条文进行适当调整，进一步明确高校学生社团组织的指导机构，并赋予校方相应的指导权，这对于确保学生社团组织的良性运行具有重要的作用。二是进行分类指导。由于港澳地区高校学生社团组织的规模和活动类型呈现多样化的态势，因此，在对其进行指导的过程中也应避免"一刀切"。譬如，在指导教师的配备方面，既要强调其专业性，同时也不能忽略国家意识形态安全方面的指导。同时，对于规模大、人数多、影响力广的学生社团组织，在其举办各类重大活动，特别是与其他校外社会组织进行联动的过程中，应该安排社团组织指导教师的全程跟进。

（三）形成齐抓共管的协调联动机制

对高校学生社团组织及其活动的管理较为复杂，不但涉及学生社团组织运行过程中的相关法律制度规范，而且牵涉到教学、管理、宣传、后勤、网络信息等多部门信息交流与综合协调。然而，长期以来，由于许多高校通过横向上的职能部门划分进行日常管理，各部门机构划分了自己的"责任田"，导致在横向的部门与部门之间缺乏协调联动机制，在学生社团组织管理过程中出现部门权责不清晰，信息交流不顺畅的现象。特别是对由高校学生社团组织引发的各类突发性社会公共事件的响应不及时、协调管控不到位，给高校学生社团组织管理带来诸多危险隐患。此方面的问题粤港澳地区高校都有不同程度的表现。

黄燕：《高校网络文化的育人功能及其实现路径探析》，《思想理论教育》2018年第9期。

纪亚光：《论大学生"红色社团"在推进高校马克思主义大众化中的作用》，《思想理论教育导刊》2010年第1期。

纪政文：《当代中国社会主义公民意识探析》，《东岳论丛》2009年第3期。

暨爱民：《"公民教育"与"民族国家"诉求：以近代中国知识分子的公民教育观为分析对象》，《教育与研究》2011年第1期。

江雪松：《"一国两制"实践中加强香港青少年宪法和基本法教育的思考》，《中国青年研究》2021年第7期。

康淑敏、黄晶榕、刘彩祥：《国家认同意识下的香港教育问题分析与对策建议》，《港澳研究》2021年第2期。

康玉梅：《"一国两制"下香港特别行政区的国民教育与国家认同》，《环球法律评论》2018年第2期。

李朝阳：《高校学生社团的第三部门特征及其潜在功能》，《苏州大学学报》（哲学社会科学版）2009年第6期。

李朝阳：《高校学生社团的第三部门特征及其潜在功能》，《苏州大学学报》（哲学社会科学版）2009年第6期。

李贵：《公民教育视阈中的高校思想政治教育》，《思想教育研究》2011年第5期。

李萍、钟明华：《公民教育：传统德育的历史性转型》，《教育研究》2002年第10期。

李瑞清：《时代视野下大学生公民意识的培育》，《思想教育研究》2010年第6期。

李文珍、夏银平、梁浔：《香港青年国家认同的影响因素与建构》，《当代港澳研究》2017年第4期。

李艳厦：《公民资格与我国公民教育的历史逻辑》，《厦门大学学报》（哲学社会科学版）2011年第1期。

李治德：《论公民教育内容的理论框架》，《郑州大学学报》（哲学社会科学版）2005年第4期。

梁思荣、阮卫华：《道德教育与政治教育的结合：香港公民教育的个案探讨》，《中国德育》2010年第12期。

廖良辉：《中美高校学生社团管理比较：以美国哈佛大学为研究实例》，《青年研究》2005年第4期。

林春逸、刘力：《从"权利公民"到"责任公民"：当代西方公民教育理念的嬗变》，《扬州大学学报》（高教研究版）2005年第6期。

刘德才：《高校校园文化建设中的问题与对策》，《思想教育研究》2011年第8期。

刘建军、马瑞萍：《思想政治教育学研究述要》，《思想理论教育导刊》2008年第11期。

刘剑波、王苑玲：《当代大学生政治观调查及分析：以重庆市大学生为例》，《科学社会主义》2011年第5期。

刘思林：《地方高校学生社团现状与发展路径：以广东省为例》，《思想教育研究》2011年第7期。

卢岚：《草根性：现代思想政治教育的新视角》，《武汉理工大学学报》（社会科学版）2009年第3期。

罗志：《探讨当代大学生政治参与意识和参与能力》，《高教探索》2003年第2期。

马瑞萍：《改革开放以来我国公民意识研究述评》，《教学与研究》2008年第10期。

孟庆恩：《高校学生社团及其教育功能的实现》，《国家教育行政学院学报》2011年第4期。

闵学勤：《中日韩青年的公民参与现状及比较研究》，《青年研究》2010年第6期。

牛国卫：《成就责任公民：社群主义向度的公民教育》，《思想理论教育》2008年第23期。

庞琴、蒋帆：《"他者"在香港青年大学生国家认同感中的作用——北京香港两地大学生国家认同感的实证比较研究》，《中山大学学报》（社会科学版）2015年第6期。

齐鹏飞：《"爱国者治港"是香港民主政制发展必须依循的根本原则》，《思想理论教育导刊》2021年第2期。

邱柏生：《试论思想政治教育工作的历史转型》，《理论探讨》2009年第3期。

饶从满：《主动公民教育：国际公民教育发展的新走向》，《比较教育研究》2006年第7期。

任世雄：《把握校园文化育人内涵增强校园文化育人实效性》，《思想教育研究》2015年第4期。

任志宏：《高校学生社团管理工作研究》，《思想教育研究》2011年第11期。

鄯爱红：《中国公民社会的兴起与公民意识的培育》，《中国伦理学会会员代表大会暨第12届学术讨论会论文汇编》2004年。

沈本秋：《观念挑战与制度短缺：港人的国家认同建构之困——以香港国民教育问题为例》，《科学社会主义》2016年第5期。

施雨丹：《基于主动公民观的香港公民教育发展：国家认同的视角》，《华南师范大学学报》（社会科学版）2011年第2期。

石凤妍：《大学生社团：思想政治教育的有效载体》，《求是》2005年第12期。

石国亮、万磊：《试析大学生社团的现实困境与突围之路》，《思想政治研究》2008 年第 6 期。

宋清华：《试论校园文化育人功能的完善》，《教育评论》2011 年第 5 期。

苏峰山：《公民身份与公民教育的理论探讨》，（台湾）《国立编译馆通讯》1996 年第 9 期。

檀传宝：《公民教育：中国教育与社会的整体转型》，《中国德育》2010 年第 12 期。

汤正华：《论应用型人才非智力素质培养与学生社团建设的契合》，《中国高教研究》2007 年第 8 期。

唐斌：《中国非营利组织研究的新进展》，《南京社会科学》2005 年第 7 期。

滕航、朱建设：《试论大学生社团行为与状态》，《东南大学学报》（哲学社会科学版）2010 年第 5 期。

完颜华：《超越自我意识：公民意识的形成与培育》，《21 世纪中国公民教育的机遇与挑战：两岸四地公民教育研讨会论文集》2006 年。

王珩：《高校学生社团发展调查报告：以浙江省高校为例》，《中国青年政治学院学报》2007 年第 3 期。

王宏维：《论大学生社团文化培育的三个基本向度》，《思想教育研究》2013 年第 1 期。

王林：《论高校学生社团的创新发展》，《江苏高教》2010 年第 2 期。

王群生：《高校学生社团建设与发展研究》，《中国成人教育》2009 年第 16 期。

王绍光、何建宇：《中国的社团革命：中国人的结社版图》，《浙江学刊》2004 年第 6 期。

魏彤儒、郭孝锋：《高校大学生非正式组织研究》，《中国青年研究》2006 年第 4 期。

邬红丽：《学生社团作为思想政治教育平台的优化：以成都市高等院校为例》，《西南民族大学学报》（人文社会科学版）2011年第10期。

吴鲁平：《90年代中国青年社会参与意识和行为》，《当代青年研究》1994年第2期。

伍德勒：《优化本科院校学生社团活动的几点思考》，《江苏高教》2010年第6期。

冼季夏：《基于学生成长需要的高校学生社团建设》，《广西社会科学》2009年第11期。

冼季夏：《用科学发展观指导高校学生社团建设》，《思想政治研究》2009年第10期。

香港政策研究所：《一国两制下公民教育何去何从》，（香港）《明报》1997年10月18日。

邢光晟：《高校学生社团科学发展问题刍议》，《江苏高教》2010年第5期。

徐志远：《当代大学生公民教育的途径与方法》，《学校党建与思想教育》2011年第2期。

杨飞龙：《高校学生社团隐性育人功能刍议》，《东北师大学报》（哲学社会科学版）2011年第5期。

杨连生：《演化博弈论视域下的高校学生社团创新及管理策略》，《现代教育管理》2011年第7期。

杨宜音：《当代中国人公民意识的测量初探》，《社会学研究》2008年第2期。

姚剑英：《基于创新素质培养的高校学生社团建设研究》，《江苏高教》2010年第2期。

殷子惠、赵月明：《新时期高校学生社团的管理与完善》，《华中师范大学学报》（人文社会科学版）2010 年第 11 期。

于伟、韩丽颖：《中美高校学生社团文化建设若干问题比较研究》，《外国教育研究》2002 年第 10 期。

俞可平：《公民参与的几个理论问题》，《学习时报》2006 年 12 月 18 日。

袁征：《公民教育教什么》，《教育发展研究》2011 年第 10 期。

臧宏：《论加强大学生公民意识的培养》，《思想教育研究》2008 年第 11 期。

曾荣光：《民族教育与公民权责教育之间：过渡期香港公民教育的议论》，《教学学报》（香港）1995 年第 2 期。

张国启：《论思想政治教育生活化的发展向度》，《思想理论教育》2009 年第 7 期。

张华：《青年社会参与中的问题与对策》，《青年研究》1996 年第 7 期。

张家勇：《美国大学的学生社团活动》，《比较教育研究》2004 年第 4 期。

张逸：《论青年学生政治参与的诉求理性》，《江西社会科学》2002 年第 11 期。

赵爱玲：《高校德育转型的目标指向与价值基点：养成公民德性》，《学校党建与思想教育》2008 年第 12 期。

赵黎青：《公民社会与非政府组织》，《国外社会科学》1999 年第 1 期。

周贵发：《大学生社团在德育中的积极作用》，《中国成人教育》2008 年第 11 期。

周国文：《"公民社会"概念溯源及研究述评》，《哲学动态》2006 年第 3 期。

朱小蔓、李荣安：《关于公民道德教育的对话》，《中国德育》2006年第5期。

祝捷、秦玲：《论香港社会国家认同的建构方法——〈基本法〉爱国主义的理路与实现》，《港澳研究》2018年第4期。

（三）学位论文

牙韩高：《高校学生社团管理中领导方式与领导效能研究》，博士学位论文，西南交通大学，2008年。

林娟：《大学生社团的思想政治教育功能及其实现》，硕士学位论文，华中师范大学，2008年。

林祯景：《以高校学生社团为载体进行公民意识培养的探析》，硕士学位论文，复旦大学，2008年。

郭雪花：《显性教育与隐性教育相结合的德育新模式研究》，硕士学位论文，厦门大学，2006年。

吴姝：《论青年大学生非正式群体及其教育引导》，硕士学位论文，西南大学，2006年。

苗素莲：《中国大学组织特性的历史演变研究》，博士学位论文，华东师范大学，2004年。

宣勇：《大学组织结构研究》，博士学位论文，华东师范大学，2004年。

王元华：《社会公民资格权利研究》，博士学位论文，苏州大学，2006年。

李艳霞：《福利国家的政治学分析——以公民资格为视角》，博士学位论文，吉林大学，2004年。

欧阳大文：《中美高校学生社团的比较研究》，博士学位论文，湖南师范大学，2007年。

李震：《我国高校学生社团建设问题研究》，硕士学位论文，复旦大学，2009 年。

姚勇：《高校学生社团在大学生政治参与中的作用研究》，硕士学位论文，华中师范大学，2008 年。

喻晓：《高校学生社团隐性功能研究》，硕士学位论文，吉林大学，2009 年。

荆德亭：《思想政治教育视野下的大学生社团建设研究》，硕士学位论文，华东师范大学，2009 年。

柯婧凤：《论"一国两制"下中央与香港特区的权力关系》，硕士学位论文，暨南大学，2013 年。

黄楚丹：《国家认同视域下香港青年价值观的建构研究》，硕士学位论文，深圳大学，2019 年。

刘思聪：《"一国两制"视域下香港市民国家认同研究》，硕士学位论文，华南理工大学，2017 年。

英文文献

ACPA, "A Student Development Model for Student Affairs in Tomorrow's Higher Education", *Journal of College Student Personnel*, Vol. 16, No. 4, 1975.

ACPA, *Statement of Ethical Principles and Standards College Student Affairs Administration*, Simon & Schuster Custom Publishing, 1997.

Adam Smith, *The Theory of Moral Sentiments*, Prometheus Books, 2000.

Alexander Astin, *Student Involvement: The Key to Effective Education: Achieving Educational Excellence*, Jossey-Bass Pulishers Inc, 1985.

Amy Gutmann, "Democracy and Democratic Education", *Studies in Philosophy and Education*, Vol. 12, No. 1, 1993.

Arthur Sandeen, *Margaret J. Barr*, *Critical Issues for Student Affairs: Challenges and Opportunities*, Wiley Desktop Editions, 2006.

Baker G F, Dassler B, *Committed to Community: University of Florida Campus Climate Report*, Gainesville: University of Florida, 2002.

Bickley G, *The Development of Education in Hong Kong, 1841–1897: As Revealed by the Early Education Reports of the Hong Kong Government*, Hong Kong: Proverse Hong Kong, 2002.

Blandind C Ramirez, *Adapting to New Student Needs and Characteristics*, Simon & Schuster Custom Publishing, 1997.

Blimling, Gregory S. Whitt, Elizabeth J, *Good Practice in Student Affairs: Principles to Foster Student Learning*, John Wiley & Sons Inc, 1999.

Brey M, Koo. R, eds, *Education and Society in Hong Kong and Macao: Comparative Perspectives on Continuity and Change*, Hong Kong: Comparative Education Research Center, University of Hong Kong, 2004.

Burney E, *Report on Education in Hong Kong (Burney Report)*, Hong Kong: Crown Agents for the Colonies, 1935.

Callhoun J. C, *The Student Learning Imperative: Implications for Student Affairs*, ACPA, 1994.

Cheng Y. C, *Handbook on Educational Policy in Hong Kong (1965–1998)*, Hong Kong: Hong Kong Institute of Education, 1998.

Cohen A. M, *The Shaping of American Higher Education: Emergence and Growth of the Contemporary System*, San Francisco: Jossey-Bass, 1998.

Diane L. Cooper, *Learning through Supervised Practice in Student Affairs*, Psychology Press, 2002.

Don G. Creamer, *College Student Development: Theory and Practice for the 1990s*, *ACPA*, 1990.

Dunkel N. W, Schuh J. H, Advising Student Groups and Organizations, San Francisco: Jossey - Bass, 1998.

E. J. Eitel, Europe in China, Hong Kong: Oxford University Press, 1983.

Edward A, Delgado - Romero, "Carlos A. Hernandez, Empowering Hispanic Students Through Student Organizations: Competencies for Faculty Advisors", Journal of Hispanic Higher Education, Vol. 1, 2002.

Faure D, Hayes J, Birch A, eds, From Village to City: Studies in the Traditional Roots of Hong Kong Society, Hong Kong: Center of Asian Studies, University of Hong Kong, 1984.

Florence Aileen Hamrick, Nancy J Evans, John H Schuh, Foundations of Student Affairs Practice: How Philosophy, Theory, and Research Strengthen Educational Outcomes, John Wiley and Sons, 2006.

Foubert J D, Grainger L U, "Effects of Involvement in Clubs and Organizations on the Psychosocial Development of First - year and Senior College Students", NASPA Journal, Vol. 43, No. 2, 2006.

Frances K Stage, College Outcomes and Student Development: Filling the Gaps, Simon & Schuster Custom Publishing, 1997.

Frank Welsh, A History of Hong Kong, London: Harper Collins, 1997.

G B Endacott, A History of Hong Kong, Hong Kong: Oxford University Press, 1973.

Gareth Williams, The Enterprising University: Reform, Excellence and Equity, Buckingham Open University Press, 2003.

George Kuh, Elizabeth J Whitt, Student Affairs and Liberal Education: Common Law Partners, Simon & Schuster Custom Publishing, 1997.

George S McClellan, Jeremy Stringer, Margaret J Barr, The Handbook of Student Affairs Administration, Jossey - Bass, 1999.

Ho P Y, The Administrative History of the Hong Kong Government Agencies 1841 – 2002, *Hong Kong*: *Hong Kong University Press*, 2004.

Hong Kong Government, Education Policy, *Hong Kong*: *Government Printer*, 1965.

Horowitz H. L, Campus Life: Undergraduate Cultures from the End of the Eighteenth Century to Present, *Chicago*: *The University of Chicago Press*, 1987.

Huang Y, Chang S, "Academic and Cocurricular Involvement: Their Relationship and the Best Combinations for Student Growth", Journal of College Student Development, *Vol.* 45, *No.* 4, 2004.

James L Bess, David S Webster, Foundations of American Higher Education, *Simon & Schuster Custom Publishing*, 1999.

James L Ratcliff, Stefanie Schwarz, Larry H Ebbers, Community Colleges, *Simon & Schuster Custom Publishing*, 1994.

James W. Lyons, The Importance of Institutional Mission, *Simon & Schuster Custom Publishing*, 1997.

John Cynthias, Cheatham Harold E, Higher Education Trends for the Next Century: A Research for StudentSuccess, *ACPA*, 1999.

John H. Schuh, M. Lee Upcraft, Why Student Affairs Needs a Comprehensive Approach to Assessment, *Simon & Schuster Custom Publishing*, 1997.

Karen D. Arnold, Ilda Carreiro King, College Student Development and Academic Life: Psychological, Intellectual, Social, and Moral Issues, *Garland Pub*, 1998.

Kathleen E. Allen, Elliott L. Garb, "Reinventing Student Affairs: Something Old and Something New", NASPA Journal, *Vol.* 30, *No.* 2, 1993.

Kathleen Manning, Jillian L. Kinzie, John H. Schuh, One Size does not Fit All: Traditional and Innovative Models of Student Affairs Practice, *Routledge*, 2006.

Kempner Kenneth Marc, "The Search for Cultural Leaders", *The Review of Higher Education*, Vol. 26, No. 3, 2003.

Kezar, "The Effect of Institutional Culture on Change Strategies in Higher Education: Universal Principles or Culturally Responsive Concepts?", *The Journal of Higher Education*, Vol. 73, No. 4, 2002.

Larry P. Nucci, Education in the Moral Domain, *Cambridge: Press Syndicate of the University of Cambridge*, 1973.

Lash S, The Sociology of Postmodernism, *London: Routledge*, 1990.

Lester F Goodchild, Harold S Wechsler, The History of Higher Education, *Simon & Schuster Custom Publishing*, 1997.

Maribeth Durst, E Marilyn Schaeffer, A Culture Analysis of Student Life at a Liberal Arts College, *New York: The Edwin Mellen Press*, 1992.

Michael H. Romannowski, "Through the Eyes of Student: High School Students' Perspectives on Character Education", *American Secondary Education*, Vol. 32, No. 1, 2003.

Miller M, Nadler D. P, Student Governance and Institutional Policy: Formation and Implementation, *Greenwich, Conneticut: Information Age Publishing*, 2006.

Mills Michael, "Experiences of Academic Unit Reorganization: Organizational Identity and Identification in Organizational Change", *The Review of Higher Education*, Vol. 28, No. 4, 2005.

Nancy J. Evans, Deanna S. Forney, Florence M. Guido, et al, Student Development in College: Theory, Research, and Practice, *John Wiley* and Sons, 2002.

Ng Lun N. H, Interactions of East and West: Development of Public Education in Early Hong Kong, Hong Kong: Chinese University Press, 1984.

Pan Suyan, How Higher Educational Institutions Cope with Social Change: The Case of Tsinghua University, China: Unpublished Doctoral Dissertation at the University of Hong Kong, 2003.

Pascarella E T, Terenzini P T, How College Affects Students: A Third Decade of Research, San Fracisco: Jossey – Bass, 2005.

Peggy Holzweiss, Rhonda Rahn, John Wickline, "Are All Student Organizations Created Equal? The Differences and Implications Student Participation in Academic versus Non – Academic Organizations", College Student Affairs Journal, Vol. 27, No. 1, 2007.

Pratte Richard, The Civic Imperative: Examining the Need for Civic Education, New York: Teachers College Press.

Robert A. Rhoads, Michael A. Black, Student Affairs Practitioners as Transformative Educators: Advancing a Critical Cultural Perspective, Simon & Schuster Custom Publishing, 1997.

Roger B. Winston, Don G. Creamer, Improving Staffing Practices in Student Affairs, Jossey – Bass Publishers, 1997.

Roger B. Winston, Theodore K. Miller, The Professional Student Affairs Administrator: Educator, Leader, and Manager, Psychology Press, 2001.

Roger B. Winston, Scott Anchors, Student Housing and Residential Life, The Jossey – Bass Higher and Adult Education Series, 1994.

Ryland W Crary, Education for Democratic Citizenship, Twenty – second Yearbook of The national Council for the Social Studies, 1951.

Schuh, John H Upcraft, M Lee, Assessment Methods for Student Affairs, John Wiley & Sons Inc, 2008.

Scott John C, "The Mission of the University: Medieval to Postmodern Transformations", The Journal of Higher Education, Vol. 77, No. 1, 2006.

Steven Michael Janosik, Supervising New Professionals in Student Affairs: a Guide for Practitioners, Brunner – Routledge, 2003.

Susan R. Komives, Dudley Woodard, Student Services: A Handbook for the Profession, John Wiley and Sons, 2003.

Sweeting Anthony, Education in Hong Kong Pre – 1841 to 1941, Hong Kong: Hong Kong University Press, 1990.

Sweeting, Anthony, Education in Hong Kong 1941 to 2001, Hong Kong: Hong Kong University Press, 2004.

T. Pascarella, Patrick T. Terenzini, How College Affects Students: Finding and Insights from Twenty Years of Research, San Francisco : Jossey – Bass Publishers, 1991.

Ted I. K. Youn, Patricia B. Murphy, Organizational Studies in Higher Education, Garland Publishing, 1997.

Tierney, W. G, "Organizational Culture in Higher Education: Defining the Essentials", Journal of Higher Education, Vol. 20, No. 2, 1988.

Walter P. May, "The History of Student Governance in Higher Education", College Student Affairs Journal, Vol. 28, 2010.

Welsh Frank, A History of Hong Kong, London: Harper Collins Publisher, 1997.

William H. Berguist, The Four Cultures of the Academy: Insights and Strategies for Improving Leadership in Collegiate Organization, Jossey – Bass Inc, 1992.

后　　记

　　最早接触学生社团是大学读书期间，那时我还是以学生身份参与一些班级管理和学生社团组织的活动。2006年研究生毕业留校后，我开始从事辅导员工作，从一个管理与服务者的视角接触到更多不同类型的学生社团组织。真正以一个研究者的视角关注学生社团是2009年。当时，我向导师王宏维教授请教关于博士论文的选题问题，提出能否结合自己的工作实践开展研究。王老师建议我先做相关文献的梳理，并让我考虑一下能否从"比较的视角"切入。之后，我们进行了多次交流，其间，王老师给了我很多极其宝贵的意见和建议，最终将选题确定在对广东和香港两地高校学生社团的比较研究上。

　　对我来说，这是一个全新研究领域的开启。十多年前，学界对于港澳地区高校学生社团的研究成果并不多见，涉及内地与香港高校学生社团比较的论著更少。现在看来，主要原因可能在于两个方面。

　　一是研究者普遍缺乏关于学生社团的第一手资料。对于内地学者而言，能够进入香港高校学生社团更不容易。我感觉，如果没有在实证层面的观察和感受，那研究也只能停留在学生社团的"外围"，从而导致整个研究缺乏问题意识，或者只是做原有研究的"二传手""三传手"。这也是我在研究初期遇到的最大困难——如何把自己"浸入"研究对象？为了帮我解决这个问题，在导师王宏维教授的引荐下，香港中文大学亚太研究所的黄慧贞教授及其助理何家咏女士为我去香港高校调研提供了许多帮助。何家咏女士不仅为我办理了赴港调研的邀请函、使用图书馆查找相关资料的信函，还亲自帮我联系中文大学宾馆，解决了我在香港调研期间的住宿问题。在调研期间，我还专门拜访了黄慧贞教授，向她请教了关于香港制度与文化的相关问题。她不仅给我介绍了香港高校中较为"独特"的社团文化，而且建议我重点关注一下香港高校的学生会和校园传媒。除此之外，还有香港中文大学原学生事务长梁汝照先生，澳门大学原学生事务长余小明博士，他们都是长期从事高校学生工作的专家。我们之间进行过多次关于港澳地区高校学生工作的讨论，这些交流给我的研究带来很多启发。从2010年开始，通过近距离接触香港高校学生社团，我不仅对研究对象有了更多"感性认识"，而且也通过实地调查访谈积累了大量"一手"资料。

二是内地与香港处于不同制度文化背景中，高等教育的内外环境差别较大。与此同时，两地高校学生社团的种类繁杂、数量众多，哪些地方具有可比性、哪些地方具有研究价值、怎样设计研究框架等问题，在缺乏基本理论依托和实地调研的情况下，都可能制约研究向纵深推进。为了突破这些"难关"，在王老师的指导下，我系统阅读了大量关于组织理论的文献，并结合自己在学生社团管理和服务中遇到的一些现实问题和典型案例，提出从学生社团的静态结构、动态结构、心态结构、生态结构四个层面进行比较，这样就可以像"庖丁解牛"一样，对学生社团的各个方面进行系统研究。这既可以避免过往研究中把学生社团看作"铁板一块"，也可以避免由于分类不当导致研究框架缺乏逻辑性，或是研究内容杂乱无章。建构起对不同制度文化背景下学生社团组织比较研究的理论框架，使我能够逐渐跳出"感性认识"的局限，在纷繁复杂的现象中归纳出一些带有规律性的东西,这为我后续的研究奠定了坚实的理论基础。

对我来说,博士论文的写作是一个辛苦但快乐的过程。四年间,我每天的工作和学习几乎都围绕着学生社团——参与活动、撰写案例、调研访谈。特别是我利用假期在香港调研期间,几乎每天都穿梭于各个高校。见到不同类型的年轻人,遇到有意思的事,我都会马上用相机和笔记本记录下来。晚上回到宾馆,我就开始整理各种资料和写作。2013年6月,我顺利通过博士学位论文答辩。2014年,我在原有研究的基础上增加了三个关注点。一是将澳门地区高校学生社团带入研究视野,开展粤港澳三地高校的比较研究;二是将港澳地区大学生的国家认同问题纳入研究重点;三是对在内地高校就读的港澳生的校园经历进行实地调研。2014年,在国家社科基金的资助下,我结合新的形势对粤港澳高校学生社团组织进行更为系统的研究,并于2019年顺利结项(评定等级为良好)。2014年以来,为了应对港澳地区的新形势,中央出台了一系列的政策措施。2020年6月30日,香港国家安全法出台,香港社会开始由乱转治。2021年以来,香港立法会选举进行了大刀阔斧式的改革,爱国者治港获得有力的制度依托。2022年7月1日,国家主席习近平在庆祝香港回归25周年活动中发表重要讲话,为"一国两制"行稳致远指明了方向。在新时代背景中,粤港澳三地高等教育正经历着新的机遇与挑战,而高校学生社团组织也必然会在这个时代变迁中找到各自的准确定位,服务于国家长远发展的大局。

需要指出的是,笔者的研究仅仅反映了过去十余年间粤港澳三地高校学生社团组织的现实运行,从比较的视角阐述了不同制度文化背景中高校学生社团组织之间的共同点与差异性。虽然笔者主观上希望把研究做好,但不可否认,目前的研究仍存在一些局限性。一是在调研样本的代表性方面存在局限,如在样本选择中对于理工、文史、医学、艺术类专业的分类有所欠缺;二是在课题调研访谈进行过程中,由于政治环境、社会环境的变化,特别是近年来港澳地区高校学生群体所处的外部环境发生了较大变化,可能导致调研访谈的内容未能全面呈现这种变化;三是对港澳两地高校学生社团组织的同质性论述有余,而二者的差异性阐述不足。笔者认为,对高校学生社团组织的研究未来可以重点关注两个问题。一是2019年以来香港社会运动如何影响粤港澳三地高校学生社团组织,以及教育行政部门如何有效引导的相关政策研究;二是在"一国两制"的制度背景下,结合粤港澳大湾区建设规划要求,研究如何依托粤港澳三地高校学生社团组织,开展以"国家认同意识与爱国精神"为核心内容的公民道德教育。

从博士论文的写作,到国家社科基金的研究,一路走来,离不开家人、师友、同行的支持与帮助。非常感谢我的导师王宏维教授,她不仅经常在繁忙的教学和研究工作中抽时间指导我的写作,对研究的思路、结构和内容提出许多宝贵的意见和建议,而且也以她严谨的治学态度影响着我。同时,非常感谢读书及课题研究期间导师组其他老师对我的指导,他们分别是陈金龙教授、刘卓红教授、陈岸涛教授、刘同舫教授、郭文亮教授、郑永廷教授、李明华教授、魏则胜教授、刘海春教授、尹树广教授等;感谢我的工作单位华南师范大学政治与行政学院(现更名为哲学与社会发展学院)、华南师范大学马克思主义学院的领导和同事;感谢读博士期间的同学黎晓岚、余翔、刘秦民、谭一笑、李飞、徐满泽、赵国利、洪伟,读书期间,我们一起学习、研究,一起外出活动交流,建立了深厚的同学友谊和个人情感。广东工业大学邓涛老师是我读硕士时的同窗好友,在我调研期间他帮我协调过相关部门,使我能够比较顺利地住在香港大学的学生宿舍,体验到香港大学独具特色的"舍堂文化",并有机会与香港大学的学生进行更为充分的交流。在对广东高校学生社团进行调研和访谈的过程中，许多高校的学生社团联合会、校团委的指导老师们也提供了许多支持和帮助，使我在广东地区高校的调查访谈得以顺利进行。同时，感谢我的爷爷、奶奶、父亲、母亲及岳父、岳母，他们多年来一直默默地支持我，鼓励我要用心读书、不要荒废了大好的青春年华；感谢我的妻子华妹，她为照顾家庭付出了许多时间和精力，让我能够安心做科研。感谢我的儿子和女儿，他们健康快乐地成长既是我努力工作的动力，也是我快乐生活的源泉，更让我体会到做父亲的责任与担当。

最后，非常感谢中国社会科学出版社及本书责任编辑杨晓芳女士，使拙作有机会见诸读者。对于高校学生社团的研究，我仅仅做了一些探索性的工作。由于本人学术水平和能力有限，研究中难免也会出现一些错误或纰漏，恳请同行们批评指正。在未来研究的诸多领域，也期待与同行们共同交流、共同思考，使高校学生社团组织能够在实践中更好地发挥其育人功能。

2022 年 10 月于广州

华南师范大学